www.quebecloisirs.com

UNE ÉDITION DU CLUB QUÉBEC LOISIRS INC.
Avec l'autorisation des éditions JCL
© Les éditions JCL inc. 2006
Photo: Studio Sépia, Montréal
Dépôt légal – Bibliothèque nationale du Québec, 2006
ISBN Q.L. 2-89430-752-7
Publié précédemment sous ISBN 2-89431-336-5

Imprimé au Canada par Friesens

Le Voile de la peur

Samia Shariff

Le Voile de la peur

REMERCIEMENTS

Je tiens à remercier très chaleureusement les personnes suivantes pour leur aide inconditionnelle :

EN ALGÉRIE
Mon amie Layla et ma chère voisine à Alger dont je tairai le nom pour sa sécurité.

EN FRANCE
Redwane, le sans-papier.
L'association des Nanas Beurs et, notamment, Samia et Baya.
L'association Espace Faire, surtout Nadjet et Mélanie.
Lucette de Secours catholique.

EN ESPAGNE
Philippo, le bon samaritain.

À MONTRÉAL
Ce cher chauffeur de taxi libanais, Ahmed.
Mon avocate, Mᵉ Venturelli.
Le centre Le Parados et toutes les intervenantes, surtout Caroline, France, Christine et leur directrice, madame Dion, et madame Perron, la psychologue.

Merci spécial à Louise Ducharme pour ses précieux conseils et son aide généreuse concernant l'écriture de ce livre.

Enfin, de tout mon cœur, merci à Jean-Claude!

S. S.

À mes enfants

*À toutes ces femmes
qui rêvent, en silence,
de s'en sortir un jour.*

AVERTISSEMENT

*Ce livre est autobiographique. Cependant,
par souci de discrétion, la plupart des noms mentionnés,
ainsi que certains détails, qui auraient permis l'identification
des personnes concernées, ont été changés.*

Préface

J'ai reçu par un bel après-midi glacial de janvier le manuscrit de Samia Shariff.

On m'expliquait sommairement que cette femme d'origine algérienne, mère de six enfants et vivant au Canada, y raconte sa tragédie et leur fuite risquée de son pays.

Son éditeur me demandait d'abord de lire ce récit et m'invitait également, s'il y avait lieu, à en rédiger la préface. Je pris peur en commençant la lecture de cette histoire bouleversante, mais une force me poussait à aller jusqu'au bout de ces pages et des émotions qu'elles contenaient.

Dès les premières lignes, je me suis sentie happée littéralement par un tourbillon et je suis arrivée à me tenir à flot à la seule pensée que la narratrice avait réussi à s'en sortir.

Il m'a fallu plus de temps que prévu pour passer à travers ce trop-plein d'images de femmes collées aux maux de Samia. Trop de souvenirs rampaient en surface comme une rivière agitée. J'imaginais très bien Samia, petite fille mal-aimée, adolescente cachée, comme une erreur maternelle, une erreur de parcours qu'il fallait empêcher de vivre. L'empêcher de voir, de désirer, de rêver ou, pire, d'aspirer à une vie autre que celle du supplice de naître femme, de naître «tentation», de naître «diable», de n'être rien.

Mais bien plus qu'un simple récit de malheurs et de successions de malchances, *Le Voile de la peur* est avant tout une histoire de courage exemplaire. En écrivant ce récit, Samia se fait la porte-parole de milliers de femmes dans le monde qui cachent sous leur voile, ou autrement, une histoire d'horreur.

Samia Shariff, ses deux impressionnantes filles, Norah et Mélissa, ses jumeaux Élias et Ryan, qu'elle nommera affectueusement ses champions, ainsi que son petit dernier, Zacharie, traverseront cent frontières et mille et un obstacles qui n'ont rien de naturel. Des espaces et des vides enfouis au plus profond de leur être, pour enfin arriver ici, *chez eux*, à Montréal, Canada, et trouver les plus grands de tous les biens : la liberté et la paix.

Un beau happy end qui nous émeut, nous réjouit et nous libère avec douceur d'une histoire aussi prenante.

LYNDA THALIE
Auteure-compositeure-interprète
www.lyndathalie.com

CHAPITRE I

Mon enfance

D'aussi loin que je me souvienne, j'entends ma mère répéter à tout propos : «Qu'est-ce que j'ai fait au bon Dieu pour mériter une fille?»

Cette phrase était devenue sa complainte favorite. L'entendre me faisait mal. Je n'avais rien choisi et je ne pouvais rien changer au fait d'être une fille. Aujourd'hui, son refrain maléfique s'est transformé en murmures lointains et je suis fière d'avoir exorcisé le pouvoir destructeur de ces paroles blessantes.

Naître de sexe féminin dans une famille musulmane, et algérienne de surcroît, avait orienté mon destin dès les premiers instants de ma vie. Il m'en a fallu du temps et de l'énergie pour reconquérir mon identité et ma liberté, mais maintenant, je suis fière de la femme que je suis devenue!

***

Toute jeune, je savais qu'être une fille n'était pas souhaitable, mais j'en ignorais la raison. Vers l'âge de cinq ans, je voulus en savoir davantage.

«Maman, pourquoi ne m'aimes-tu pas?»

Elle me lança un regard méprisant.

«Tu oses me poser cette question! Comme si tu ne savais pas pourquoi les mères préfèrent les garçons aux filles», répondit-elle, convaincue de l'évidence de sa réponse.

Elle me fit asseoir près d'elle. Le moment devait être important pour me permettre ce privilège extrêmement rare.

« Vois-tu, Samia, les mères n'aiment pas avoir des filles, car elles n'apportent que déshonneur et honte à leur famille. Leur mère doit les nourrir et veiller à ce qu'elles se comportent honorablement jusqu'au jour où leur mari les prendra en charge. Les filles sont une source constante de soucis. »

J'étais intriguée par l'importance que toutes les mères du monde, selon ses dires, accordaient au mot *déshonneur*.

« C'est quoi, le déshonneur, maman?

— Chut, ne parle pas de malheur! À ton âge, tu n'as pas à t'en préoccuper; tu n'as qu'à écouter et à obéir à ta mère. Quand le temps sera venu, je t'expliquerai. En attendant, sois une bonne fille jusqu'au jour de ton mariage!

— Mon mariage? Mais je ne veux pas me marier, maman. Je ne veux pas vous quitter. Je veux grandir et prendre soin de toi et de papa quand vous serez vieux.

— Non, c'est impossible. Déjà, nous avons quatre garçons qui s'occuperont de nous, et, si Dieu le veut, d'autres pourraient s'ajouter. Toi, parce que tu es une fille, ton devoir consistera à prendre soin de ton mari. »

Dans les pays musulmans et de façon marquée dans ma famille, avoir un garçon est une bénédiction et, de toute évidence, la naissance d'une fille est une malédiction. La fille musulmane ne connaît jamais l'autonomie. Durant toute sa vie, elle demeure sous la responsabilité d'un homme. Elle dépend d'abord de son père puis de son mari. Elle représente donc une charge pour ses parents. Cette façon de faire se transmet d'une génération à l'autre et la petite fille musulmane en vient à se percevoir elle-même comme une malédiction. J'étais donc la malédiction de la famille dont j'occupais la place centrale, entre deux frères plus âgés et deux frères plus jeunes.

***

Mes parents étaient des immigrants algériens arrivés en France à la fin des années 1950. Ils s'étaient installés dans une banlieue parisienne relativement cossue où j'étais née et y avais vécu mes premières années. Mon père était un riche industriel qui avait fait fortune dans le textile et qui s'intéressait aussi à la restauration.

Amina était mon unique amie. Ses parents étaient aussi des immigrants d'origine algérienne, mais sa famille était pauvre. Son père était éboueur. Ma mère avait horreur que j'aille chez mon amie, car elle considérait sa famille indigne de notre condition sociale. Déjà, à six ans, je trouvais Amina chanceuse parce qu'en dépit de leur pauvreté, ses parents la comblaient d'amour et d'attention.

Un jour, alors que nous jouions à la poupée, Amina déclencha une discussion fort animée sur la significa-tion de nos prénoms.

«Mon nom est bien plus joli que le tien!

— Non, c'est le mien le plus beau», répondis-je aussitôt.

Or je n'aimais pas mon prénom qui me paraissait vieux et lourd à porter pour mon âge. Je prenais garde de l'avouer, car je ne voulais surtout pas lui concéder la victoire.

«Le mien est plus joli. Maman l'a choisi parce que c'est le prénom de sa meilleure amie qui demeure en Tunisie. Elle voulait que je devienne aussi belle et intelligente qu'elle. Je le suis devenue, ma mère me l'a dit! poursuivit Amina sur un ton triomphant.

— Le mien, ma mère l'a décidé aussi», dis-je, con-vaincue de la logique de ma réponse.

Pour ne pas être en reste avec mon amie, j'avais inventé l'origine de mon prénom. Amina m'avait dit la vérité, j'en étais convaincue, mais, de mon côté, j'avais besoin d'en savoir plus.

Tout excitée à l'idée de connaître l'origine de mon prénom, je me précipitai vers ma mère.

«Maman, raconte-moi comment je suis née, s'il te plaît!

— Il n'y a rien à raconter. Ce fut le pire jour de ma vie!» répondit-elle sur un ton morose.

J'étais triste pour elle.

«Je sais, maman, tu as eu très mal à cause de moi!»

Elle fronça les sourcils en me regardant intensément.

«Mal? Oui, très mal, mais surtout dans mon cœur. Ce jour-là, la voisine a dû m'accompagner à la maternité parce que ton père achetait un nouveau commerce. Quand le médecin m'a annoncé la naissance d'une fille, j'ai cru que le ciel me tombait sur la tête. J'anticipais la déception de ton père et je craignais de gâcher sa joie à la suite du nouveau contrat. C'est pourquoi j'ai demandé à ma voisine de te choisir un prénom.

— J'aurais tant aimé que toi-même aies choisi mon prénom. Mon amie, c'est sa maman qui a décidé de l'appeler Amina.

— Ce n'est pas important! Ce qui compte, c'est que tu aimes ton prénom maintenant», ajouta ma mère sur un ton d'indifférence.

Toutes mes illusions avaient disparu.

«Justement, je ne l'aime pas!» avouai-je en pleurant.

***

Un jour que j'étais chez mon amie, son père lui ramena une belle poupée aux longs cheveux blonds qu'il avait trouvée dans une poubelle. Mon amie était si heureuse qu'elle s'élança dans les bras de son père.

«Tu es contente? demanda-t-il joyeusement.

— Oui, papa. Tu es le plus gentil de tous les papas. Regarde, Samia, comme ma poupée est belle.

— Elle est très belle, Amina, et ton papa est très gentil.»

Je revins à la maison en pensant qu'Amina était bien chanceuse. En entrant chez moi, ma mère m'attrapa par l'oreille.

«Où traînais-tu encore?

— J'étais chez Amina. Je regardais la poupée que son père lui a apportée. Je n'ai rien fait de mal, maman!

— Bien sûr, tu ne faisais rien de mal! Je n'aime pas que tu ailles chez l'éboueur. Je parie qu'il a trouvé la poupée dans les poubelles... J'ai raison ou pas?

— Oui, tu as raison, maman, mais elle est toute propre. Sa mère l'avait lavée auparavant.

— Est-ce que toi, tu accepterais une poupée trouvée dans les ordures?

— Si mon père me la donnait et si elle était aussi jolie, oui, je la prendrais, répondis-je sincèrement.

— Jamais ton père ne s'abaisserait à te donner une telle poupée», s'offusqua ma mère en affichant un air hautain.

Elle me tourna le dos pour retourner à ses occupations. Je la suivis, car sa réponse m'avait intriguée.

«Pourquoi ne me donne-t-il jamais de cadeaux? Il pourrait m'en acheter pour me faire plaisir.

— Te faire plaisir? Et toi, as-tu déjà fait plaisir à ton père?

— Oui! Je suis toujours sage et je lui obéis.

— Sais-tu ce qui ferait vraiment plaisir à ton père?

— Non! Dis-le-moi, s'il te plaît?

— Que tu ne sois jamais née», indiqua méchamment ma mère.

Ce soir-là, j'étais décidée à demander une poupée à mon père. Quand je soumis mon idée à Malek, mon

15

frère cadet d'un an, il me déconseilla d'agir ainsi, surtout si mon père semblait fatigué après sa journée de travail.

«Viens plutôt jouer avec mon garage!», demanda-t-il avec empressement.

Mais rien ne m'intéressait. Une seule idée me préoccupait: montrer, moi aussi, une poupée à mon amie. Sitôt arrivé, mon père se dirigea au salon et se laissa choir dans son fauteuil préféré. Comme elle le faisait tous les soirs, ma mère lui apporta la petite bassine d'eau tiède dans laquelle il se trempait les pieds.

Quand j'entrai, mon père avait les yeux fermés tandis que ma mère, agenouillée, lui lavait les pieds. Ce n'était pas le temps de m'approcher, car il pouvait se mettre en colère et me frapper.

Je retournai dans ma chambre pour lui écrire ma demande: «Papa, je t'aime et je veux une poupée. Tu es le plus gentil des papas!» Je cachai ensuite ma missive sous son oreiller. Ce soir-là, je m'endormis en espérant que mon père m'offre la poupée tant convoitée. Peu après, ma mère entra brusquement dans ma chambre.

«Est-ce toi qui as écrit ce mot?

— Oui, répondis-je, à moitié endormie.

— Que lui dis-tu?

— Je lui demande une poupée.

— As-tu oublié que ton père ne lit pas le français? Peut-être mademoiselle veut-elle narguer son père, maintenant qu'elle sait écrire?

— Non, maman. Je croyais que papa savait lire dans plusieurs langues.»

Décidément, tout ce que je faisais était sujet à interprétation. J'étais soupçonnée d'arrière-pensée alors que j'écrivais une simple lettre pour demander une poupée! Mon frère m'expliqua qu'il valait mieux oublier cette idée. Notre père détestait les poupées, car elles représentaient le diable et aucune maison saine ne tolérait leur présence.

16

***

Un matin, je fus réveillée par les cris de joie de mes frères. Je me levai rapidement et me dirigeai vers la cuisine d'où provenaient les voix. Mes quatre frères revêtaient leurs plus beaux vêtements sous la supervision de maman. Tout excités, ils m'annoncèrent qu'ils allaient inaugurer le nouveau restaurant de papa. Comme je voulais être de la partie, je retournai dans ma chambre pour m'habiller.

« Que fais-tu? m'interpella ma mère.

— Je m'habille pour aller au restaurant.

— Non, toi, tu n'y vas pas; seulement les garçons ont le droit d'y aller.

— Pourquoi? Je veux y aller aussi.

— Tu n'es pas un garçon, toi! Le jour où tu auras un pénis, nous en reparlerons. Pour le moment, tu restes à la maison, dit-elle sur un ton catégorique.

— Je veux m'en acheter un. Je veux un pénis », répondis-je, tout aussi décidée.

Ma mère était furieuse! Elle saisit la moitié d'un piment fort qu'elle frotta vigoureusement sur mes lèvres. La douleur était insupportable. J'avais les jambes molles... Comme j'arrivais au robinet pour apaiser la brûlure de mes lèvres, elle m'amena de force jusqu'à ma chambre pour m'y enfermer.

« Maman, j'ai mal! S'il te plaît, j'ai besoin d'eau! » criai-je de toutes mes forces.

Désespérée, je l'entendais chantonner au loin. Elle vaquait à ses tâches ménagères en m'ignorant totalement, insensible à ma souffrance. Comme c'était l'hiver, ma fenêtre était couverte de givre et j'en profitai pour y apposer les lèvres. Petit à petit, mon mal s'atténua et je m'endormis.

***

17

Arriva enfin la fête de Noël, considérée comme une fête païenne chez les musulmans. Malgré cela, la plupart des parents achètent des présents à leurs enfants pour leur éviter d'envier ceux qui en reçoivent. Comme l'année avait été fructueuse, mon père acheta un cadeau à chacun. Mes frères reçurent une impressionnante quantité de beaux jouets et ils eurent la permission d'inviter des copains à la maison.

Quant à moi, je fis la connaissance de Câlin, un beau gros nounours brun aux yeux ronds que j'adorai à la minute même où je le vis. C'était mon premier cadeau et j'étais heureuse. J'aurais voulu sauter au cou de mon père comme Amina l'avait fait, mais je me retins. Chez nous, une bonne fille n'agissait pas ainsi avec son père, car il en aurait été contrarié.

Je courus chez mon amie avec mon nounours dans les bras. Enfin, je pouvais me vanter auprès d'elle en montrant le premier cadeau acheté par mon père.

«Amina, regarde mon nounours. C'est papa qui me l'a acheté! Il est beau, n'est-ce pas?

— Oui, il est très beau», répondit-elle, heureuse de partager mon bonheur.

Son père lui avait offert un couple de poupées noires très jolies. Mais Câlin demeurait le plus beau de tous les jouets parce qu'il m'avait été offert par mon père. Mon nounours me suivait partout sauf à l'école et c'était toujours avec plaisir que je le retrouvais le soir. Il était devenu mon compagnon de jeu et mon confident.

CHAPITRE II

Mon adolescence

Un soir, ma mère nous convoqua au salon, mes quatre frères et moi. Elle nous apprit qu'après avoir fait fortune en France, mon père songeait à retourner en Algérie pour de nouveaux projets encore plus prometteurs. Mes frères étaient séduits par cette perspective de richesse accrue.

« Wow! On va devenir encore plus riches! On va rentrer chez nous! Revoir le soleil et la mer! Voilà la belle vie! » s'exclamèrent en chœur mes frères.

Comment annoncer cette nouvelle à mon amie? L'après-midi même, Amina vint nous visiter avec sa mère et on l'informa de notre futur déménagement.

« On ne se séparera jamais, car je serai toujours dans ton cœur, dit-elle en me serrant dans ses bras. Chaque fois que tu parleras à ton nounours, il fera de la télépathie avec mes poupées qui me répéteront tout. Quand tu seras malheureuse, tu te confieras à Câlin et je te répondrai. »

Nous étions toutes les deux tristes à l'idée d'être bientôt séparées. J'avais alors un peu plus de sept ans.

***

Un matin, à l'aube, ma mère me réveilla.

« Dépêche-toi de t'habiller. Nous prenons le bateau. Allez, secoue-toi un peu!

— Mais je n'ai pas dit au revoir à mon amie!

— Oublie Amina! Habille-toi et viens prendre ton verre de lait. Nous sommes déjà en retard. N'augmente pas la colère de ton père!»

Je me vêtis rapidement et bus mon verre de lait d'un trait, espérant pouvoir saluer Amina avant de partir. Au moment de sortir de la maison, ma mère m'agrippa par le collet.

«Reviens ici, pourriture. Amina dort en ce moment. Il n'est que cinq heures du matin!» cria-t-elle vertement.

Câlin me consola une fois de plus. Je me résignai à l'idée de ne pas dire au revoir à ma meilleure amie.

Mes frères sortirent les premiers de la maison, suivis par mon père. Ma mère me poussa en répétant de me dépêcher. En me tendant le panier qu'elle me demandait d'apporter, elle saisit mon nounours.

«Je ne veux pas que tu traînes cette chose affreuse, car tu as bien assez de ce panier.»

Elle lança Câlin dans le haut du placard.

«Maman, s'il te plaît, rends-moi mon nounours!» lui criai-je de toutes mes forces, la voix entrecoupée de sanglots.

Je pleurais, mais elle demeurait insensible. Elle me poussa hors de la maison et verrouilla la porte. Ensuite, elle se dirigea chez la voisine pour lui remettre la clef. En ouvrant la porte, la mère d'Amina m'aperçut en larmes.

«Qu'arrive-t-il à ma belle Samia?

— Elle ne veut pas partir sans dire au revoir à sa copine!

— Attends, Warda! Je réveille Amina, c'est important.»

Je continuais de pleurer en réclamant mon nounours. Amina descendit rapidement l'escalier. Elle lança un regard haineux en direction de ma mère.

«Je suis là, je suis là, ne pleure plus», me répéta Amina sur un ton protecteur.

Je sanglotai de plus belle.

«Câlin est resté dans l'armoire du couloir. Je ne peux plus le prendre; je ne pourrai plus rien lui raconter et il ne pourra jamais faire de la télépathie avec tes poupées. Comment pourrons-nous communiquer?

— Dépêche-toi et sors d'ici, sinon tu le regretteras quand nous serons au pays», promit ma mère sur un ton colérique.

Amina eut à peine le temps de me promettre qu'elle irait récupérer Câlin et qu'elle y ferait toujours attention. Je sortis ensuite tête baissée, préférant ne rien voir.

Je montai dans la belle voiture toute neuve de mon père. Dieu que j'étais malheureuse sans Amina, ni même Câlin pour me réconforter! Mon amie me manquait déjà et je repensais aux jeux et aux évènements que nous avions partagés. Comme la vie était injuste avec moi!

Qu'allait-il se passer là-bas dans ce pays dont j'ignorais tout? Dans mon entourage, tous avaient le sourire alors que j'étais triste à fendre l'âme. Mes frères étaient très excités par ce qui les attendait en Algérie. Sur le siège avant, mes parents parlaient de notre future maison au bord de la mer. Ils discutaient de projets à réaliser une fois là-bas. Tous avaient des images d'avenir alors que moi, je ne songeais qu'au passé que je regrettais déjà! Quand je pensais à mon futur pays, j'étais vaguement inquiète, mais sans aucune raison précise.

***

Ma famille et moi montâmes à bord de l'immense paquebot qui devait nous déposer en Algérie vingt-quatre heures plus tard. Je ne voulais pas quitter la cabine que je partageais avec mes frères plus jeunes. Un midi, pendant qu'ils couraient sur le pont, ma mère descendit me trouver. Elle insistait pour que j'aille manger dans le luxueux restaurant du bateau, mais je refusais de me lever. Elle devint furieuse. Elle bondit vers moi et me prit brusquement le bras.

« Lève-toi! » cria-t-elle en levant la main pour me frapper.

Je me protégeai le visage, mais elle reprit son sang-froid, à ma grande surprise d'ailleurs.

« Sais-tu quelle est la principale raison pour laquelle nous quittons la France? demanda-t-elle à brûle-pourpoint.

— Non! répondis-je sincèrement.

— Nous le faisons pour nos enfants et surtout pour toi, déclara-t-elle sur un ton solennel.

— Moi?

— Oui, toi! La France n'est pas un pays où l'on souhaite éduquer nos enfants et encore moins notre fille. Nous voulons te donner une éducation saine, digne d'une bonne musulmane. »

J'ignorais ce que signifiaient ces mots, *bonne musulmane*, mais j'allais bientôt le découvrir.

La nuit venue, chacun se dirigea dans sa chambre. Ma mère vint border mes frères en me demandant de me couvrir, ce que je fis immédiatement. Puis, elle quitta la chambre après avoir éteint la lumière.

« Samia, penses-tu qu'il fait très chaud en Algérie? demanda Kamel, le plus jeune de mes frères.

— Oui, je crois.

— Penses-tu que les gens sont gentils, là-bas? poursuivit-il.

— Oui, les gens sont gentils. Comme nos grands-parents vivent là-bas, ils vont sûrement nous gâter. Dors bien, petit frère. »

En fermant les yeux, je revis Amina. À l'heure actuelle, elle avait sûrement récupéré mon nounours tapi au fond de l'armoire. Je m'endormis paisiblement en sachant Câlin en sécurité.

Au petit matin, les appels stridents de notre mère nous réveillèrent.

«Vite, levez-vous! Il nous reste à peine deux heures pour prendre le petit-déjeuner et nous préparer. Samia, aide Malek à s'habiller et retrouvez-nous au restaurant.»

Elle se chargea d'aider Kamel pendant que je donnais un coup de main à Malek, mon frère cadet d'un an.

«Samia, je t'aime, déclara Malek, très sérieusement. J'ai de la peine quand maman est méchante avec toi. Quand je serai grand, je te défendrai et je ne laisserai personne te frapper.

— Ce que tu es gentil, Malek! Viens maintenant, sinon maman ne sera pas contente.»

Ensemble, nous courûmes rejoindre les autres en riant et en criant dans le long couloir du paquebot. Chacun s'installa à table pour le petit-déjeuner. Nous étions sur le point de poser le pied sur la terre de nos ancêtres.

«Avancez! Avancez!» criait le capitaine du bateau en nous faisant des signes excédés. À bord de notre belle grosse voiture, toute la famille débarquait en Algérie.

Nous observions les gens de notre nouveau pays: ils semblaient tellement différents des Français que nous avions connus jusqu'alors. Des enfants sales jouaient sur le quai auprès d'hommes en djellaba[1]. Mon frère demanda pourquoi les hommes avaient de longues robes.

«Ce ne sont pas des robes, répondit ma mère en souriant. Les hommes s'habillent ainsi pour se sentir plus à l'aise à cause de la chaleur.»

Je n'en crus pas mes yeux quand je vis une femme recouverte d'un drap blanc qui lui cachait toute la figure à l'exception des yeux.

«Est-ce un fantôme? demandai-je, paniquée.

— Mais non, idiote! Toute bonne musulmane s'habille ainsi, comme toi, dans quelques années.»

---

1. Grande robe à manches longues et à capuchon portée par les hommes et les femmes, en pays musulman.

Elle regarda mon père pour chercher son approbation. Mon père croisa mon regard dans le rétroviseur.

Je me souviens d'avoir décidé, à cet instant précis, de ne jamais m'habiller comme cette femme, même si c'était le symbole de la bonne musulmane.

Plus nous avancions dans les rues de la ville, plus l'ambiance m'apeurait. C'était sale partout et il faisait trop chaud. Les gens autour de nous parlaient arabe. Les rues étaient remplies de *bonnes musulmanes*, d'hommes en grandes robes et d'enfants, même les tout-petits, jouant au milieu de la rue. Ils s'amusaient avec des toupies et des ballons parmi les voitures qui passaient.

Des charrettes tirées par des ânes transportaient des fruits et des légumes. Comme c'était la première fois que Kamel voyait un âne, il se mit à pleurer. Je le rassurai en lui caressant la joue. Je lui expliquai qu'un âne était un animal très doux qui ressemblait à un cheval. À mesure que nous progressions, le décor changeait. Les rues s'élargissaient et devenaient calmes et ombragées. Nous n'étions plus dans le centre d'Alger, mais plutôt en banlieue.

Nous longeâmes une toute petite rue jusqu'à notre maison que je trouvai immense et magnifique. Je n'en avais jamais vu de semblables sauf dans les feuilletons télévisés. Surexcités, mes frères et moi, les yeux éblouis et les joues rouges d'excitation, courions dans le jardin en faisant le tour de cette magnifique résidence.

Après avoir dépensé le trop-plein de notre énergie, nous sommes entrés dans ce château. L'intérieur était impressionnant! Chacune des pièces était immense et très éclairée, d'autant plus que tous les murs étaient blancs. Je n'avais jamais vu de pièces aussi éclairées. Mes frères se sont éparpillés dans la maison, bien déterminés à choisir leur chambre. Je fis de même et mon choix s'arrêta sur une pièce que je trouvais particulièrement jolie.

« Là, c'est ma chambre ! » ai-je crié de sorte que tout le monde puisse m'entendre.

Mon frère Nassim protesta.

« Je la veux ! Cette chambre est grande et je pourrai facilement installer mon train électrique.

— Non, je la veux. C'est moi qui l'ai vue la première », insistai-je.

Et ce fut la dispute. L'intervention de ma mère fut très rapide.

« Arrêtez de vous disputer, trancha-t-elle en m'écartant et en prenant mon frère dans ses bras. Mon chéri, tu auras la chambre et tu pourras installer ton beau train électrique. Toi, Samia, tu prendras la chambre au fond du couloir, à côté de celle de ton petit frère Kamel. Comme ça, s'il pleure, tu pourras l'entendre et aller le réconforter. »

En allant me coucher, je me rendis compte que ma chambre était la plus petite pièce de la maison. J'étais fâchée, mais ma rage se calma rapidement à l'idée que je n'avais rien à y installer, pas même mon nounours. J'étais seule avec mes souvenirs, n'occupant qu'une infime place dans cette immense demeure.

Dans le noir de la nuit, au fond de mon lit, j'avais une peur bleue de l'obscurité. Cette nouvelle maison me paraissait maintenant terrifiante. Je tirai le drap sur ma tête en essayant de penser à quelque chose d'agréable. Tout en étreignant mon oreiller en remplacement de mon Câlin adoré, je fredonnai un air que je chantais avec Amina.

Soudain, les cris de Kamel me firent sursauter. Je me dirigeai vers sa chambre, au bout du corridor sombre. Après avoir allumé, je lui fis signe de se calmer.

« Tais-toi, bébé ! Tout va bien, je suis là ! »

Je le serrai dans mes bras et lui fredonnai la berceuse que maman lui chantait souvent. Il se calmait pour crier de plus belle chaque fois que je tentais de partir. N'en pouvant plus, je décidai de l'emmener à ma mère. Mais la noirceur du couloir le fit paniquer et il se mit à crier à pleins poumons.

« Chut, Kamel, chut! Maman va arriver! »

Sur ces mots, ma mère ouvrit la porte. D'un geste brusque qui eut pour effet de me projeter sur le mur, elle s'empara de mon frère.

« Pourquoi pleure-t-il? demanda-t-elle, exaspérée.

— Il pleure depuis un bon bout de temps. J'ai beau faire, il ne veut pas se taire.

— Retournons dans ta chambre, j'ai quelque chose à te dire! Avance! » répétait-elle en me poussant devant elle, en direction de ma chambre.

J'avançais sans dire un mot, car je connaissais trop bien ma mère. Quand elle était en colère, il fallait se taire.

« Maintenant, assieds-toi et écoute-moi. Et surtout, baisse les yeux », ordonna-t-elle.

Ce que je fis immédiatement.

« Toi, tu réussis toujours à nous gâcher la vie. Tu es incapable de calmer le petit sans ameuter tout le monde au beau milieu de la nuit. C'est sûrement toi qui l'as réveillé parce que tu avais peur. Je te connais très bien, pourriture! Étouffe-toi sous ta couverture et disparais de ma vue! Que Dieu te rappelle à lui! » dit-elle en levant les yeux vers le ciel.

Je me blottis sous mes couvertures en me faisant toute petite pour échapper à sa colère. Elle quitta ma chambre après m'avoir traitée de tous les noms. J'étais toute remuée. Un peu plus tard, je sortis la tête de ma cachette et je pris une grande respiration pour me calmer. Je priai Dieu pour moi, mais surtout pour mon amie et mon nounours Câlin.

Le lendemain matin, mon frère Malek arriva dans ma chambre, tout excité.

« Vite, réveille-toi! Il faut qu'on explore le jardin à la recherche d'un trésor! »

C'était une bonne idée. Bien sûr, il n'y avait pas de trésor. Après nous en être assurés, nous courions à toute allure sur l'herbe quand, involontairement, Malek me poussa et je tombai sur des morceaux de bouteilles cassées. Mes genoux saignaient abondamment. Pris de panique, mon frère alla chercher ma mère, mais la vue de mes genoux ensanglantés ne l'ébranla pas le moins du monde.

« C'est bien fait pour toi! Ça t'apprendra à courir comme un garçon manqué au lieu de rester tranquille comme une vraie jeune fille. Maintenant, débrouille-toi et soigne-toi toute seule! » dit-elle d'une voix sèche dénuée de compassion.

Elle retourna à ses activités, comme si rien ne s'était passé. Mon frère mouilla un papier qu'il posa sur ma blessure. Puis Farid, mon frère aîné, appliqua une compresse et me banda le genou en me recommandant de rentrer à la maison.

**

Quelques jours plus tard, ce fut le début des classes. Mon père avait envoyé son chauffeur pour nous accompagner à l'école. Mes trois frères étaient inscrits chez les Pères Blancs pour continuer leurs études en langue française tandis que je devais fréquenter une école privée où les études étaient en langue arabe.

J'étais incapable de lire un seul mot en arabe. Ce fut une expérience très pénible. Le professeur me faisait constamment des reproches tout en prenant plaisir à me traiter d'ânesse, ce qui faisait rire mes camarades. Évidemment, une telle réputation m'isola des autres filles. Je n'avais aucune amie. Toutes les filles me traitaient de frimeuse et m'accusaient de jouer à la riche Française. Elles me reprochaient d'être différente, ce que je réalise maintenant, mais que j'ignorais alors. En France, on me reprochait d'être arabe et ici, on me reprochait d'être française!

Chaque jour qui passait devenait plus pénible que le précédent. Un soir, toute seule dans mon lit, je décidai de ne plus aller à l'école. Tous les matins, le chauffeur me déposait, mais je me faufilais parmi les élèves pour ressortir de cet endroit maudit, sans être vue. Je ne voulais plus être la risée de la classe.

Je passais ma journée à errer dans les rues d'Alger sans manger ni boire, jusqu'à l'heure de la sortie des classes. Je rentrais alors dans l'école et en ressortais pour continuer à berner le chauffeur. Je fis l'école buissonnière pendant trois jours. Mon père reçut une convocation écrite de l'école, mais comme la lettre était écrite en français, Farid fut appelé à sa rescousse. Je sentis venir la tempête. Je me réfugiai dans ma chambre et j'attendis la suite. Je redoutais le pire.

J'entendais les pas lourds de mon père monter l'escalier et chacun d'eux faisait battre mon cœur de plus en plus fort. Je priais: «Dieu, épargnez-moi; Dieu, aidez-moi.» Je grimpai sur mon lit et attrapai mon oreiller pour me protéger, au cas où. La porte s'ouvrit et mon père entra, sa ceinture à la main et l'air très fâché.

«Sale pourriture! Je me tue au travail pour toi. Je choisis une école privée pour t'apprendre à lire et te donner une éducation comparable à celle des filles de ta génération. Et voilà comment tu me remercies!»

Il me fouetta avec sa ceinture. Les coups plurent et plurent encore jusqu'à ce que je perde connaissance. Je me rappelle avoir ouvert les yeux dans les bras de ma mère qui m'aspergeait le visage d'eau fraîche. J'entendais sa voix comme si c'était un rêve.

«Tu vois ce que tu as fait! Es-tu contente du résultat? Couche-toi maintenant et repose-toi. Demain sera un autre jour.»

***

Le lendemain matin, Malek vint me dire de rester couchée. Mon père avait décidé de m'inscrire dans une école française régie par des religieuses catholiques et réputée pour sa rigueur et sa discipline.

Je m'intégrai facilement dans cette nouvelle école et me liai d'amitié avec deux copines qui parlaient français : Nabila et Rachida. Toutes les trois, nous avions beaucoup de points communs. Nabila venait d'une famille aussi riche que la mienne alors que Rachida était de classe moyenne. Comme elle était fille unique, ses parents voulaient lui donner toutes les chances de réussir et ils étaient prêts à s'endetter pour lui payer de bonnes études.

Nous inventions des histoires qui nous faisaient rire aux éclats. C'est ainsi que je commençai à aimer l'école. Un matin, ma mère me demanda pourquoi j'étais si heureuse d'aller à l'école. Je lui répondis que je m'étais fait deux copines et qu'on s'amusait drôlement ensemble. Elle me dit d'en profiter, car mes études risquaient d'être très courtes. Je fis la sourde oreille, car je voulais rejoindre mes copines l'esprit tranquille.

Un matin, alors que je devais rapporter la signature de mes parents à la suite d'une mauvaise note, mes copines s'informèrent de leur réaction. Je leur mentis en disant que mon père m'avait privée de télévision. Contrairement aux autres parents, les miens acceptaient sans réagir mes mauvais résultats scolaires. Ils me répétaient souvent : « Les études ne sont pas importantes pour une fille qui dépendra de son mari. »

***

Grâce à mes copines, cette période de ma vie fut heureuse, du moins pendant les heures scolaires. Je n'eus jamais le droit d'aller chez elles ou même de les accueillir à la maison. Selon ma mère, elles pouvaient avoir une mauvaise influence sur moi, car elles pouvaient parler des garçons, un sujet tabou pour une fille respectable. Il m'était défendu de penser aux garçons, car ils incarnaient le mal en pouvant me déshonorer et déshonorer ma famille par la même occasion. Je devais me méfier d'eux. En réalité, je ne voyais jamais de garçons puisque je ne sortais jamais seule et qu'un chauffeur me déposait à l'école. Mes frères ramenaient quelquefois des copains chez nous; ma mère exigeait alors que je reste auprès d'elle jusqu'à leur départ pour éviter que l'un d'eux me parle ou me touche.

Pendant cette période, ma mère donna naissance à une seconde fille. Quelle déception pour mes parents! Mais moi, je l'aimais, cette petite sœur. Je n'étais plus la seule fille; nous étions plus fortes, car nous étions deux à présent. J'étais convaincue qu'on pourrait s'entraider malgré les neuf ans qui nous séparaient. Dès qu'elle se mettait à pleurer, j'allais la consoler.

Vers l'âge d'un an, elle se cogna la tête sur une chaise. J'essayais de la calmer quand ma mère entra dans la pièce.

« Oh! Quel beau tableau! s'exclama-t-elle sur un ton sarcastique. Deux malédictions dans les bras l'une de l'autre! »

Puis elle ajouta :

« Comme tu es l'aînée, tu as une responsabilité envers ta sœur et tu dois lui donner le bon exemple. Si tu deviens une bonne musulmane et une bonne épouse, ta sœur fera de même, mais, au contraire, si tu ne respectes rien, elle t'imitera aussi. Comprends-tu ce que je te dis? »

J'acquiesçai.

L'avenir de ma petite sœur reposait sur mes épaules. Je ne voulais pas qu'un jour elle ait à souffrir à cause de moi. Je devais redoubler d'effort pour me tenir tranquille, écouter mes parents et ainsi devenir une bonne fille et, surtout, une bonne musulmane.

Lorsque j'eus à peu près dix ans, ma mère vérifia mes tenues vestimentaires. Elle m'obligea à porter de longues robes très amples. Si je portais un pantalon, je devais mettre un long chandail pour cacher mes fesses. Mes cheveux devaient toujours être attachés ou tressés pour éviter d'attirer le regard des garçons.

***

Vers l'âge de treize ans, alors que je revenais de l'école, je fus interpellée par ma mère.

« Viens là pour que je te voie mieux! »

Je m'exécutai. Elle examinait ma poitrine avec attention. Je ne comprenais pas, car mon chandail était propre.

« Qu'ai-je fait au bon Dieu pour mériter ça? Regarde-toi, dit-elle en me secouant avec dégoût. Ta poitrine commence à paraître! Ha! Si ton père voyait ça... Viens avec moi! »

Elle m'entraîna rapidement jusqu'à la salle de bain. Je n'avais d'autre choix que de la suivre de peur de tomber. Elle prit un bandage avant de lever mon chandail.

« Il va falloir bander ça et serrer très fort pour que ton père ne remarque rien, car il pourrait s'en prendre à moi s'il s'aperçoit du changement », dit-elle sur un ton sec.

Je comprenais sa peur. À chacune de mes bêtises, mon père la tenait responsable de ma faute et l'accusait de mon manque d'éducation. Quand mon père en avait fini avec moi, il la battait à son tour, car c'était elle la fautive.

Comme le bandage m'étouffait, je le mentionnai à ma mère.

« Je ne peux pas le desserrer sans risquer qu'on

remarque ta poitrine. Tu devras endurer ton mal si tu veux éviter des conséquences qui seraient pires pour toi et pour moi.»

Les conséquences, je commençais à les connaître!

«Tous les matins avant d'aller à l'école, tu viendras me voir et je t'aiderai à mettre ton bandage. Plus tard, tu devras apprendre à le mettre toute seule.»

Je portai ce bandage pendant longtemps, trop longtemps.

Vers l'âge de quatorze ans, j'eus mes premières menstruations. En voyant du sang, je pris panique. Pour moi, ce sang signifiait que j'avais perdu ma virginité et par le fait même que j'avais déshonoré ma famille. Je devais garder le secret à la maison. Cependant, j'en discutai avec Nabila, ma copine d'école, qui me rit au nez en m'expliquant que toutes les filles de notre âge avaient des menstruations tous les mois et que je devais en parler à ma mère.

Ce soir-là, je tentai de détecter l'humeur de ma mère avant de lui annoncer la nouvelle. Je savais qu'elle en serait mécontente. Je pris mon courage à deux mains.

«J'ai eu mes règles, maman!» avouai-je d'un air coupable.

Elle me regarda comme si la pire des catastrophes s'était produite.

«Sais-tu ce que cela signifie?

— Non, répondis-je, inquiète.

— Cela veut dire qu'à tout moment tu peux tomber enceinte.»

Ma mère ne pensait donc qu'à l'honneur de la famille?

«Que va-t-on faire de toi? Dieu merci, tu as quatorze ans et bientôt tu seras mariable. En attendant, tu as intérêt à rester tranquille. Tu ne dois rien faire en cachette. Tu dois me dire tout ce qui se passe dans ta vie, tu as compris?»

Je la rassurai en lui répétant qu'elle n'avait rien à craindre, car ma vie était d'un calme extrême.

***

De la fenêtre de ma chambre, je voyais la maison des voisins. Un homme relativement âgé y vivait avec sa famille et, quand il sortait, un jeune homme l'accompagnait. Ils étaient alors habillés en militaires. La fenêtre du jeune homme donnait sur la mienne et je le voyais se déplacer. Je le trouvais extrêmement beau dans son uniforme : grand, mince, avec une fine moustache et un beau teint doré. Un livre à la main, il s'asseyait souvent à côté de la fenêtre et, de temps à autre, levait la tête vers moi. Toute pudique, je levais les yeux en faisant semblant de ne pas le regarder. Quand il comprit que je l'observais, il se leva pour mieux me voir. Je fus complètement prise de panique, mais j'aurais aimé savoir s'il me trouvait à son goût.

Mon frère choisit précisément cet instant pour entrer dans la chambre. Je refermai immédiatement la fenêtre.

« Que viens-tu faire ici ? » demandai-je innocemment.

Il s'approcha de la fenêtre, mais je m'étais placée devant lui pour l'empêcher de regarder. Il me demanda de me tasser, car il voulait parler à son copain qui jouait au ballon dans la rue. J'espérais que mon voisin ait disparu ! Après le départ de mon frère, je vérifiai et il n'était plus là. J'étais soulagée.

***

Comme ma mère désirait me montrer comment cuire des pâtes, j'allai la retrouver à la cuisine.

« Une bonne épouse doit savoir faire à manger à son époux.

— Je ne veux pas être une bonne épouse. J'aimerais étudier pour travailler plus tard. »

Elle ricana en répétant ma phrase sur un ton ironique.

«Je ne savais pas que j'avais donné naissance à un garçon! Tu feras ce que je te dirai de faire. Plus tard, je veux que les gens disent que Warda a bien élevé sa fille. Pour que je sois fière de toi, tu dois être une bonne fille, devenir une bonne épouse et faire honneur à l'homme qui t'épousera. Alors, tu me remercieras de t'avoir enseigné l'art d'être une bonne épouse. Allez! En attendant, mets les pâtes dans la passoire et ajoute un peu de beurre.»

***

Durant cette période, j'essayais de comprendre l'attitude de ma mère à mon égard. Pourquoi ne m'aimait-elle pas? Pourquoi ne me serrait-elle jamais dans ses bras comme le faisaient les autres mères? Pourquoi cajolait-elle mes frères alors!

Parfois, je me croyais adoptée. Je ne pouvais imaginer qu'un parent puisse détester son propre enfant et qu'il ne lui témoigne jamais d'attention. J'enviais mes camarades quand leurs parents venaient les chercher, leur témoignaient leur affection ou s'informaient de leur journée. J'aurais tout donné pour être à leur place, ne serait-ce qu'un bref instant.

***

Les vacances approchaient. Après avoir présenté mon bulletin scolaire à ma mère, elle me demanda de le montrer à mon père le soir même.

«Il a quelque chose à t'apprendre, annonça-t-elle.

— Qu'est-ce que c'est, maman? demandai-je, intriguée.

— Tu verras bien, attends ce soir. »

Je me retirai dans ma chambre pour voir mon beau voisin. Il était là, debout comme chaque jour à cette heure-ci. Peut-être le faisait-il exprès? Je ne pouvais croire qu'un garçon aussi séduisant puisse s'intéresser à une fille comme moi. Je n'avais rien d'une jolie fille. De plus, il était trop âgé pour moi.

J'avais besoin d'être importante pour quelqu'un et ce petit jeu de séduction apportait du piquant à ma vie. Avant d'aller à la fenêtre, je détachais mes cheveux pour être plus attirante. J'étais fière de mes cheveux qui étaient longs, noirs et lisses; la plupart du temps, j'obéissais à ma mère en les portant attachés ou tressés ou relevés en chignon.

« Tu pourras les coiffer autrement quand tu seras chez ton mari, pas chez moi », répétait-elle.

En entendant des pas dans le couloir, je fermai rapidement la fenêtre et rattachai mes cheveux. Mon père avait envoyé Malek me chercher.

Dieu, aidez-moi! Si mon père me demandait, c'était important, mais pas nécessairement de bon augure pour moi. Je m'approchai en baissant les yeux. Comme il regardait une émission de télévision, j'attendis en silence. Mon cœur battait si fort que j'en perdais le souffle.

Il se rendit finalement compte de ma présence et m'invita à m'asseoir. Le sujet était grave, car jamais il ne m'accordait un tel privilège quand il me parlait. Il avait l'habitude d'ordonner sans droit de réplique de notre part. Mais là, il m'invitait à m'asseoir... Faites, ô mon Dieu, qu'il n'y ait rien de grave et aidez-moi!

Mon père se redressa et prit un ton solennel.

« Je serai bref. Farid m'a expliqué ton bulletin. Tu as terminé ton secondaire et tu auras bientôt quinze ans. Tu es maintenant capable de lire et d'écrire. J'ai fait mon devoir de père et c'est à toi maintenant de faire ton devoir de fille. Il n'y a plus de temps à perdre avec des bêtises d'école. Dorénavant, tu resteras à la maison et ta mère t'apprendra à devenir une bonne épouse. J'aimerais entendre les gens dire: "Regardez comme la fille de monsieur Shariff est une bonne fille!" Je saurai alors que j'ai rempli mon devoir envers toi et je pourrai mourir en paix. Tu dois te préparer, car bientôt tu rencontreras ton futur époux.

— Oui, mais, papa...

— Oui, mais quoi? m'interrompit-il. Ferme-la! Je ne veux plus t'entendre. Va aider ta mère au lieu de rêvasser dans ta chambre. Est-ce l'école qui t'a appris à perdre ton temps de cette façon?»

Je m'éloignai rapidement, mais je pouvais encore entendre les injures qu'il m'adressait. J'aurais tant aimé ajouter que je ne voulais pas me marier, que je n'avais pas encore quinze ans et que je désirais étudier pour travailler ensuite. Mais, hélas, ce genre de discussion était impossible avec mon père.

Dans la cuisine, ma mère me lança un regard menaçant alors que j'avais encore les larmes aux yeux.

«Il faut toujours que tu ouvres ta grande gueule, dit-elle sur un ton aussi intimidant que ses yeux. Tu ne sembles pas reconnaissante envers ton père de t'avoir permis de fréquenter les meilleures écoles. Il t'a donné la chance de t'instruire, chance que, moi-même, je n'ai pas eue. Pour le remercier, tu devrais l'écouter et combler son souhait le plus cher en te préparant à devenir une femme respectable pour ton futur époux. Réveille-toi, ordure! À cause de toi, j'aurai sûrement à subir la mauvaise humeur de ton père ce soir.»

Une fois de plus, ma mère me faisait porter la responsabilité de sa soumission, mais je n'ai pris conscience de cette lourde charge que beaucoup plus tard dans ma vie. Je me sentais mal, car je savais que mon père la battait quand elle ne réussissait pas à faire respecter la discipline. Malgré son attitude envers moi, j'aimais ma mère et je ne lui souhaitais aucun mal.

« Est-ce que je peux faire quelque chose, maman, pour éviter ta dispute avec papa?

— Il fallait y penser tout à l'heure et écouter ton père jusqu'à la fin sans dire un mot. C'est trop tard, maintenant que ta bêtise est faite. Hors de ma vue! Ordure! Je ne veux plus te voir. Maudit soit le jour où je t'ai mise au monde. »

Honteuse et désespérée, je me réfugiai dans ma chambre où rien ne m'intéressait. Je voulais tout simplement mourir! Que pouvais-je espérer de l'avenir? Rien! Absolument rien! Je perdais ma seule source de joie: mes copines et l'école.

C'est alors que Farid et Kamel, mon frère aîné et mon frère cadet, entrèrent dans ma chambre.

« Et si je parlais à papa? » proposa Farid, compatissant.

Je lui conseillai de ne rien faire, car il risquait d'attirer la colère de notre mère sur lui.

« Quelle chance tu as d'avoir fini l'école, dit Kamel. Mon rêve!

— Ne pleure pas, petite sœur. Ça va s'arranger, tu verras », ajouta Farid.

Ses paroles d'encouragement me firent du bien, car il me parlait rarement.

« Je ne comprends pas papa. Il devrait pourtant savoir que l'avenir appartient à ceux qui sont instruits.

— Ce n'est pas vrai! argumenta Kamel. Papa n'est pratiquement jamais allé à l'école et il est très riche.

— Très riche, je suis d'accord, mais il a besoin de quelqu'un pour lui lire ses papiers. »

J'étais sensible à leur soutien, mais je mis fin à notre discussion, car quelqu'un aurait pu nous entendre du couloir. Mes deux frères remontèrent à l'étage et je me retrouvai seule avec mon découragement et mon chagrin.

J'essayais d'imaginer quelle serait la réaction de mes parents si je mourais. J'aimais penser que ma mère serait en pleurs et que mon père regretterait son geste, mais le contraire était tout aussi possible : ils pourraient être heureux de se débarrasser de moi qui leur étais une source constante de soucis.

J'étais un lourd fardeau pour mes parents et c'était sûrement pour cette raison qu'ils semblaient si pressés de me marier. Petit à petit, je rêvassai à mon futur mari : « Si c'était mon beau jeune homme... »

Le lendemain matin, pendant que je m'habillais, ma mère me fit remarquer qu'une fois l'école terminée, je n'aurais plus à porter le bandage qui dissimulait ma poitrine.

« Dorénavant, puisque tu ne sortiras plus, aucun étranger ne remarquera que tu es devenue une femme. Même si ton père s'en rendait compte, il ne se fâcherait pas, car aucun danger ne risque de t'arriver si tu restes à l'intérieur jusqu'à ton mariage. »

À l'école, mes deux copines m'attendaient avec impatience pour discuter de l'établissement que nous fréquenterions l'année suivante. Rachida et Nabila étaient inscrites à Sainte-Geneviève, un collège très réputé en Algérie, réservé aux meilleurs élèves de famille riche.

« Samia, j'espère que tu viendras aussi. Toutes les trois, nous sommes des amies pour la vie, dit Rachida, tout excitée.

— Malheureusement, je ne pourrai pas vous suivre à Sainte-Geneviève, répondis-je tristement.

— Pourquoi donc ? interrogea Nabila.

— Parce que mon père ne veut plus que j'aille à l'école.

— Mais tu réussis mieux que nous !

— Mes parents trouvent que j'ai suffisamment étudié. »

En Algérie, plusieurs parents, peu importe leur niveau socio-économique, retirent tôt leur fille de l'école. Pour eux, l'apprentissage de la lecture et de l'écriture n'est pas une priorité.

«Une bonne musulmane connaît trois endroits sacrés : la maison de ses parents, la résidence de son mari et finalement sa tombe, m'expliqua plusieurs fois ma mère. À quoi bon savoir lire et écrire!

— Que feras-tu si tu ne fréquentes plus l'école? demanda Nabila, les larmes aux yeux.

— J'obéirai à mon père en apprenant à tenir maison en vue de mon mariage.

— Te marier! Pourquoi? Tu es bien trop jeune pour ça!

— Nabila, ta famille t'a-t-elle déjà parlé de mariage?

— Oui, on m'en parle, mais on tient à ce que j'étudie avant de me marier.

— C'est la même chose pour moi, ajouta Rachida.

— Pourquoi suis-je la seule à qui cela arrive? Pourquoi dois-je vous quitter? Vous êtes ce qui est arrivé de meilleur dans ma vie!»

Nous pleurions en chœur quand la sœur directrice nous en demanda la raison.

«Le père de Samia la retire de l'école. Elle devra rester à la maison, répondirent mes amies, la voix entrecoupée de sanglots.

— Pourquoi? Il a pourtant l'air d'un homme cultivé! Samia, veux-tu que je parle à ton père?»

Je la suppliai de ne pas le faire, car une intervention de sa part pouvait aggraver la situation. En fin d'après-midi, j'embrassai tristement mes copines. J'avais l'impression que le monde entier s'écroulait autour de moi et je trouvais ma situation injuste. Autant j'enviais mes copines, autant j'étais heureuse qu'elles n'aient pas à subir mon sort.

À la sortie de l'école, le chauffeur m'attendait, comme à son habitude. Il remarqua mes yeux rougis.

«As-tu pleuré? demanda-t-il doucement.

— Non. J'ai une poussière dans l'œil. Est-ce que vous avez des enfants?

— J'ai trois filles. Elles ont vingt, dix-sept et douze ans.

— Vingt ans? Est-ce qu'elle est mariée?

— Non, elle ne l'est pas encore!

— Pas encore? Mais pourquoi?

— Tout simplement parce qu'elle est aux études. Nous sommes pauvres et je veux que mes filles puissent compter sur elles-mêmes, car, de nos jours, la vie n'est pas facile.»

J'aurais tout donné ce que je possédais pour avoir un père aussi compréhensif que lui. Ses filles étaient chanceuses de vivre en paix, sans avoir peur de ses réactions.

«Elles ont vraiment de la chance que vous soyez leur père!

— Toi aussi, ma chérie, tu as de la chance d'avoir un père tel que monsieur Shariff!

— Oui, je sais», répondis-je brièvement.

Je rentrai chez moi en repensant aux paroles du chauffeur. Il avait dit *ma chérie*. C'était la première fois qu'on m'appelait ainsi. Il m'arrivait souvent de me poser la question: «Sur quoi Dieu se base-t-il pour placer tel enfant avec tel parent?» Se base-t-il sur la force de caractère de l'enfant? Croit-il qu'il mérite d'être plus heureux qu'un autre? J'aurais tant voulu comprendre ce qui m'arrivait, mais je me creusais la tête sans trouver de réponses à mes questions.

Quand j'observais ma petite sœur si mignonne, je me demandais quel avenir l'attendait! Elle semblait si fragile et nos parents semblaient si durs envers elle! Lorsque la petite tombait ou se cognait, ma mère ne prenait pas la peine de se retourner pour vérifier la gravité du choc. Je me précipitais pour la calmer et la soigner. J'étais solidaire avec elle, car nous étions deux filles musulmanes nées dans la même famille.

***

Je voulais donner un cadeau d'adieu à mes copines. Un des derniers matins d'école, je choisis deux disques de ma musique préférée pour les offrir en souvenir. Au moment de sortir, mon père me saisit le bras.

« Où vas-tu avec ces disques ? demanda-t-il en me pinçant la main.

— À l'école, répondis-je, effrayée.

— Ah, à l'école ? Car mademoiselle danse à l'école maintenant », dit-il sur ton narquois.

Je fis non de la tête. À deux reprises, il me serra fortement le bras et il m'ordonna ensuite d'aller l'attendre dans ma chambre.

Qu'avais-je fait au bon Dieu pour mériter cette punition ? Qu'adviendrait-il ? Je pleurais à chaudes larmes. Il se présenta en tenant le morceau de bois long et mince, réservé pour les punitions. Je devais choisir entre la ceinture et le bâton de punitions. Je le suppliais de ne pas me frapper et lui promettais de toujours lui obéir et de ne plus toucher à la musique. Mes larmes et mes supplications étaient tout à fait inefficaces.

« Comédienne, cria-t-il, tu as toujours eu le sens de la comédie ! Encore une fois, je te demande de choisir entre la ceinture et le morceau de bois. »

À contrecœur, je lui indiquai la ceinture. Il leva le bras et, coup après coup, il me frappa une dizaine de fois. Il semblait y prendre plaisir ! Il s'empara ensuite de mes disques qu'il brisa en deux puis il sortit en claquant violemment la porte.

Je l'entendis crier à ma mère :

« Ta fille apporte des disques à l'école maintenant ! Voilà ce qu'on enseigne à l'école de nos jours : la

41

danse! Eh bien! Tu danseras aussi, c'est moi qui te le dis. »

À partir de ce jour-là, je ne remis plus les pieds à l'école. La terre s'était arrêtée de tourner. En restant à la maison, je perdais mes copines et mes sorties; je n'avais plus de vie! On m'avait empêchée de faire mes adieux à mes meilleures amies. Comme je n'avais pas leur adresse, je resterais sans nouvelles d'elles! Qu'allaient-elles penser de moi qui les avais quittées sans un dernier au revoir? Que j'étais égoïste et insensible!

J'étais complètement désorientée et je me sentais abandonnée. Je pleurais souvent sur mon sort, seule dans mon coin. Comme le temps passait, j'éprouvai le besoin de partager mon chagrin. Un certain après-midi que ma mère était occupée à la cuisine, je me confiai à elle. Au lieu de me consoler, elle se moqua de mes yeux rougis.

« En plus, mademoiselle pleure! Pourquoi pleures-tu! Tu n'auras plus à te réveiller tôt pour aller à cette école de malheur! D'autant plus que c'est ta faute! Tu n'avais qu'à ne pas apporter de disques à l'école. Sèche tes larmes et arrête ta comédie. Un jour, tu nous remercieras, ton père et moi, d'avoir su te donner une bonne éducation. Pour le moment, tu es jeune et naïve et tu ne sais pas ce que tu fais. »

Était-ce vraiment cela une bonne éducation?

***

Deux femmes aidaient ma mère dans ses tâches ménagères. L'une d'elles, Salima, était une jeune fille de dix-sept ans avec qui je sympathisai très vite. Ensemble, nous parlions de tout et de rien.

« Samia, tu as de la chance d'avoir une belle chambre pour toi toute seule; moi, je dors avec mes sept frères et sœurs dans une pièce de grandeur équivalente, dit Salima en faisant le ménage de ma chambre.

— Tu te trompes, car je n'ai pas de chance dans quoi que ce soit! J'ai une grande chambre pour moi seule, mais je n'ai pas l'essentiel.

— Qu'y a-t-il d'essentiel à part manger à sa faim, avoir une belle chambre et ne pas travailler pour les autres?

— Ce n'est pas l'essentiel, crois-moi! J'ai tout ça, mais je n'ai pas la chance que tu as de sortir, de travailler et de côtoyer toutes sortes de gens.

— Tu n'as pas le droit de sortir!

— Je n'ai ni le droit de sortir ni le droit de m'habiller et de me coiffer selon mes goûts.

— Pourquoi donc?

— Parce que je dois devenir une bonne épouse et une bonne musulmane. Aucun homme ne doit me regarder, car je dois me réserver pour mon futur mari.

— Ce sont tes parents qui te demandent cela? dit-elle, l'air étonné.

— Oui. Est-ce cela, le bonheur?

— Je n'aimerais pas être à ta place, je suis vraiment désolée pour toi. Tu n'as donc pas d'amoureux?

— Chut! Ne parle pas si fort. J'ai trop peur qu'on nous entende. Je crois que j'en ai un.

— Petite cachottière! Où est-il?

— Il est tout le temps à sa fenêtre, à me regarder.

— Comme c'est romantique! Comment s'appelle-t-il? Quel âge a-t-il? Comment vous rencontrez-vous si tu ne sors jamais?

— Je vais te sembler ridicule, mais j'ignore son nom et son âge, car je ne lui ai jamais adressé la parole. Je sais qu'il est militaire et qu'il a presque trente ans. »

Salima éclata de rire.

« Tu ne lui as jamais parlé et tu ne connais même pas son nom! Alors comment sais-tu qu'il t'aime?

43

— Je le sais, c'est tout, répondis-je, offusquée. Il se place à sa fenêtre, toujours à la même heure, et il me regarde tout le temps. Il m'attire énormément.

— C'est permis de rêver! Mais crois-moi, l'important, c'est la réalité. Veux-tu que je lui transmette un message?

— Non! Je ne peux pas prendre ce risque. Si mes parents l'apprenaient, ils pourraient me tuer.

— Sont-ils sévères à ce point?

— Oui, car pour eux l'honneur passe avant tout.

— Tu ne déshonores personne en parlant à un garçon, continua-t-elle avec beaucoup d'aplomb.

— Selon ton point de vue, ce n'est pas déshonorant, mais ils voient la situation différemment. Je ne dois surtout pas leur désobéir.

— Pauvre de toi! Je dois continuer mes tâches. Je serai toujours là si tu as besoin de me parler, d'accord?

— Merci beaucoup, Salima! Je suis heureuse que tu sois là. Je me sens déjà moins seule. »

J'allai à la fenêtre pour ma rencontre visuelle, mais, hélas, il était absent. J'étais déçue, car sa seule présence me faisait du bien. J'inventais des dialogues et des scènes d'amour passionnées avec mon beau prince. C'était un moyen d'échapper à la cruauté de mon quotidien; je m'imaginais heureuse pendant quelques instants.

Au fil des jours, je m'attachais à la jeune femme de ménage, mais ma mère ne voyait pas d'un bon œil cette amitié naissante.

«N'oublie jamais que tu es la fille de monsieur Shariff, et la fille de monsieur Shariff ne fréquente pas les bonnes. Elle pourrait, en plus, avoir une mauvaise influence sur toi. Il faut préserver tes idées et ton image. Tu es encore innocente et je tiens à ce que tu le restes. Une fois mariée, tu fréquenteras les amis de ton choix, mais, bien entendu, si ton mari te le permet. »

Je parlais encore à Salima, mais en cachette quand elle m'aidait à nettoyer ma chambre. Elle était la seule personne de la maison qui se préoccupait vraiment de celle que j'étais au fond de mon cœur.

***

Quelques jours plus tard, ma mère m'annonça une bonne nouvelle. Je passerais les vacances d'été en France chez ma tante paternelle alors que le reste de la famille irait dans la maison familiale au bord de la mer, près de Barcelone.

« Es-tu contente?

— Bien sûr, maman, je m'ennuie tellement de la France! » répondis-je avec sincérité.

Soudain, mes souvenirs d'enfance remontèrent à la surface. Quel bonheur de revoir Amina, ma meilleure amie! Je n'avais pas connu une telle joie depuis bien longtemps, mais peu à peu celle-ci se transforma en inquiétude. Pourquoi mes parents, après m'avoir retirée de l'école, m'envoyaient-ils loin de leur contrôle? Je demandai des explications à ma mère.

« Ton père veut te faire plaisir, me répondit-elle. Il faudra être sage chez ta tante et faire tout ce qu'elle te demandera.

— Que me demandera-t-elle?

— Arrête de me questionner. Tu le sauras en temps et lieu. »

Il y avait donc une raison cachée dans ce projet subit, mais je refusai de m'en préoccuper à ce moment-là. Je ne voulais pas gâcher la joie que j'éprouvais à l'idée de revoir mon pays natal. Après tout, peut-être était-ce la façon choisie par mon père pour se faire pardonner son geste violent? J'aimais à le croire!

Ma mère m'aida à préparer ma valise.

« Tu auras besoin de ta jolie robe rouge.

— Tu ne veux jamais que je la porte, car elle est un peu décolletée!

— Eh bien! Seuls les imbéciles ne changent pas d'avis. Tu en auras certainement besoin. N'oublie pas d'apporter les chaussures qui conviennent. »

Le matin du départ, mon frère Kamel vint me réveiller.

« Espèce de chanceuse! Tu ne vas pas à l'école et en plus tu vas revoir la France. Je donnerais n'importe quoi pour être à ta place!

— Tu parles d'une chance! Je sens qu'il se trame quelque chose dans mon dos. Aurais-tu entendu maman parler de moi dernièrement?

— Non! Sauf à une occasion, poursuivit-il. Le fait que tu puisses communiquer avec Salima lui déplaisait. N'empêche que je te trouve chanceuse d'aller t'amuser en France! »

Je pris ma valise et retrouvai mes parents à l'étage. En me voyant, mon père me fit changer de pantalon parce qu'il le trouvait trop ajusté et qu'il montrait mes formes. Je lui obéis pour éviter sa colère. Je saluai mes frères et embrassai ma petite sœur, mais ma mère conserva ses distances.

« Fais en sorte qu'on soit fiers de toi, me rappela-t-elle froidement. Écoute ta tante! Elle me tiendra au courant de tous tes faits et gestes. Allez, va maintenant. Ne fais surtout pas attendre ton père. »

Je me sentais triste en me dirigeant vers la voiture. C'était la première fois que je m'éloignais de ma famille. J'aurais tant aimé que ma mère me prenne dans ses bras pour me dire au revoir. Depuis ma naissance, elle ne m'avait jamais adressé un mot de tendresse. Elle me répétait: « Samia, écoute ton père; Samia, écoute ta mère; et maintenant, Samia, écoute ta tante! » Et moi, qui m'écoute et qui m'écoutera?

Je croisai le regard de mon père dans le rétroviseur. Je baissai les yeux pour éviter son contact. Il profita de cet instant pour répéter sa mise en garde.

«Même si tu t'en vas seule en France, ne crois pas que tout est permis. Sache que ton père a des yeux partout. »

Je restai figée sur mon siège! Que craignait-il donc que je fasse là-bas? De mon côté, je n'avais qu'une idée en tête: revoir mon amie d'enfance et la serrer dans mes bras. J'avais hâte de retrouver le quartier où j'étais née et où j'avais grandi. Je réalisais que mon enfance avait été plus heureuse que mon adolescence.

Mes sentiments étaient confus. D'un côté, j'avais hâte d'être libérée de la pression continuelle dans laquelle je vivais, mais, par ailleurs, j'avais de la peine, car je sentais qu'on cherchait à se débarrasser de moi en m'expédiant au loin.

À l'aéroport, mon père m'accompagna pour les formalités. Des gens de toutes nationalités m'entouraient dans un va-et-vient continuel. Mon père me demanda de rester près de lui, mais, pendant que nous attendions l'heure du départ, un jeune homme me regarda en passant près de nous.

«Tu regardes cette sale vermine! Plus tu te tiendras loin des hommes, mieux tu te porteras! Crois-moi! Mais quand donc aurai-je l'esprit tranquille? Dieu seul le sait! Je dois veiller sur toi et ensuite ce sera au tour de ta sœur... J'aurais préféré n'avoir eu que des garçons. Je ne veux pas avoir à en souffrir un jour, tu m'entends! Va, c'est l'heure de ton avion. N'oublie jamais que ton père a des yeux partout! Penses-y avant de faire quoi que ce soit, car je saurai tout! »

À la barrière d'embarquement, je me retournai pour lui dire au revoir, mais il était déjà loin. Je gardai les yeux baissés dans la salle d'attente, car j'avais l'impression que tout le monde me regardait et que les yeux de mon père me surveillaient déjà.

Dans l'avion, un homme d'une cinquantaine d'années était à mes côtés. Comme il était plus âgé, mon

47

père n'aurait pas été fâché. Au moment du décollage, je me bouchai les oreilles pour diminuer l'intensité du bruit des moteurs.

«C'est la première fois que tu prends l'avion? s'informa mon voisin, l'air avenant.

— Non, monsieur, ce n'est pas la première fois», répondis-je, intimidée.

Je ne précisai pas que je parlais à un inconnu pour la première fois, car j'avais peur qu'il me juge anormale.

— Est-ce la première fois que tu vas en France? poursuivit-il.

— Non, monsieur, je suis née là-bas, j'y suis restée sept ans et je retourne après sept ans d'absence.

— Comme tu dois être contente! Et qu'est-ce que tu fais en Algérie? Vas-tu à l'école?»

J'avais l'impression que je ne pouvais pas lui dire ma vérité. Devinant son origine française, j'étais sûre qu'il ne pouvait pas comprendre qu'une jeune fille de mon âge soit retirée de l'école.

«Je viens de terminer mon secondaire avec succès, répondis-je évasivement.

— Bravo, j'aime les enfants studieux! Je suis professeur dans un collège. Tes parents doivent être fiers de toi! Ils t'offrent ce voyage en récompense de tes efforts, n'est-ce pas? J'aurais fait la même chose à leur place.»

Cette discussion me mettait mal à l'aise. J'évitais les sujets de nature intime soit en détournant la conversation, soit en lui posant des questions sur sa vie personnelle. Il enseignait en Algérie depuis cinq ans et il aimait beaucoup notre pays. Quatre fois par année, il retournait voir sa femme en France.

Après deux heures de vol, l'avion arriva à destination. Le temps s'était écoulé très rapidement en compagnie de ce charmant monsieur. «Attachez vos ceintures, mesdames et messieurs, rappela l'hôtesse, dans quelques minutes, l'avion atterrira à l'aéroport Orly Sud.»

Au moment de l'atterrissage, je scrutai le paysage par le hublot. Je me sentais déjà mieux en reconnaissant ces images d'avant, si différentes d'Alger. Mon agréable voisin professeur me salua en me souhaitant de longues années d'études et une vie professionnelle réussie. Si seulement il avait su tout ce qui se passait alors dans mon cœur... Je n'avais pas osé me confier à un étranger. Je me contentai de le remercier de son agréable compagnie en lui souhaitant de chaleureuses retrouvailles avec sa femme.

L'expression des gens que je croisais dans l'aéroport me sembla différente de celle des Algériens; je pouvais y voir plus de calme et de sérénité. Que la vie semblait paisible en France et combien ce serait agréable de vivre ici!

Dans la salle d'arrivée, j'aperçus ma tante et son mari qui m'attendaient. Elle se précipita vers moi.

«Chéri, dit-elle à son mari, regarde comme elle est devenue une belle jeune fille!»

Puis elle continua, en s'adressant à moi:

«Ta maman sera fière de toi, car tu feras une très jolie mariée!

— Mais je ne veux pas me marier!» m'exclamai-je.

Ma tante se mit à rire aux éclats, comme si j'avais dit une stupidité.

«Toutes les filles finissent par se marier, ma chérie. Sinon, que feraient-elles?

— Elles travailleraient et elles gagneraient leur vie sans avoir besoin de personne, répondis-je avec assurance.

— Où vas-tu chercher ça? Sûrement pas la fille de monsieur Shariff, ma chérie!»

Après avoir récupéré mes bagages, mon oncle nous ramena chez lui. J'étais subjuguée par les gros édifices que je voyais le long du parcours. J'avais hâte d'annoncer mon arrivée à ma chère Amina et j'étais tellement impatiente de la revoir!

«Comment vont tes parents? demanda ma tante.

— Tout le monde va très bien, tante.

— Ta mère m'avait dit combien tu avais grandi, mais je ne t'imaginais pas ainsi. Quel âge as-tu à présent?

— J'aurai quinze ans bientôt.

— Nous fêterons ton anniversaire, ma chérie! promit-elle sur un ton suave. Si tu es sage et obéissante et si tu nous fais honneur, nous t'achèterons un très beau cadeau!»

Nous faire honneur, pourquoi ces mots? N'avais-je pas toujours fait honneur à mes parents? Ces paroles éveillèrent en moi un vague sentiment de méfiance. Les questions se bousculaient dans ma tête. Quelque chose se manigançait ici! Mais je chassai cette pensée négative pour retrouver ma joie d'être en France.

Arrivée à la maison, je fis la connaissance de mes deux cousins que je n'avais jamais rencontrés. Ils demeuraient en Algérie pendant que nous restions en France et ils étaient revenus habiter la France au moment où nous déménagions en Algérie.

«Entre, ma chérie, tu es chez toi.

— Merci, ma tante.

— Voici ta chambre, dit-elle en me montrant la pièce qu'un de ses fils me prêtait. Range tes affaires et rejoins-nous dans la cuisine.

— Pourrais-je téléphoner à Amina, s'il vous plaît?

— Amina, la fille de l'éboueur?

— Oui, c'est bien elle.

— Viens plutôt manger, tu dois avoir faim.

— S'il te plaît, ma tante, insistai-je, laisse-moi l'appeler! J'ai attendu huit ans avant de pouvoir le faire!

— D'accord! Mais fais ça vite et viens manger ensuite.»

Je composai en hâte le numéro d'Amina. Mon cœur battait la chamade et je me répétais: «Faites qu'elle soit là»! Et je reconnus la voix de mon amie!

«Amina?

— Oui, c'est moi.

— C'est Samia », lui dis-je, la voix chargée d'émotion.

À ce moment-là, j'aurais eu besoin de lui confier combien ma vie était difficile en Algérie et combien son réconfort m'avait manqué durant toutes ces années où nous avions été loin l'une de l'autre... Mais je me tus, car ma tante était près de moi et elle écoutait tout ce que je disais. Elle aurait pu tout répéter à ma mère! Je lui proposai donc de me rappeler dans une heure, après mon repas.

***

« Raconte-moi ce qui se passe au pays, demanda ma tante. Est-ce que tu as réussi ton année scolaire?

— Oui, et avec succès! Mais, hélas, je ne pourrai pas terminer mes études!

— Ne t'en fais pas, ma chérie! trancha-t-elle. Le principal est de savoir lire et écrire. Ce soir, nous devrons discuter ensemble d'une affaire très importante. »

Donc, j'avais eu raison de me méfier! Mon père avait un motif caché en m'envoyant en France.

« Quelle affaire?

— Tu le sauras ce soir. Mais sois assurée, ma grande, qu'on ne veut que ton bonheur! »

Amina me retéléphona à l'heure convenue, ce qui avait mécontenté ma tante quand elle avait réalisé que c'était la fille de l'éboueur.

« Sois brève! Tu connais ta mère, elle n'aimerait pas que tu sois en contact avec cette fille. »

Je fis la sourde oreille et poursuivis ma conversation avec mon amie qui m'avait tellement manqué. Malheureusement, je ne pouvais pas tout lui raconter parce que ma tante écoutait notre conversation. Avant de raccrocher, je l'invitai à venir me voir puisque je n'avais toujours pas le droit de sortir.

Ensuite, je demandai à ma tante en quoi mon amie pouvait avoir une mauvaise influence sur moi. Selon elle, Amina avait sali l'honneur de ses parents en fréquentant un Français. Ce que mon amie pouvait avoir du cran! Elle avait toujours su et fait ce qu'elle voulait! Bien entendu, je gardai ces pensées secrètes.

Le soir venu, ma tante me retrouva dans ma chambre.

« As-tu sommeil?

— Non, pas vraiment!

— Bon! Tant mieux, car j'ai à te parler de quelque chose d'important!»

J'étais sur le point de connaître le but non avoué de mon séjour en France.

« Je t'écoute, ma tante.

— J'aurais préféré que ce soit ta mère qui te l'annonce. Tu es devenue une grande et belle jeune fille maintenant. Tes parents et moi croyons qu'il est temps de te trouver un bon mari qui te rendra heureuse. Après avoir cherché, nous t'avons trouvé un charmant jeune homme.

— Charmant ou pas, je ne veux pas me marier! affirmai-je. Je n'ai pas besoin d'un homme pour me rendre heureuse. Je n'ai que quinze ans et je suis heureuse avec mes parents.

— Savais-tu qu'à quinze ans, ta mère avait déjà accouché de ton frère aîné?

— Mais c'était à une époque différente! Maintenant, on ne se marie plus à quinze ans!»

J'éclatai en sanglots.

« Tes parents seraient très déçus d'entendre ces paroles. Tu devras te faire une raison! Tu n'as pas le choix. Tu devras te préparer à rencontrer ton futur époux afin de faire honneur à ceux qui t'ont donné la vie et qui t'ont comblée!»

Elle poursuivit sa conversation à sens unique en

insistant sur ce que je devrais faire ou ne pas faire quand le jeune homme viendrait me rencontrer. Elle semblait plus nerveuse que la future mariée. À un certain moment, elle réalisa que je ne l'écoutais plus.

«Dors maintenant! La nuit te portera conseil!»

Je n'ai pas fermé l'œil de la nuit. Mes pensées se bousculaient dans ma tête. J'étais fâchée contre mes parents. Comment pouvaient-ils m'imposer cet avenir alors que j'avais toujours été obéissante? Je m'étais faite toute petite durant toutes ces années, pour qu'ils n'aient jamais à se plaindre de moi. Une vague de tristesse remplaça ma colère. Pourquoi voulaient-ils se débarrasser de moi ainsi? J'aurais tellement voulu que quelqu'un m'explique et me rassure. J'aurais eu besoin de me confier à mon amie pour qu'elle puisse me conseiller. J'étais seule et désespérée.

Qui pouvait être ce jeune homme? Comment pouvait-il épouser une femme qu'il n'avait jamais vue?

Je repensais à l'étrange discussion que nous avions eue plus tôt; certaines paroles me revenaient en mémoire.

«Ma tante, puis-je te demander quelque chose?

— Bien sûr, jolie fiancée.

— Je n'aime pas que tu m'appelles ainsi.

— Tu as raison, tu ne l'es pas encore, mais ça ne saurait tarder.

— Que se passerait-il si je refusais cet homme?

— Ce n'est pas dans ton intérêt de dire non, ma chérie! Et je vais être franche avec toi, tu n'as pas le choix. Tes parents connaissent ce jeune homme, car il travaille pour ton père ici, en France. Tout comme toi, il est d'origine algérienne. Abdel Adibe, en qui ton père a confiance au plan professionnel, est un honnête garçon.

— Il peut le garder à son emploi s'il le désire, répliquai-je, rebelle. Ce n'est pas une raison pour m'obliger à l'épouser.»

J'avais manifesté mon désaccord pendant cette discussion, mais je sentais que c'était en vain. Plus je repassais la scène dans ma tête et plus ma situation semblait sans issue.

Maintenant, le soleil se levait et j'étais encore plus atterrée que la veille. La nuit ne m'avait décidément pas porté conseil.

«Réveille-toi! dit fermement ma tante. Tu mettras la jolie robe rouge et les souliers assortis que ta mère t'avait choisis et tu viendras ensuite me trouver.»

Cette chère robe rouge! Ma mère l'avait achetée en prévision de la rencontre avec un époux éventuel! J'étais indignée. Tout le monde était au courant du projet, sauf moi. Dire qu'avant, je rêvais de la porter. Maintenant, je la trouvais laide, car elle devenait la preuve de la machination montée contre moi. J'avais l'impression d'être une poupée à qui on mettait une jolie robe pour pouvoir la brader sur le marché.

En me voyant, ma tante s'exclama:

«Regardez-moi ça! Il sera ensorcelé par ta beauté, ma chérie! Il a intérêt à y mettre le prix!

— De quel prix parlez-vous?

— Il devra te donner un beau bijou de valeur s'il veut te marier. De cette façon, il montrera qu'il est honoré que ton père lui accorde ta main. Tu sais, c'est un privilège d'épouser la fille de monsieur Shariff. Peut-être m'offrira-t-il aussi un petit cadeau de compensation!»

Tout se déroulait sans que moi, la principale intéressée, je puisse faire quoi que ce soit. Je n'avais qu'à écouter et accomplir ce qu'on me demandait. Je pouvais seulement prier Dieu que je ne plaise pas à cet homme et qu'il refuse de me marier.

On sonna à la porte. J'étais paniquée. Je devais attendre dans la cuisine le moment d'apporter le café. «N'oublie surtout pas de le saluer», m'avait-elle rappelé auparavant.

Je me mis à trembler et à avoir des sueurs froides. Comme je me sentais incapable de porter correctement le plateau de café, je fis venir ma tante. Elle écouta mes explications d'une oreille distraite et peu compatissante.

« Quelle comédienne tu fais! Ta mère m'avait bien avertie! Un peu d'eau sur le visage et tu te sentiras mieux. C'est l'émotion sans doute! »

Elle m'inspecta ensuite sous tous les angles. Je devais lui paraître pâle, car elle alla chercher un tube de rouge à lèvres.

« Que fais-tu? Ma mère me tuerait si elle me voyait avec du rouge à lèvres. »

Elle m'en appliqua sur les lèvres en souriant.

« Ne t'inquiète donc pas pour ça. Ta mère m'a demandé de faire en sorte que tu sois belle afin que ton futur époux t'accepte d'emblée. Prépare-toi, ma chérie, c'est bientôt le moment. Fais en sorte que tes parents soient fiers de toi. Je retourne au salon et je t'appelle!

— Samia, ma chérie! Apporte le café à notre invité », m'interpella ma tante quelques minutes plus tard.

J'avais les jambes molles et je craignais de perdre l'équilibre devant tout ce monde. « Dieu! Guidez mes pas », priai-je. Et bizarrement, la pensée que ma mère serait informée de ma façon de faire me redonna l'énergie qui me manquait.

Arrivée au salon, je déposai mon plateau sur la table et je dis bonsoir sans lever une seule fois les yeux. Je remarquai un seul détail, que mon *futur* avait des chaussures noires, bien astiquées.

Je retournai à la cuisine le plus rapidement possible comme si j'étais poursuivie par mon exécuteur. Recroquevillée et la tête entre les genoux, je pleurai de découragement et de rage. Je n'avais pas voulu regarder cet homme, mais je pouvais facilement l'imaginer en train de me détailler, de haut en bas, pour évaluer si la marchandise qu'on lui proposait valait la peine d'être achetée.

J'aurais aimé contacter Amina, mais le téléphone était au salon. Il n'était pas question de retourner là-bas! Je restai donc seule à attendre que le temps passe. Je pouvais les entendre parler et rire. Tout le monde semblait s'amuser à mes dépens.

Une heure plus tard, ma tante, tout excitée, daigna m'informer que j'avais plu au jeune homme et qu'il avait dit oui immédiatement.

«Comment ça, ai-je réagi, indignée, il a dit oui! Je ne sais même pas à quoi il ressemble, car je n'ai pas levé les yeux une seule fois.

— Ça, c'est ta faute! Je t'ai pourtant donné l'occasion de le voir! Trop tard maintenant. En tout cas, il a dit oui et il a promis de venir me porter bientôt ton cadeau. Il est si heureux que tu sois sa fiancée.

— Je crois plutôt qu'il a accepté par intérêt, parce que je suis la fille de son patron. Sinon comment peut-on dire oui à une personne qu'on voit pour la première fois?

— À quoi bon penser ainsi, Samia? Je vais mettre ta mère au courant des derniers évènements. J'espère pouvoir lui dire que tu es d'accord!»

Pouvais-je être en désaccord? Sans attendre une quelconque réponse de ma part, elle téléphona à ma mère et lui raconta la rencontre dans le menu détail en insistant sur la réponse positive de mon prétendant. De loin, ma tante me faisait comprendre qu'elle désirait une réponse.

«Dis-lui que j'accepte», abdiquai-je.

Je me réfugiai dans ma chambre pour pleurer sur mon sort. Ce futur mariage signifiait pour moi que ma famille m'abandonnait sans se préoccuper de mon bonheur. Dorénavant, je n'étais plus rien et je ne comptais pour personne; je me répétais que ma vie était finie. N'avais-je pas le droit d'exister et d'être heureuse?

« Est-ce que la mariée veut connaître le message de sa maman? » demanda joyeusement ma tante après avoir terminé son entretien avec ma mère.

Intérieurement, je pensai que la mariée ressemblait plutôt à une défunte.

« Aujourd'hui, vous m'avez tuée! criai-je aussi fort que je pus.

— Tais-toi! Ne parle pas de malheur! Comment ça? Tuée? Tu m'as pourtant dit que tu acceptais cet homme! Il faudrait savoir ce que tu veux, ma belle! Je plains ta pauvre mère d'avoir une fille comme toi, avec un tel caractère! Tu ne mérites pas que je te répète son message. »

Consciente d'avoir transgressé les limites de la politesse, je m'excusai et lui demandai la permission de téléphoner à ma copine.

« Je comprends tes excuses maintenant, répondit-elle avec colère. Tu voulais m'acheter pour parler à ton amie, la traînée! Je ne suis pas d'accord et ta mère non plus d'ailleurs. C'est mieux pour toi de l'oublier.

— S'il te plaît, pourrais-je la voir une fois seulement? l'implorai-je. C'est ma copine d'enfance et je ne me laisserai pas influencer, je te le promets.

— Me promets-tu de ne pas faire de problèmes au sujet de ton mariage?

— Je te le promets, ma tante! »

Amina répondit à mon invitation le soir même. Elle était devenue une belle femme élégante et épanouie. J'avais conservé d'elle l'image de celle qui m'enlaçait et me consolait en jouant à la grande sœur. Nous nous sommes jetées dans les bras l'une de l'autre. Je m'accrochai à elle comme à une bouée de sauvetage, exactement comme je le faisais quand nous avions six ans. C'est alors que ma tante est intervenue pour nous dire d'aller l'attendre au salon.

Mon amie sentit que j'étais préoccupée.

« Qu'est-ce qui se passe? Raconte-moi.

— Ils veulent me marier, répondis-je, les larmes aux yeux.

— Voyons! Tu n'as que quinze ans. Et quel genre d'homme voudrait épouser une fille aussi délicate que toi?

— Il travaille pour mon père et il est venu me rencontrer cet après-midi.

— Connais-tu cet homme?

— Non! En plus, je n'ai pas osé le regarder.

— J'espère que tu as refusé de le marier.

— Ils ne m'ont pas laissé le choix. Je ne peux jamais dire non à mon père, car il me tuerait si je lui désobéissais.

— Tu vas te laisser faire? insista Amina.

— Je ne peux faire autrement, crois-moi! J'ai trop peur. »

Consciente de mon désarroi, Amina me proposa de rester pour la nuit, ce que ma tante accepta, à ma grande surprise, à la condition de ne plus revoir mon amie et de ne pas retirer mon accord. J'étais prête à tout promettre pour rester plus longtemps avec ma grande amie.

Notre discussion reprit de plus belle.

« Ma pauvre Samia, dit Amina sur un ton compatissant. Pourquoi avoir accepté? Se marier est une grave décision! Tu vas te sentir coincée et malheureuse toute ta vie si tu n'aimes pas ton mari. Comme tu ne connais pas cet homme, tu ne sais rien de ses qualités ni de ses défauts. C'est ta vie, bon Dieu, et non la leur. Reviens sur ta décision et dis-leur ce que tu penses. Dis-leur que tu t'es trompée et que tu ne veux plus te marier avec un homme que tu n'as pas choisi. On se mariait ainsi dans le temps de nos mères, mais pas en 1978. Je vais faire quelque chose pour toi! Je contacterai mon assistante sociale. Elle pourra te délivrer de leurs griffes, ajouta-t-elle, fière d'avoir trouvé une bonne solution pour moi.

— Ne fais surtout pas ça, Amina! Je ne veux pas de problèmes avec ma famille. Ils sont capables de tout.

— Comment peux-tu les appeler une famille? Ne vois-tu pas qu'ils sont en train de t'enterrer vivante?

— Je le vois, Amina. J'en suis parfaitement consciente. Je te supplie de ne rien faire. Évite de me causer plus de problèmes encore. D'ailleurs, j'ai promis à ma tante de ne pas changer de décision. Ne parlons plus de ça; parle-moi plutôt de toi.

— Eh bien! J'ai un amoureux. On va se marier un jour, mais, pour le moment, je demeure chez mes parents et nous nous voyons plusieurs fois par semaine. Nous nous aimons comme des fous.

— Ce que je t'envie! Tu sembles si heureuse et si amoureuse! Je n'aurai sûrement jamais cette chance.

— Tu n'as jamais été amoureuse?

— Je n'ai connu aucun garçon, car c'est interdit chez nous. Je suis peut-être amoureuse, mais je ne sais pas si je peux dire cela. Je suis fortement attirée par un homme que je peux observer de ma fenêtre, à Alger.

— Ce n'est pas ça, l'amour, Samia. Comme tu le dis toi-même, ce n'est qu'une attirance! Je te souhaite de connaître le véritable amour au moins une fois dans ta vie.

— Je ne vois pas comment je pourrais le connaître en restant toujours chez mes parents ou chez mon mari! J'aurais tant souhaité épouser un homme que j'aime! »

Nous avons bavardé et ri toute la nuit comme de vraies adolescentes, ce que nous étions d'ailleurs. Le lendemain matin, ma tante dut nous réveiller.

« Allez, les filles, debout! Amina, comme ta mère t'avait demandé de rentrer à huit heures, tu as tout juste le temps de faire ta toilette. »

Après que ma tante fut sortie, Amina se mit à répéter ses propos en prenant sa voix et ses mimiques. Complices, nous éclatâmes de rire toutes les deux!

Pendant que ma copine faisait sa toilette, ma tante vérifia si je lui avais parlé de mon mariage. Je répondis par la négative.

« Tu as bien agi. Elle aurait pu être jalouse parce que tu te mariais avant elle. Méfie-toi de ce genre de femme. Maintenant, tu devras tenir ta promesse de ne plus la revoir.

— Oui, ma tante! De toute façon, elle part après-demain pour visiter sa tante à Lyon.

— Bon débarras! Voilà une bonne chose de faite! Comme on le dit si bien chez nous : "Bloque la porte par où entre le vent." D'ailleurs, je suis sûre qu'elle n'ira pas chez sa tante, mais plutôt avec son bâtard de Français. Je te dis que c'est une traînée. »

Elle se tut à l'arrivée d'Amina.

Perdues dans nos pensées, nous mangeâmes en silence et, quand vint l'heure des adieux, elle me prit dans ses bras.

« Étant mariée ou non, je serai toujours là pour toi si tu reviens ici. N'hésite pas à me contacter! »

Ces paroles eurent l'effet d'un baume sur mon cœur!

Elle m'embrassa une dernière fois et s'en alla sans se retourner.

Pour la seconde fois dans ma vie, je quittais ma meilleure amie dans des circonstances désagréables et désolantes. J'aurais tant voulu être comme elle, libre de faire ce que je voulais et d'aimer celui que j'aurais choisi.

Comme toutes les filles de mon âge, j'aurais voulu vivre une belle histoire d'amour et continuer mes études. Mais telle n'était pas ma destinée. La vie ou plutôt mes parents en avaient décidé autrement.

La semaine de *vacances* chez ma tante allait se terminer quand elle m'annonça la visite de mon futur époux. Il désirait me donner mon cadeau de fiançailles : une bague et une montre.

«Comment a-t-il pu m'acheter une bague, alors qu'il ne connaît pas la taille de mon doigt! m'exclamai-je.

— Je lui avais dit que tes doigts étaient aussi fins que des crayons! Tu pourras toujours la faire ajuster par un bijoutier. Es-tu contente?

— Pourquoi devrais-je être contente? À cause d'une bague? J'en ai plein à la maison, des bagues! Quant à lui, je ne le connais pas et je ne l'aime pas. Je n'ai aucune idée de la personne que je vais épouser.

— C'est ta faute! me blâma-t-elle encore une fois. Tu n'avais qu'à le regarder quand il est venu te voir. Ne joue pas l'opprimée et l'innocente. De toute façon, tu le verras le jour de tes noces et tu auras toute la vie pour apprendre à l'aimer.»

Au lieu de me remonter le moral, les paroles de ma tante achevèrent de le briser. Je prenais conscience que les projets de mes parents se réalisaient selon leurs désirs et que je n'y pouvais rien.

En fin d'après-midi, celui qu'on appelait mon fiancé passa à la maison. Il parlait et riait avec ma tante. Plus j'entendais sa voix et plus je le détestais.

Une fois la porte refermée, ma tante vint me montrer son cadeau. Elle poussait ses fameux youyous[2] de joie:

«You you you yii... Toutes mes félicitations, ma chérie! Ouvre ton paquet. J'ai hâte de voir si la bague est digne de Samia Shariff!

— Je ne veux pas l'ouvrir. Je ne lui ai rien demandé, moi. Ouvre-le toi-même si tu y tiens tant!»

Comme un enfant pressé de voir sa surprise, elle déballa maladroitement le paquet. S'y trouvaient une bague avec une grosse émeraude et une montre en or. Émerveillée, ma tante me les remit.

---

2. Cri aigu et modulé poussé par les femmes arabes lors de certaines cérémonies.

« Range-les précieusement et tu les donneras à ta mère quand tu arriveras chez toi. Il faudra en prendre soin, car tu les porteras toute ta vie. Tu pourrais les essayer maintenant.

— Je n'en ai pas envie pour le moment, mais peut-être le ferai-je plus tard.

— Comment ça, réagit-elle sur un ton bourru. Pas contente! Décidément, les filles d'aujourd'hui sont toujours insatisfaites! »

J'allai dans ma chambre pour échapper à ses paroles blessantes. Ma tante ne voulait pas comprendre la raison pour laquelle ces bijoux m'étaient indifférents. Comment lui faire réaliser que le simple fait de les essayer signifiait pour moi un engagement pour la vie? J'aurais préféré qu'on me laissât en paix, mais plus le temps passait et plus je m'éloignais de cette paix tant désirée.

CHAPITRE III

Mon mariage

Mes soi-disant vacances étant terminées, je retournai en Algérie. J'étais contente de m'éloigner de mon supposé fiancé et du cauchemar qu'il représentait. Après avoir salué ma tante et mon oncle à l'aéroport, je montai dans l'avion dès qu'il me fut possible de le faire. Je voulais oublier les évènements de la semaine!

Je me préparais à affronter les sempiternelles questions de ma mère. S'attendait-elle à ce que je saute de joie à la perspective d'épouser l'homme qu'ils m'avaient choisi? Ce n'était pas le cas! Par contre, mes parents n'avaient plus à s'inquiéter de mon avenir, car ils venaient de trouver quelqu'un à qui transmettre leur responsabilité! Ils n'avaient plus à craindre d'être déshonorés par ma faute; ils avaient donc réussi à assurer leur tranquillité.

Ces pensées troublantes me firent redouter la rencontre avec mes parents. À l'aéroport, seul le chauffeur m'attendait, car mon père n'avait pu se libérer.

«Bonjour, Samia. As-tu passé de bonnes vacances à Paris?»

Je jouai le rôle de la jeune fille normale qui a passé de bonnes vacances en lui disant combien je m'étais amusée et combien Paris m'avait manqué.

Si j'avais pu lui dire tout ce qui s'était passé! Je ne pouvais certainement pas lui raconter ce que j'avais vécu là-bas. Comme la majorité des gens, il pouvait croire que toutes les jeunes filles de familles riches connaissent une vie enviable et intéressante parce qu'elles ont une belle maison et tout ce qu'elles désirent. Même s'il côtoyait notre famille, il ignorait tout du cauchemar que je vivais.

J'avais connu une enfance difficile et j'étais sur le point d'accéder à ma vie de femme, mais sans avoir profité des plaisirs que connaissent les adolescentes de mon âge.

Dès que ma mère m'aperçut, elle me serra dans ses bras. Imaginez ma surprise! C'était la première fois de ma vie qu'elle faisait ce geste.

«Bravo, ma fille! dit-elle chaleureusement. Là, je reconnais ma fille. Ton père et moi sommes fiers de toi.

— Fiers de moi? Pourquoi, maman?» demandai-je en osant cette fois soutenir son regard.

Je baissai les yeux quand elle haussa le ton.

«Ne me regarde pas ainsi quand tu me parles! Vas-y! Je t'écoute! Qu'est-ce que tu as à dire?

— Pour l'amour de Dieu, ne m'obligez pas à marier un inconnu que je n'ai jamais vu.

— Pourquoi ne l'as-tu pas regardé? répondit-elle en éclatant de rire. Ton père et moi t'avions justement envoyée à Paris pour que tu puisses le voir! Et arrête de parler de Dieu à tout propos. Si tu connaissais vraiment le sens du mot *Dieu*, tu commencerais d'abord par écouter tes parents. C'est ce que le bon Dieu veut. Nous avons rempli notre devoir de parents et nous avons la conscience tranquille. Ma pauvre fille, cet homme-là, tu ne le mérites pas! Il est trop beau et trop bon pour toi. On aurait dû choisir une belle ordure comme toi.

— Je ne veux pas me marier, maman!»

Elle leva la main et me gifla.

«Je crois que la France t'a délié la langue, car tu oses répondre à ta mère maintenant! Tu dois savoir que la vie ne se passe pas comme un film d'amour que tu regardes à la télévision. Il vaut mieux que ton père n'apprenne jamais ce que tu m'as dit. Sais-tu ce qui se passerait alors?»

Je continuais à la fixer sans oser imaginer la réponse.

«Ton père prendrait le couteau le moins aiguisé de la cuisine et t'égorgerait devant moi.»

Cette menace s'ancra profondément dans mon corps et, encore aujourd'hui, je peux sentir le poids de cette lame peser sur ma gorge.

Ma mère voulut examiner les bijoux que j'avais reçus. Je lui tendis le paquet puis voulus me retirer dans ma chambre.

«Deviens plus mature, tu as quinze ans et bientôt tu vivras chez ton mari. Que pensera-t-il de nous en voyant la façon dont tu te comportes, à ton âge? Tu peux te retirer maintenant.»

Ma chambre m'avait manqué. Elle me servait de refuge et je m'y sentais en sécurité. Je rangeai mes affaires puis, impatiente, je regardai par la fenêtre, mais les rideaux de mon voisin étaient tirés. J'étais déçue, mais je n'y pouvais rien.

Kamel vint ensuite prendre des nouvelles de ses anciens copains. Comme je ne pouvais lui en fournir, je lui racontai mon pénible séjour en France. Il voulait des précisions sur mon futur mari.

«Qui est cet homme? Tu l'as connu là-bas?

— Pas du tout! Il travaille comme gérant dans un restaurant de papa.

— Je comprends mieux la joie qu'avaient papa et maman en t'envoyant là-bas. Farid et moi, nous nous étions doutés de quelque chose.»

À son tour, Farid vint nous retrouver. Comme il m'interrogeait sur la vie à Paris, mon jeune frère lui fit comprendre que le moment était mal choisi.

«Que s'est-il passé, Samia? questionna-t-il malgré la remarque de son frère. As-tu fait une bêtise? Si c'était le cas, je n'aimerais pas être à ta place...

— Arrête! coupa Kamel. Elle n'a fait aucune bêtise, ils veulent la marier.

— Comment ça, la marier? Mais tu es bien trop jeune! Et qui est l'heureux élu?

— Je ne le connais pas et je n'ai même pas osé le regarder quand il est venu me voir.

— Tu as dit oui? continua Kamel, l'air surpris et effrayé en même temps.

— Que je dise oui ou que je dise non, c'est décidé : le mariage aura lieu. Ils veulent se débarrasser de moi le plus tôt possible et m'envoyer vivre loin de vous. »

Je me mis à pleurer comme si je devais les quitter à cet instant précis.

« À tout problème, il y a une solution, voulut me réconforter Farid. Je discuterai avec maman pour lui faire entendre raison. »

Mes frères montaient à l'étage au moment où mon père arrivait. J'avais peur de le revoir et mon cœur battait aussi fort que si j'avais fait une énorme bêtise. Allait-il me questionner sur mon voyage en France? Allait-il me demander mon avis sur le mariage arrangé? Que lui répondre? Rencontrer mon père m'impressionnait autant qu'une rencontre avec Dieu!

Étais-je présentable? Je vérifiais si mes cheveux étaient correctement attachés, si mes vêtements n'étaient ni trop moulants ni trop courts! Mon père avait toujours voulu que je cache le fait que je sois une femme et voilà que, subitement, il trouvait urgent que je devienne une femme mariée. Seul, comme toujours, il était assis à table et attendait que ma mère lui serve son repas, telle une bonne à son service. Comme je m'avançais pour l'embrasser, il m'en empêcha. Il se contenta de me serrer la main comme il l'aurait fait pour saluer une étrangère.

« Comment s'est passé ton voyage? Bien, j'espère, car c'est le premier et le dernier que je te paie. Ton mari te paiera les prochains.

— Oui, père, merci », me contentai-je de répondre, car il l'avait fait à ma place.

« J'espère que tu as écouté ta tante.

— Oui, père! J'ai fait tout ce que ma tante m'a demandé. »

Il allait me faire signe de m'en aller quand il se ravisa. Inquiète, je baissai les yeux.

« Regarde-moi un peu. »

Je levai la tête. Mon cœur était affolé et je suppliais Dieu qu'il ne m'arrive rien.

« Est-ce que tu t'es mis du noir sur les cils?

— Non, père! Je n'ai rien mis du tout, répondis-je, la peur au ventre. Je ne touche jamais à ça, je le jure.

— Approche! Essuie-toi les yeux avec ce mouchoir; nous verrons bien si tu dis la vérité! »

Je pris le mouchoir et m'essuyai les yeux. Je savais que le mouchoir demeurerait blanc, car je ne touchais jamais au maquillage de peur de me faire punir.

« Bon! Je suis rassuré. J'avais cru que tu avais commencé à toucher au défendu. Va dire à ta mère de venir me voir, j'ai besoin d'éclaircir certaines choses avec elle. »

Il poursuivit son repas pendant que je transmettais son message. Ma mère lâcha immédiatement la pomme qu'elle épluchait pour aller le trouver. De la cuisine, je pouvais entendre leur conversation.

« Alors, redis-moi ce que Samia t'a raconté, demanda mon père.

— Elle est ravie et te remercie de façon particulière. Au fond, notre fille nous est reconnaissante de ne vouloir que son bien.

— Que pense-t-elle d'Abdel?

— Elle n'en pense que du bien et, en plus, elle a ajouté que tout ce que son père décidait était bon pour elle. Crois-moi, elle est sage quand elle veut et elle sait que tu n'as pas choisi n'importe qui.

— Elle a intérêt à le savoir. Nous devons nous estimer heureux d'avoir trouvé un homme de son envergure qui accepte d'épouser Samia sans aucune condition. Et maintenant, je compte sur toi pour en faire une femme digne de porter son nom. Durant l'année qui vient, jusqu'à son mariage, tu devras lui montrer comment tenir une maison, faire la cuisine et raccommoder les vêtements. Elle devra savoir qu'elle doit écouter et respecter son mari. Je veux marcher la tête haute devant les nôtres en France. Une fois qu'elle sera mariée, je ne serai plus responsable d'elle; son mari prendra la relève. J'en ai déjà trop fait pour elle. Avoir une fille, c'est vraiment exigeant et pénible. Et dire que j'en ai une deuxième qui sera à surveiller bientôt», termina-t-il en soupirant.

Après avoir entendu ce qu'on me réservait durant l'année à venir, je regagnai ma chambre en pensant à mon sort. Je n'étais donc qu'une malédiction aux yeux de mes parents, une punition infligée par Dieu.

***

Pendant l'année qui suivit, j'appris à entretenir la maison en assistant les femmes de ménage, ainsi qu'à faire la cuisine en secondant ma mère. Quand j'étais responsable d'un repas, mon père critiquait mes plats et me traitait de propre à rien. Selon lui, mon futur époux me renverrait dès la première année si je ne m'améliorais pas; advenant le cas, j'aurais à le regretter.

Je faisais le décompte des jours qui me séparaient de mon mariage comme s'ils étaient les derniers de ma vie. Je n'avais plus d'appétit et je maigrissais. Ma mère était mécontente, car elle croyait que je refusais volontairement de manger pour amener mon futur mari à refuser une femme chétive et laide. Elle me forçait donc à manger.

Durant l'année, je fus souvent malade et j'étais

devenue faible et anémiée. J'avais perdu douze livres alors que j'étais déjà frêle à l'époque. Je ne dormais plus, je passais mes nuits à imaginer ma vie avec cet inconnu. L'idée d'avoir des contacts physiques avec lui me faisait paniquer. Je ne m'étais jamais retrouvée seule avec un garçon qui n'était pas un frère. Ces parents qui m'avaient fait voir les garçons comme une source de déshonneur me jetaient aujourd'hui dans les bras d'un inconnu! J'étais perturbée.

Ma mère préparait les festivités avec mes tantes. Elle souhaitait un mariage grandiose, digne de la famille Shariff. Elle voulait, à tout prix, impressionner les invités afin qu'ils en parlent longtemps. Elle avait commandé des tissus luxueux d'Arabie qu'une couturière renommée confectionnerait.

Selon nos traditions, la mariée devait défiler devant les invités avec plusieurs robes. Les gens évaluaient la richesse de la famille selon le nombre et le prix des toilettes de la mariée. Plus les robes étaient somptueuses, plus la famille était riche. Ma mère m'avait donc fait confectionner douze robes plus belles les unes que les autres. Je devais défiler en revêtant chacune d'elles pour terminer avec la robe officielle de la mariée que ma mère avait dénichée en Italie.

La somptueuse robe et les bijoux qui l'agrémentaient étaient dignes d'une princesse, mais, pour moi, cette toilette convenait aux funérailles grandioses que me préparaient mes parents. En me fermant les yeux, je me répétais que je rêvais et que bientôt mon cauchemar serait terminé, mais le jour fatidique arriva malgré tout.

***

Dans notre pays, les festivités entourant le mariage sont très importantes. Plus la famille est riche et puissante et plus le mariage doit être important. Mes parents, toujours soucieux de leur réputation, voulaient en mettre plein la vue à leurs invités.

Je participais aux préparatifs du mariage dans un état second, à la limite du somnambulisme. Comme j'avais encore perdu du poids, mes robes demandèrent des retouches de dernière minute. J'étais entièrement passive alors que tous s'agitaient autour de moi!

Pour respecter la tradition musulmane, mes tantes et mes cousines m'emmenèrent au hammam en m'accompagnant de chants traditionnels et de youyous stridents – en pays musulman, plus les youyous sont aigus, plus la joie est grande, et plus la cérémonie est réussie. Ces cris me martelaient les oreilles et n'exprimaient pour moi aucune joie.

Quant au hammam, c'est un établissement de bains turcs où la future mariée est purifiée par l'eau très chaude qui sort des robinets et qui remplit l'endroit de vapeur, tel un sauna.

Mes tantes et mes cousines ne comprenaient pas mon humeur sombre.

« Chanceuse! Tu as une robe de rêve, des toilettes magnifiques et le futur mari idéal! Si seulement on pouvait être à ta place! Ne fais pas cette tête d'enterrement! »

Après le rituel du hammam, le chauffeur nous ramena à la maison. Il m'observait gravement par le rétroviseur, mais je demeurais silencieuse. Il me tint la main pour m'aider à descendre.

« Félicitations, jeune et jolie mariée! Je vous souhaite de tout mon cœur d'être heureuse. »

J'étais émue.

« Je vous remercie. Vos filles ont bien de la chance que vous soyez leur père! »

Ma mère m'accueillit en me félicitant et puis elle me raccompagna jusqu'à ma chambre.

***

Dans les pays arabes, la future mariée doit toujours se déplacer en étant accompagnée et elle doit faire que ce qu'on lui demande. Une telle façon d'agir signifie qu'elle a besoin d'être guidée jusqu'à son futur mari.

La future mariée doit aussi faire très attention au mauvais œil. Une croyance musulmane veut qu'il puisse se trouver, parmi toutes les personnes qui nous observent, un envieux par qui le malheur arrive : il s'agit du mauvais œil dont on doit toujours se protéger.

***

« Reste dans ta chambre et ne bouge pas, rappela ma mère. Je t'apporterai à manger et, cette fois, tâche de finir ton assiette. Ton mari pourrait croire que tu n'as pas suffisamment à manger. »

Je lui demandai de rester quelques instants.

« Maman, je ne veux pas m'en aller. J'ai peur d'aller vivre seule avec lui. S'il te plaît, ne le laisse pas m'emmener loin d'ici.

— Voilà ce que je redoutais! Je savais que tu voudrais saboter ce mariage. Tu ne tolères pas de voir les gens heureux autour de toi. Tu causes toujours des problèmes! Après tous les efforts et tout le temps que ton père et moi avons consacrés à la préparation de ton mariage, une fois arrivé le grand jour, tu souhaites tout gâcher? Calme-toi et ressaisis-toi! Agis en adulte pour une fois. Laisse-nous savourer ce jour tant attendu et quand tu nous auras quittés, nous pourrons conserver au moins un bon souvenir de toi.

— J'ai peur de vivre loin d'ici, dans la même maison que cet homme que je ne connais pas.

— Écoute-moi, dit-elle sur un ton calme. Je vais t'expliquer en utilisant l'image suivante. Tu as deux assiettes devant toi : l'une est remplie de soupe préparée par tes parents et l'autre d'un bon rôti de bœuf dont tu ignores la provenance. Laquelle choisis-tu ?

— Je choisis l'assiette que vous m'avez préparée, mais il ne s'agit ni de soupe ni de rôti de bœuf, il s'agit de ma vie ! Ne vaut-elle rien pour vous ?

— Samia, n'insiste pas, reprit-elle sur un ton impatient. Tu partiras avec lui. Nous ne t'avons pas choisi un bourreau pour t'emmener vers la mort. Moi-même, je ne connaissais pas ton père avant ma nuit de noces et je n'en suis pas morte. Regarde la vie que je mène maintenant ! Je suis sûre que ta vie ressemblera à la mienne. Puisque c'est nous qui l'avons choisi, si jamais Abdel te cause un problème, nous serons là pour t'aider si tu en as besoin. Pour l'amour de Dieu, ne nous fais pas honte devant nos invités et souris, s'il te plaît. »

Je restai seule avec mes larmes.

À un certain moment, les youyous devinrent plus nombreux et plus aigus ; il se passait quelque chose.

Ma grand-tante m'annonça que la *hanaya* était revenue pour le troisième et dernier jour afin de terminer le henné.

La *hanaya* est la femme chargée d'embellir la mariée en lui faisant un henné, l'emblème de la mariée en Algérie. Pendant trois jours, elle poursuit sa teinture en accompagnant la future mariée dans ses déplacements. Elle utilise la poudre colorante pour faire des dessins sur les mains et les pieds de la mariée. Plus le henné est foncé et plus longtemps durera la couleur. Il symbolise la sainteté et seuls les invités les plus intimes ont le droit de toucher à ce porte-bonheur.

Pour ma part, je n'avais jamais aimé le henné et encore moins ce jour-là. J'avais l'impression d'être marquée comme du bétail. J'aurais voulu devenir laide et repoussante pour être rejetée. Quand je pensais à *lui*, j'avais des crampes d'estomac.

Les paroles de la *hanaya* me ramenèrent au moment présent.

«Ce que tu as mauvaise mine! s'exclama la grande artiste. Après le henné et l'épilation, nous irons chez Amira, la meilleure coiffeuse du pays. Franchement, ma fille, j'ai rarement vu des mariages aussi grandioses que le tien. Toutes tes toilettes ont été choisies avec goût. Et que feras-tu de ta robe de mariée après la cérémonie?

— Je l'ignore, répondis-je sincèrement. Demandez-le à ma mère, car c'est elle qui l'a achetée.

— J'aimerais l'offrir à ma fille si c'est possible. J'espère qu'elle aura la chance que tu as! Ce que tu vis est vraiment exceptionnel, crois-moi!»

Pour moi, c'était une malchance! J'aurais tout donné pour être née dans un autre pays et dans une autre famille!

C'était maintenant le moment de l'épilation intégrale!

La mariée musulmane ne devait avoir aucun poil à la grandeur de son corps à l'exception des sourcils qui se devaient d'être amincis et il était de tradition que l'épilation soit faite à la cire.

Comme je n'avais jamais été épilée, la dame m'informa que la méthode pouvait être douloureuse. Et ce fut le cas! J'en pleurais! Était-ce la douleur causée par l'épilation ou mon triste sort qui me faisait pleurer de la sorte? Je l'ignorais. En plus, la dame se moquait de ma douleur!

Quand ma mère inspecta le résultat, elle sembla insatisfaite.

«Tu as trop aminci les sourcils, précisa-t-elle. Je ne sais pas si son père sera content.

— Écoute, reprit la *hanaya*. Son père devrait lâcher la corde, car elle s'en va chez son mari. Malheur à moi si le mari n'aime pas les sourcils fins!»

Et toutes les deux éclatèrent de rire. J'étais là, près d'elles, comme un pantin qu'on agitait au gré des vents.

«Maintenant, c'est l'heure du coiffeur et du maquilleur. Venez-vous avec nous, madame Shariff?

— Non, ses deux cousines l'accompagneront, étant donné que ma place est ici. Je vous remets le voile de Samia et j'avertis le chauffeur.»

Je n'avais rien mangé ce midi-là et je faiblissais.

Après avoir passé la majorité du temps dans ma chambre depuis trois jours, j'en profitai pour regarder ce qui se passait à l'extérieur.

En montant dans l'auto, je n'avais pas le courage, cette fois-ci, de croiser le regard du chauffeur dont je sentais la pitié.

«Pouvez-vous mettre de la musique, s'il vous plaît? demanda mon accompagnatrice. Nous allons à un mariage, pas à un enterrement.»

Pour me faire plaisir sans doute, il choisit la musique que j'adorais écouter quand j'étais plus jeune. Il ignorait sûrement que c'était un des disques que mon père avait brisés un certain jour de fin d'année scolaire. Même la musique était là pour me rappeler mon malheur!

Le chauffeur nous déposa chez la coiffeuse. Il devait revenir nous chercher trois heures plus tard. Quand ce fut mon tour, la coiffeuse tenta de deviner qui était la future mariée.

«Est-ce vous? demanda-t-elle à mon accompagnatrice.

— J'aimerais bien, mais c'est la petite Samia et je suis la préparatrice de la mariée.

— Quel âge as-tu?

— J'ai seize ans, madame.

— Tu en parais quatorze! Es-tu sûre de ton âge? J'aurais voulu vérifier avec ta mère pour en être certaine! dit-elle en me regardant comme si j'étais un animal blessé. Quelle sorte de coiffure désires-tu? Tu as des cheveux magnifiques et ce serait du gâchis de trop les couper. »

Elle s'adressait à moi comme à un jeune enfant tant elle avait de la difficulté à me considérer en future épouse.

« Je n'en ai aucune idée, madame, faites la coiffure que vous voulez. »

Très compréhensive, la coiffeuse n'insista pas.

Elle releva mes cheveux pour en faire un énorme chignon, deux fois plus gros que ma tête. Puis ce fut au tour de la maquilleuse à qui j'avais demandé un maquillage discret, car je pleurais continuellement.

Après avoir écouté distraitement leurs souhaits de bonheur, je retournai à l'auto où le chauffeur m'accueillit en souriant.

« Ce que tu es jolie, ma fille! Que Dieu te garde et veille sur toi. »

Je restai silencieuse durant le trajet du retour trop bref à mon goût, car j'aurais voulu qu'il dure éternellement.

« Courage! ma fille! Courage! » dit le chauffeur en me serrant la main affectueusement.

Il avait les larmes aux yeux et sa sollicitude me toucha.

Je ne pouvais m'attarder, car une mariée ne doit jamais rester sur le pas de la porte.

Toutes les femmes présentes à la maison, y compris ma mère, se précipitèrent pour m'examiner sous tous les angles. Elles s'extasiaient et félicitaient ma mère dans l'euphorie la plus totale.

« Dieu qu'elle est belle, notre Samia! Qu'elle est belle, votre fille! »

Ma mère me regardait avec fierté. Une fois elle et moi seules dans la chambre, elle reprit :

« Regarde à quel point tu es transformée. Comme tu es jolie! C'est le moment idéal pour être belle, car tu plairas davantage à ton mari! Quand je me suis mariée, je n'avais pas tout ce que tu as aujourd'hui. Estime-toi heureuse, ma fille! Dans moins d'une heure, tu ne seras plus mademoiselle Shariff, mais madame Adibe.»

Après le départ de ma mère, je sanglotai à nouveau. Je devenais plus nerveuse, car je redoutais l'instant où je rencontrerais mon futur époux. Qu'est-ce que je pourrais lui dire? De quel sujet deux inconnus qui vont se marier peuvent-ils parler? Les seuls hommes avec qui j'avais conversé étaient mes frères ou des hommes de l'âge de mon père.

On m'informa qu'un homme viendrait bientôt me demander si j'étais consentante et que j'aurais à signer un registre. Je devais garder le visage caché en sa présence. Pendant une dizaine de minutes, j'entendis des voix réciter le Coran puis ce fut le silence total. Un moment important se préparait.

Tout à coup, quelqu'un frappa. Je me couvris le visage comme il m'avait été recommandé. La porte s'ouvrit pour laisser entrer celui qui était le meilleur ami et le médecin de mon père.

«Bonjour, ma fille! Enlève un peu ce voile, je veux voir tes beaux yeux. »

Je baissai mon voile.

«Ton père m'a désigné comme principal témoin pour recueillir ton consentement avant de te donner à Abdel. Es-tu consentante, ma fille? »

Je le regardai avec tristesse.

«Ai-je l'air consentante, oncle Ali? Pensez-vous que je suis contente de ce qu'ils ont fait?

— Que veux-tu dire? Est-ce que cela signifie que tu n'es pas consentante, ma fille? »

J'acquiesçai d'un signe de tête.

«Pourquoi as-tu laissé tes parents faire les démarches si tu n'étais pas d'accord? insista-t-il.

— S'il te plaît, oncle Ali, aie pitié de moi. Empêche-les de me marier de force. Je pense à me suicider pour échapper aux épreuves que je dois endurer même si personne ne sera là pour me pleurer.

— Que vais-je dire à ton père? Il vaut mieux que j'aille le chercher.»

Je réalisai que je devais me rétracter au plus tôt si je voulais échapper à la colère de mon père. J'empêchai oncle Ali d'aller chercher mon père.

«Samia, je n'accepte pas que tu te soumettes ainsi si tu n'es pas consentante. Je ne veux pas être complice d'un tel sacrifice sans rien tenter. Ne t'inquiète pas, Samia, je vais faire tout ce qui est de mon ressort pour résoudre ce problème.»

Et il quitta la pièce. J'étais encore en pleurs, j'avais peur et je redoutais la colère de mon père. Je regrettais mon geste en me reprochant d'avoir gâché ce jour si important pour mes parents. Je me giflai de toutes mes forces après m'être maudite.

J'entendis les pas de mon père. Je n'osais plus respirer et quand il ouvrit la porte, ses yeux étaient chargés de haine. Je me cachai le visage dans mes mains.

«Si les invités n'étaient pas là, je t'égorgerais avec joie et je boirais ton sang, fille de malheur, commença-t-il avec rage. Tu n'es pas mon sang, tu n'es pas ma fille, mais celle de Satan. Tu m'auras donc empoisonné la vie jusqu'au dernier jour passé chez moi. C'est le diable qui t'envoie, n'est-ce pas? Maintenant, tu vas fermer ta gueule, obéir et te marier. Je serai débarrassé de toi pour le reste de ma vie. Et même si des chiens te mordaient, je n'interviendrais pas. As-tu compris?

— Oui, père, je suis désolée d'avoir agi ainsi!

— Tu peux garder tes larmes de crocodile, car elles ne m'affectent pas.»

Il sortit en claquant la porte. Mes larmes étaient intarissables. Oncle Ali avait demandé à sa femme Karima de venir me réconforter. En me voyant, elle pleura avec moi.

«Qu'est-ce qu'ils t'ont fait? Ne t'inquiète pas, je resterai avec toi jusqu'à la dernière minute.»

Elle me raconta qu'on l'avait mariée de force à l'oncle Ali, mais qu'avec le temps, elle avait appris à l'aimer. Elle me rassura en me disant que je pourrais connaître la même chance qu'elle.

«Attends-moi. Je cherche quelqu'un pour refaire ton maquillage, car tes larmes ont laissé des traces!»

On m'attendait dans la salle des festivités. Mon maquillage retouché, on m'aida à mettre la robe de mariée.

Je sortis de la chambre qui n'était déjà plus la mienne. Je quittais mon petit cocon sécuritaire pour toujours. Même si ma vie dans cette maison m'était pénible, c'était difficile de ne plus en faire partie. Personne ne semblait se douter de mon désarroi. Je pris le temps de la regarder une dernière fois afin d'en graver les images dans ma tête.

Les femmes se bousculaient pour me voir alors que j'étais à la recherche de ma mère, mais comme elle demeurait introuvable, je poursuivis ma route.

«Allez, ma fille. Dépêche-toi de descendre», dit tante Karima.

On me recouvrit la tête d'un voile épais que je devais garder jusqu'à la voiture.

Le visage de la mariée doit demeurer caché du public jusqu'à la salle des festivités afin d'éviter le mauvais œil. Ma mère était convaincue de son existence; quand un malheur arrivait à la maison, il était toujours causé par le mauvais œil des ennemis qui jalousaient notre fortune. Comme aujourd'hui était un jour important, il fallait l'éviter à tout prix.

Les traditions algériennes veulent que le père de la mariée place son bras au-dessus de la porte principale de la maison. Ensuite, la mariée doit franchir le seuil en passant sous le bras tendu de son père qui embrasse alors sa fille une dernière fois. Ce rituel assure la sécurité de la mariée.

Quand je passai sous le bras de mon père, il ne m'embrassa pas et il me chuchota à l'oreille : « Tu ne mérites même pas que je te dise au revoir ! » Encore une fois, les larmes me montèrent aux yeux.

La voiture de la mariée était superbe : il s'agissait de la luxueuse voiture noire de mon père décorée de rubans et de nombreuses fleurs blanches. Farid, qui venait d'obtenir son permis de conduire, prenait son rôle de chauffeur au sérieux. Je montai rapidement avec plusieurs autres femmes. On me débarrassa du voile épais qui m'étouffait. Je conservai uniquement le léger voile blanc qui accompagnait ma robe.

Mon frère ne m'avait pas vue depuis trois jours. Il m'adressa un gentil sourire, mais j'étais incapable de réagir. Tante Karima me prit la main et la serra chaleureusement.

« Nous sommes arrivés », annonça solennellement Farid.

On replaça mon voile épais et je fus emmenée dans la salle réservée à la noce. Comme il faisait une chaleur torride, je me débarrassai le plus vite possible de cet artifice encombrant.

Les invités entrèrent à leur tour dans la salle et la musique commença. Tante Karima me demanda comment je me sentais.

« Comme une condamnée à mort avant son exécution ! répondis-je faiblement.

— Ne parle pas comme ça, ma fille ! Il ne faut pas parler de malheur le jour de son mariage, voyons. »

J'étais installée dans un grand fauteuil placé en hauteur afin que tout le monde puisse me voir.

On me tendit un boîtier avec une bague à l'intérieur. Je la pris sans trop savoir qu'en faire. On me fit comprendre que je devais la passer au doigt de mon mari immédiatement après qu'il aurait mis la mienne à mon doigt. Le seul fait de penser à lui enfiler sa bague devant tout le monde me stressait.

Les youyous devinrent stridents et très insistants. Les regards se détournèrent pour se porter vers mon futur mari qui entrait. J'en profitai pour l'examiner. De grandeur moyenne, les épaules carrées et plutôt costaud, on ne pouvait douter de sa force. Les cheveux et les yeux foncés, il arborait fièrement une large moustache noire.

Il s'avança vers le siège vide placé à mes côtés. Je baissai la tête pour éviter son regard.

« C'est le moment de te faire pardonner. Fais-nous honneur, Samia », me rappela, à voix basse, ma mère avant de s'éloigner.

Il se tenait à mes côtés. Je crus pendant un moment que j'allais perdre connaissance, mais je me ressaisis. La chanteuse m'encensa de louanges pendant que le public applaudissait.

C'était maintenant l'heure de défiler avec les douze robes choisies par ma mère. L'organisatrice m'emmena dans la pièce qui m'était réservée. Et commença le défilé. J'enfilais une robe, je paradais jusqu'à ma place où je m'assoyais pendant cinq minutes et je repartais. J'allais mettre la suivante et je revenais... Je n'étais pas très à l'aise de me pavaner ainsi, mais cela me permettait d'être active et de m'éloigner de mon futur époux.

Après la douzième robe, je revêtis la robe de mariée ou plutôt l'habit du condamné! Tout sourire, ma mère signifia à mon futur époux que c'était l'heure d'échanger nos bagues. Il se tourna vers moi en me demandant de lui tendre la main. C'était la première fois qu'il s'adressait à moi. Tous les yeux étaient rivés sur nous! Je cherchais un regard réconfortant. Ma mère me fit signe d'être attentive à ce qui se passait devant moi, mais je continuais à chercher. Tante Karima me regardait tristement. Elle me montra son doigt. Je compris que c'était à mon tour. En prenant la bague, je l'échappai et Abdel la ramassa. Je la repris en faisant très attention, car mes mains tremblaient et, cette fois-là, je réussis. Je n'avais jamais touché la main d'un homme étranger à ma famille. C'était impressionnant!

Une fois terminé l'échange des anneaux, je me sentis soulagée, mais cet apaisement fut de courte durée, car je savais que le moment fatidique approchait! Vers vingt heures, les chanteurs entonnèrent l'au revoir et Abdel m'accompagna vers la sortie. Tante Karima vint me rejoindre.

«Je suis là, Samia, ne t'inquiète pas. Je t'accompagne jusqu'à la maison de ton oncle où se passera ta nuit de noces.»

Je lui demandai d'arranger mon voile, car j'avais envie de pleurer sans être vue. Ce morceau de tissu avait au moins l'avantage de m'isoler du monde.

Elle me guida vers la voiture réservée aux femmes...

Chapitre IV

Quelle nuit de noces!

La tradition algérienne voulait que mon mari – il était bel et bien mon mari dorénavant – me rejoigne plus tard pour la nuit de noces. De nos jours, seuls les fervents religieux respectent cette façon de faire.

Une fois à destination, tante Karima me montra la chambre nuptiale. Il s'agissait d'une vaste pièce avec un éclairage tamisé. Au centre trônait un immense lit recouvert de satin et de dentelles, avec des rideaux assortis. L'ensemble me parut lugubre et j'en eus la chair de poule!

Encore une fois, tante Karima répéta que tout allait bien se passer. C'est alors que la sœur de ma mère, à qui appartenait la maison, nous informa que le marié était sur le point d'arriver et que tante Karima devait sortir. Je m'agrippai à elle.

«S'il te plaît, tante, reste avec moi! J'ai peur. Ne me laisse pas seule avec lui. Emmène-moi.

— Je resterai dans la pièce à côté. Tu pourras m'appeler si tu as besoin de moi.»

Elle quitta la chambre en me laissant seule avec mes larmes et ma peur. Un peu plus tard, la porte s'ouvrit.

Mon mari entra dans la pièce tel un pacha pénétrant dans son palais. Après être resté immobile quelques instants, il s'approcha lentement. Je ne respirais plus.

«Enfin! Nous voilà seuls, dit-il sur un ton sarcastique. J'aimerais que tu me regardes!»

J'en étais incapable. Avec son index, il me souleva le

menton et c'était la première fois que je pouvais vraiment examiner sa figure.

Il avait trente ans, mais il en paraissait beaucoup plus. Ses traits étaient relativement harmonieux, mais son expression, plutôt dure; il aurait pu être beau s'il avait été plus souriant.

Il s'assit près de moi. Lentement, il me détailla des pieds à la tête puis il se mit à me toucher. Il me tripotait en y mettant de plus en plus de force; je lâchai un cri qui le fit rire.

«Ne fais pas ta sainte-nitouche en me disant qu'aucun gars ne t'a déjà touchée. Je vous connais, jeunes filles! Vous faites semblant pour qu'on vous donne de l'importance, mais je ne suis pas dupe.»

Il éclata de rire!

«Viens! Approche! Laisse-toi faire. Tu vas voir qu'avec moi tu vas aimer!»

Il me répugnait. Je ne voulais pas voir son visage et je ne voulais plus qu'il me touche. Ma mère avait raison: les hommes sont l'incarnation du mal. Pourquoi n'était-elle pas là pour l'empêcher de me faire du mal? Je me retrouvais seule en face d'un loup affamé.

Il me demanda de me déshabiller, ce que je refusai. Il me poussa sur le lit et commença à me déshabiller de force.

«Crie si tu veux, nous sommes seuls dans cette maison. Il n'y a personne à part toi et moi. Plus tu cries, ma jolie, plus tu me fais bander.»

Je m'agrippais à ma robe, mais je sentais qu'il prenait plaisir au combat. Comme je continuais de résister, il me gifla.

«Attrape ça! cria-t-il. Ça va te donner à réfléchir.»

D'une main, je touchai ma joue qui chauffait. Il en profita pour arracher ma robe et me détailler lentement.

«Dire que j'ai fantasmé sur ton corps pendant un an! Tu n'es pas du tout comme je t'avais imaginée! Tu n'as presque pas de seins. Que vais-je faire avec ça? Grossiront-ils avec le temps ou devrai-je m'en contenter toute ma vie? Et tu n'aimes pas faire l'amour! Allez! Ôte-moi ça ou tu vas voir de quel bois je me chauffe. »

Je comprenais maintenant à quel type j'avais affaire! Abdel était un homme violent. Je devais me soumettre pour éviter d'autres coups. Je fis ce qu'il exigeait. J'étais maintenant nue devant lui et j'avais honte. Il riait en me touchant partout et il me répugnait. Puis, il demanda si j'étais vraiment vierge. Bien sûr que je l'étais!

« Bien, on va pouvoir s'amuser, tous les deux », ajouta-t-il, satisfait.

Il me saisit par les épaules et s'allongea sur moi. Il voulut me pénétrer de force; je criai, car j'avais très mal. Je le suppliai d'arrêter, mais plus je suppliais, plus il prenait plaisir à me faire mal. Je n'ai guère fermé l'œil de la nuit. Il essayait continuellement de me pénétrer pendant que je pleurais et hurlais de douleur. Nous nous sommes assoupis vers la fin de la nuit.

Au petit matin, je me réveillai avec, à mes côtés, cet homme nu qui ronflait bruyamment. Je me faufilai jusqu'à la salle de bain. Nous étions vraiment seuls dans cette immense maison. Quand j'aperçus mon image dans le miroir, je me trouvai laide, sale et misérable.

Après avoir attaché mes cheveux, je m'assis par terre, la tête entre les genoux. C'était la position que j'adoptais quand j'avais peur et que je voulais échapper à une situation déplaisante. Je revoyais les scènes pénibles de la nuit qui confirmaient la trahison de mes parents et particulièrement celle de ma mère qui m'avait précipitée entre les mains d'un obsédé sexuel alors que j'ignorais que le sexe avait un nom.

Si j'avais pu choisir, j'aurais préféré à cet instant précis n'avoir jamais existé. Soudain, j'entendis des pas s'arrêter près de la porte: c'était sûrement Abdel. Il frappa.

« Samia, ouvre-moi! »

Comme je n'obéissais pas, il hurla.

«Ouvre cette porte ou je la défonce et je te défoncerai la tête en même temps.»

Paniquée, j'ouvris.

«Tu voulais sûrement faire l'amour dans la salle de bain, petite coquine?» demanda-t-il sans attendre de réponse.

Souhaitant finir ce qu'il avait commencé pendant la nuit, il me projeta par terre. Il m'embrassait comme un chien assoiffé. Je criai de toutes mes forces et, à ma grande surprise, j'entendis des bruits de pas. Il mit sa main sur ma bouche pour qu'on ne m'entende pas.

La voix de ma tante se fit entendre.

«Où sont donc passés nos deux petits tourtereaux?»

Il se releva et se rhabilla rapidement.

«Deux tourtereaux, tu parles! Samia est tout sauf une tourterelle. On dirait plutôt un corbeau qui ne veut rien partager.»

Il sortit dans le couloir. Je l'entendais marmonner avec ma tante. Après quelques instants, la porte d'entrée claqua, ce qui me fit comprendre qu'il avait quitté la maison sûrement très fâché. Ma tante s'approcha, le regard chargé de reproches.

«Où est passée la chemise de nuit qu'on avait placée sur le lit hier soir?»

Je l'avais sur le dos.

«Idiote! poursuivit-elle. As-tu consommé ta nuit de noces?

— Si j'ai consommé ma nuit de noces? Je ne comprends pas.

— As-tu saigné après l'acte?

— Non, je n'ai pas saigné, j'ai eu très mal et j'ai encore très mal!

— C'est donc vrai que tu ne sais rien faire à part pleurer! Ta mère me l'avait souvent dit, mais je ne la croyais pas. Pauvre Warda, que Dieu lui vienne en aide.

Écoute-moi bien, Samia! C'est une question d'honneur et on ne plaisante jamais avec ça. Comment se fait-il qu'après l'acte, tu n'aies pas saigné? Est-ce qu'il t'a complètement pénétrée?

— Je ne sais pas, moi! Ce que je sais, c'est que j'ai très mal chaque fois qu'il me touche et que j'ai très peur de lui.

— Là n'est pas la question, Samia. Que tu aies peur ou non m'importe peu; l'important pour nous, c'est que tu prouves que tu étais vierge. Que vais-je dire à ta pauvre mère maintenant? Que rien ne s'est fait durant toute la nuit? Sens-tu, Samia, que son pénis est normal? Ce serait moins déshonorant pour la famille de monsieur Shariff si la non-consommation du mariage était de sa faute plutôt que de la tienne. Comprends-tu?

— Je ne connais rien à cela; mais je sais que j'ai très mal quand il me touche. Empêchez-le, ma tante! J'ai eu l'impression qu'il me déchirait durant toute la nuit. J'ai peur de lui. Ma tante, restez avec moi ou alors emmenez-moi!

— Où veux-tu que je t'emmène? Attends! Je vais te chercher à manger et tout ira mieux ensuite. Tu n'es pas la seule à passer par là et aucune de nous n'est morte à la suite d'une nuit de noces. Maintenant, ce qui importe, c'est de prouver ta virginité. Pour cela, la prochaine fois qu'il te pénétrera, tu placeras ta chemise de nuit sous toi pour pouvoir montrer le sang de ta virginité. Grâce à ce témoignage, tes parents prouveront que leur honneur n'a pas été sali. Ta mère a hâte de danser au milieu de tous avec ce symbole. Allez, ma fille, sois digne des Shariff. »

Je pris un léger goûter en souhaitant qu'Abdel prenne beaucoup de temps à revenir.

Le répit fut hélas très court, car pendant que nous discutions, Abdel était revenu, à pas feutrés, et dès que ma tante s'est éloignée, il a surgi du silence comme un prédateur expérimenté.

Il me projeta à terre et je me retrouvai à plat ventre. Abdel pesait de tout son poids sur mon dos. Il me retourna brusquement puis arracha ma chemise de nuit. Il était furieux. Il n'entendait ni mes pleurs ni mes supplications.

« Tu es à moi maintenant et je ne veux pas être traité d'impuissant. Je vous ai entendues, ta tante et toi! Je vais vous montrer que je suis un homme et un vrai! Et pas plus tard que maintenant! Comme ça, tes parents sauront qui je suis! Penser que je peux faire tout ce que je veux à la fille de mon patron m'excite énormément, crois-moi! »

Il était déterminé! Il enfonça son pénis comme s'il manipulait un poignard! Sous l'effet de la douleur, je perdis connaissance. Quand je revins à moi, j'étais étendue par terre, recouverte d'un drap léger. Comme s'il s'était agi d'un trophée, ma tante tenait avec fierté ma chemise de nuit tachetée de sang. Elle m'aida à me relever.

« Bravo, ma fille! Je porte immédiatement cette preuve à ta mère pour qu'elle puisse la montrer à la foule qui n'attend que cela. Tu as honoré ta famille, Samia! Nous sommes tous fiers de toi. Repose-toi maintenant, car tu l'as bien mérité. Mes félicitations! Tu es devenue une femme et je vous souhaite beaucoup d'enfants, surtout de beaux garçons! »

J'avais mal et j'avais faim. Ma tante avait apporté un croissant et du café qu'elle avait laissés à proximité, mais je n'avais pas l'énergie d'aller me servir. Je désirais profiter du lit, sans qu'Abdel soit à mes côtés. Je me sentais blessée, souillée et rabaissée et j'appréhendais son retour.

J'appris par la suite que ma mère avait dansé devant tous les invités la danse de l'*Honneur sauvé*. Elle avait tellement dansé qu'elle en était tombée d'épuisement.

Pendant les quelques jours qui suivirent, je subis tortures et viol à répétition de la part de mon nouveau mari!

Quatre jours plus tard, ma mère me rendit visite. Elle voulait savoir quels vêtements j'aimerais emporter en France, car notre départ était prévu dans quarante-huit heures. Je lui répondis qu'elle pouvait choisir pour moi, car je n'avais le goût de rien.

«Écoute-moi une dernière fois avant de partir chez toi, Samia. Tu dois maintenant écouter ton mari et faire ce qu'il te demande. Il a le pouvoir de tout décider en ce qui te concerne. S'il te corrige, et même si tu as l'impression qu'il est injuste, sois patiente et redis-toi qu'il le fait pour ton bien. S'il lève la main sur toi, il en a le droit, car tout homme se doit d'éduquer sa femme. Quand elle se trompe, c'est normal qu'il lui montre où est son erreur. Ta tante m'a dit que ton mari t'a giflée durant ta nuit de noces. Ne t'en inquiète pas, il l'a fait parce qu'il t'aime et qu'il a envie de toi. Comprends-tu cela?

— Quand on aime, on ne frappe pas!

— Comment peux-tu savoir? As-tu déjà aimé? Pensais-tu qu'on ne t'aimait pas quand ton père ou moi te frappions? Tu te trompes complètement, ma fille, car, si on aime, on corrige afin que la personne ne prenne jamais un mauvais chemin. Ton père me frappe, penses-tu alors qu'il ne m'aime pas? Je l'en remercie plutôt, car, grâce à lui, je suis devenue une femme du monde et je mène la vie dont j'ai toujours rêvé. Je te souhaite une vie semblable, mais il faut la mériter par ton obéissance et ta gratitude envers ton mari.»

Ma mère m'enseignait l'art de rester en vie pendant la guerre! Une guerre qui durerait pendant toute une vie...

Écouter. Développer la patience et le courage. Le laisser me corriger quand il le décide. Être convaincue qu'il agit toujours pour mon bien. C'est lui le maître et c'est moi l'esclave! Voilà la devise que donnent à leurs pauvres filles des parents sévères et extrémistes qui invoquent des principes religieux pour l'être encore davantage : le père est celui qui applique la loi de l'Islam, c'est lui qui sait tout!

Avant d'aller préparer mes valises, ma mère m'encouragea à me répéter ses paroles si la situation dégénérait entre mon mari et moi : je me devais d'être *gentille* et digne du nom Shariff.

« Lève-toi. Va te faire une beauté pour accueillir ton mari, si tu ne veux pas qu'il regarde les autres filles. »

Puis, je me retrouvai seule à fixer ces murs immenses. Comme je me levais pour aller faire ma toilette, une main m'agrippa l'épaule. Mais comment avait-il pu s'approcher sans que je l'entende? Un loup saute sûrement ainsi sur sa proie!

« Viens dans la chambre, ma jolie! Viens, que je t'enseigne comment faire l'amour! Je veux te voir toute nue, même si ton corps ne me plaît pas. Je veux que tu grossisses pour que tes seins prennent du volume! Tes petits seins ne me suffisent pas! »

Il me prit de force encore une fois après m'avoir giflée parce que j'avais refusé de l'embrasser.

« J'espère ne pas avoir à me battre chaque fois que je veux te prendre et me satisfaire, rugit-il. Je crois que tu es une non-croyante! Ton devoir de bonne musulmane est de me satisfaire et si tu refuses, tu perdras ta place au paradis. Je suis ton mari et tu me dois respect et obéissance. Ce sont les lois islamiques. Dieu a dit, en parlant des hommes : "Vous êtes les bergers et vos femmes sont votre bétail!" Si tu ne me crois pas, je peux te montrer ce verset! »

Je lui répondis que j'avais beaucoup de mal à croire que Dieu ait pu dire cela! Comme je mettais sa parole en doute, il s'énerva, me poussa sur le lit et me viola une fois de plus.

«J'espère que maintenant tu comprendras mieux qui est le berger et qui est le bétail. Tu peux vérifier auprès de ta famille, mais je serais étonné qu'elle te donne raison. Je sais que ton père est un bon croyant. Il connaît la charia[3] islamique mieux que moi. Il faudra m'écouter et accepter cette idée, sinon tu te compliqueras la vie. Je n'ai pas le goût d'avoir une épouse qui n'écoute pas. Quand je voudrai manger, ce sera à toi de me nourrir et quand je dormirai, ce sera à toi de me couvrir et surtout quand j'aurai le goût de baiser, ce sera à toi de me satisfaire. Je ne veux pas me soucier si tu es d'accord ou pas.

Les deux jours suivants passèrent très rapidement et le moment du départ arriva. Je rendis une dernière visite à ma famille pour faire mes adieux. Ma mère me tendit les deux valises qu'elle avait remplies. Elle me fit encore la morale en répétant ses perpétuelles instructions. Mais cette fois-là, elle ne prit pas la peine de sous-entendre que je pouvais compter sur eux si j'en avais besoin.

Je rejoignis mon père qui était seul, comme toujours, devant la télévision. Je m'assis en essayant de m'intéresser à son émission.

« Pourquoi viens-tu me trouver? demanda-t-il, étonné de ma présence tranquille. Veux-tu de l'argent? Combien? »

Je lui répondis que je n'avais pas besoin d'argent, mais que je voulais m'asseoir une dernière fois à côté de lui. J'aurais voulu lui dire que j'avais besoin de sa bénédiction et de son soutien, mais j'en étais incapable. J'aurais eu besoin d'entendre qu'après m'avoir choisi cet homme pour mari, il demeurait un père responsable de tout ce qui pouvait m'arriver et qu'il

---

3. Loi canonique islamique régissant la vie religieuse, politique, sociale et individuelle.

me protégeait encore! J'avais tellement besoin... Et je savais que mon père était incapable de me dire ce que j'avais besoin d'entendre!

J'embrassai d'abord ma petite sœur puis chacun de mes frères; seul Malek pleurait.

En m'éloignant, je me retournai pour jeter un dernier coup d'œil sur ma maison et ma famille. Ma mère me faisait un signe d'adieu et ce simple geste me fit chaud au cœur. Je quittais mon chez-moi, mais une grande partie de mon cœur y restait.

J'allais partir loin, seule avec un être violent, et personne ne se soucierait plus de moi. Ils semblaient aussi pressés de me voir quitter les lieux que si j'avais été une pestiférée.

Je retrouvai l'homme qui, désormais, gérerait ma vie.

Je montai à l'arrière de la voiture tandis que mon mari était aux côtés de mon père qui nous conduisait à l'aéroport.

J'essayais d'imprimer parmi mes souvenirs les images qui défilaient devant moi, comme si je les voyais pour la dernière fois. Cette pensée provoqua des flots de larmes. Mon père s'en rendit compte.

«Pourquoi pleures-tu puisque tu t'en vas dans le pays où tu es née? Tu as un mari qui prendra bien soin de toi là-bas. Chaque été, je paierai ton billet d'avion pour que tu puisses nous rendre visite. Allons, sois adulte et arrête de pleurer! Sois une épouse digne de ton mari et de ton père. Respecte toujours les règles de notre religion, ma fille, et ne laisse jamais la culture française t'influencer et t'éloigner de tes traditions religieuses. D'ailleurs, ton mari y veillera maintenant. Comme cadeau de mariage, j'ai acheté une belle maison pour que vous n'ayez pas à souffrir de la crise du logement à Paris et je l'ai meublée en entier. Vous verrez bien! Je n'en dis pas plus. Allons! Montre-moi que tu es contente!»

Je lui souris, car j'étais heureuse qu'il me parle

calmement, pour une fois, et qu'il ait pensé à me faire plaisir en m'offrant un cadeau.

Mais il n'a jamais su tout ce que j'avais sur le cœur ce jour-là et surtout pas la peur que je ressentais à l'idée de me rendre seule avec Abdel en France.

Je savais quel genre d'homme était mon mari qui, lui, connaissait tout le pouvoir qu'il avait sur moi. Il savait qu'il me dominait et qu'il pouvait faire de moi tout ce qu'il voulait. J'avais plusieurs raisons d'avoir peur quand je pensais à mon avenir en France!

Puis, les deux hommes se mirent à parler affaires pendant que je les observais. C'étaient les deux hommes de qui j'aurais à dépendre toute ma vie durant. Hier, c'était mon père et aujourd'hui Abdel prenait la relève. Comme mon père devait être content de transférer cette responsabilité qui lui avait toujours pesé!

Quand nous arrivâmes à l'aéroport, Abdel avait hâte d'en finir. À un certain moment, ils me tournèrent le dos et mon père mit une liasse de billets dans la main de mon mari qui se montra satisfait.

Abdel me fit signe d'avancer. Tous les deux marchaient devant moi avec les valises et j'étais loin derrière eux. Je les suivais comme un enfant suit ses parents. J'avais l'impression qu'ils pouvaient m'oublier.

À la douane, mon mari salua mon père et quand je voulus l'embrasser, il m'en empêcha comme à son habitude. Il se limita à une petite tape sur l'épaule en me rappelant de prendre soin de moi, mais surtout de prendre soin de mon mari.

«J'espère, ajouta-t-il, que ton mari n'aura jamais à se plaindre de toi. Si jamais tu as un problème avec ton époux, vous êtes assez grands pour le régler tout seuls. Va et sois digne de ton père!»

Abdel me dit de me hâter; il semblait pressé de quitter les lieux. Mon père avait payé des billets en première classe.

«Laisse-moi la place près du hublot», m'ordonna Abdel.

Il s'assit à la place désirée en me faisant signe de m'asseoir près de lui. Plus le temps passait et plus je redoutais notre arrivée à Paris.

«Es-tu prête pour ce soir? me demanda-t-il.

— Ce soir? Que veux-tu dire par là?

— Eh bien! Ce soir, je veux passer une bonne soirée de sexe avec toi.»

Comme je ne savais pas quoi lui répondre, je demeurai silencieuse. Il n'était pas content.

«Serais-tu frigide?

— J'ignore la signification du mot frigide et j'aimerais que tu me l'expliques.

— Frigide veut dire une *salope* qui fait semblant d'être une sainte! Comme toi! Je parie que tu as l'habitude de jouir avec d'autres hommes et que tu fais la vierge avec moi. J'ai bien hâte d'arriver à la maison pour te donner une leçon de vie sur tout ça!»

Je savais que je pouvais m'attendre au pire de sa part, mais j'ignorais encore à quel point il pouvait être ignoble.

Chapitre V

Notre nid d'amour

Après deux heures de vol, notre avion se posa à Paris. Ma vision de Paris avait radicalement changé en peu de temps. Paris représentait maintenant l'inconnu et l'incertitude que j'aurais à vivre dans ma vie de femme mariée.

Les gens qui défilaient devant moi à l'aéroport semblaient heureux. Plusieurs souriaient, s'agitaient et s'exclamaient avec leurs voisins. Ils marchaient allègrement en ayant l'air contents de leur destination. Je me sentais exclue de ce monde et projetée dans une nouvelle vie à laquelle je voulais déjà échapper.

Abdel m'intima de demeurer à proximité de lui pendant que nous irions récupérer nos bagages. Soudain, il se retourna et se mit à me secouer l'épaule, l'air fâché. J'ai voulu savoir pourquoi il agissait ainsi et sa réponse m'étonna au plus haut point.

« Tu crois que je n'ai pas vu ton cinéma ! Je me suis rendu compte de la façon avec laquelle l'homme à la mallette brune te regardait. C'est ce que tu voulais, n'est-ce pas ?

— De qui parles-tu ? » répondis-je, étonnée.

L'air peu convaincu, il me lançait des regards furieux.

« Eh bien ! Ça commence bien ! dit-il ironiquement. Si tu crois que je vais passer ma vie à surveiller les allées et venues d'une Shariff, tu te trompes. Je t'avertis. Si un jour j'apprends que tu me trompes, je t'égorgerai et je me purifierai avec ton sang. »

Décidément! Encore un qui menaçait de m'égorger : d'abord mon père, puis ma mère, et maintenant mon mari!

Selon le credo des intégristes, il faut être pur pour être accepté au paradis et on peut se purifier en se lavant avec le sang de celui qui est jugé *sale*. En plus de me menacer de mort, mon mari me jugeait *sale*!

***

Dans le taxi jusqu'à notre nouvelle maison, Abdel continua à me regarder d'un œil méprisant, sans dire un mot. Quant à moi, je préférais découvrir mon nouvel environnement avec ses gratte-ciel et sa circulation intense. C'était ma façon de retarder l'arrivée.

J'étais curieuse de découvrir cette nouvelle maison choisie par mon père. Je pris le temps de l'observer et elle me parut immense avec ses trois étages. Elle était entourée de verdure et de fleurs, notamment de rosiers multicolores. Je découvris avec plaisir un abricotier et un cerisier encore chargés de fruits. Comme c'était magnifique! Pendant ce bref instant, je me sentis heureuse. Abdel se chargea de me ramener brutalement à la réalité.

« Est-ce que la fille à papa est contente? dit-il sur un ton méprisant. Est-ce que la maison est au goût de la *fifille*? J'ignore pourquoi ton père nous a acheté une maison aussi grande. Est-ce qu'il pense que nous ferons une tonne d'enfants? Je parie même que tu es stérile en plus d'être frigide!

— Je n'ai jamais été la fille à papa, ni à maman d'ailleurs!

— Allons découvrir le palais! Pourra-t-il satisfaire madame la princesse? »

Des notes d'envie perçaient dans sa voix.

Nous en avons profité pour monter les valises. La

maison était entièrement meublée et décorée selon les goûts de mon père. Au premier étage, un grand salon avoisinait la salle à manger alors qu'à l'étage inférieur se retrouvaient une cuisine moderne et une salle familiale donnant sur une immense terrasse entourée de rosiers rouges. Au milieu du jardin, on pouvait apercevoir des balançoires d'enfant agitées par le vent. Cette maison avait déjà été habitée par une famille avec de jeunes enfants et, curieusement, cette pensée me réconforta.

À l'étage se trouvait la chambre principale, c'est-à-dire notre chambre avec salle de bain, ainsi que deux autres chambres et une deuxième salle de bain. À l'étage supérieur s'ajoutaient deux immenses chambres et une troisième salle de bain. Qu'est-ce que j'allais faire de toutes ces chambres?

Mon excitation s'envola quand je me rappelai la présence de mon mari, là tout près de moi. Je me sentis, tout à coup, perdue dans cette immense maison! Il choisit ce moment pour s'approcher de moi et me pousser vers le lit en me demandant de me déshabiller. Avait-il des antennes pour percevoir le moment précis où je me sentais faible et vulnérable?

Effectivement, il pouvait deviner mes moments de faiblesse et je compris, beaucoup plus tard, qu'il en profitait pour me rabaisser et augmenter son emprise sur moi. C'était un jeu auquel il prenait un réel plaisir; son côté sadique jouissait de la souffrance de l'autre.

«Pourquoi ne pas attendre un peu, s'il te plaît? Je ne me sens pas en forme.

— Oh! Madame la princesse se sent mal au moment de satisfaire son mari! Mais il faut baptiser cet endroit, ma jolie! Enlève-moi ces vêtements et plus vite que ça! fit-il en montant le ton. Crois-tu, petite salope, que je n'ai pas remarqué ton manège dans le taxi?

— Mon manège? Mais de quoi parles-tu? Je te jure que je n'ai rien fait.

— Tu n'as rien à jurer, écoute-moi bien, ma jolie! Si tu continues, je vais appeler ton père pour lui raconter comment tu dragues les hommes en ma présence! Moi qui pensais avoir épousé une fille de bonne famille, je découvre que j'ai marié une traînée! »

Il me projeta sur le lit, déchira ma robe et il me viola. Puis, il se dirigea tout naturellement vers la cuisine. Après avoir ouvert la porte du réfrigérateur, il me cria :

« Ton idiot de père a rempli le frigo. Viens manger si tu as faim. »

Je lui répondis que je n'avais pas faim. Insatisfait, il me tira de force par le bras en disant que, même si je n'avais pas faim, j'étais obligée de le nourrir et de le servir.

« Prépare-moi tout de suite quelque chose à manger. Il y a des conserves dans l'armoire et le réfrigérateur est rempli. J'ai faim! »

Je lui offris de préparer des pâtes.

« Pour le moment, cela me convient. J'espère que tu connais d'autres recettes. Si tu fais la cuisine comme tu fais l'amour, autant te renvoyer tout de suite d'où tu viens. Monsieur le patron ne t'accueillerait sûrement pas avec joie! »

Il se mit à rire comme un hystérique.

« Continue de cuisiner, mais n'oublie pas de venir m'embrasser de temps en temps! » poursuivit-il.

Les larmes aux yeux, je préparai la sauce aux tomates comme ma mère me l'avait appris et je mis des pâtes à bouillir. De temps à autre, il m'obligeait à l'embrasser en me tirant les cheveux. Après la première bouchée, il lança l'assiette dans ma direction. Je fus éclaboussée, et l'assiette se brisa en éparpillant son contenu. D'immenses taches rouges salissaient la cuisine. Paniquée, je me recroquevillai par terre, la tête entre les genoux, pour me protéger. Il me traîna par les cheveux jusque dans la chambre pour me violer encore une fois avant de s'endormir.

Je descendis à l'étage inférieur, car j'avais besoin d'être seule. Je téléphonai à ma mère pour lui parler des coups et des viols que je subissais depuis mon arrivée en France.

Elle ne voulut rien entendre. Selon elle, une femme ne pouvait pas être violée par son mari, car il possédait le droit absolu et incontesté sur son épouse. Elle alla jusqu'à me recommander de ne plus l'appeler pour me plaindre de caprices de petite fille gâtée. Il ne fallait surtout pas que mon père soit au courant.

Je raccrochai en comprenant que je me retrouvais à nouveau seule dans mon malheur. Je pensai ensuite à ma tante, mais j'avais pu me rendre compte qu'elle était complice de mes parents.

C'était à moi de trouver un moyen pour que mon mari me traite moins brutalement! Je ne voyais qu'une seule possibilité : me soumettre à ses désirs et faire ce qu'il exigeait sans réagir.

Je décidai de contacter mon amie d'enfance, la seule qui pouvait me comprendre. Je demandai son numéro de téléphone à ma tante en prétextant que je voulais l'informer de mon arrivée. Ma tante refusa d'emblée pour ensuite céder à mon insistance; elle me conseilla de ne pas l'inviter à la maison, car Abdel connaissait sa mauvaise réputation.

Au moment où je raccrochais le téléphone, mon mari descendit l'escalier.

«À qui as-tu téléphoné? demanda-t-il sur un ton inquisiteur.

— À ma tante.

— Je ne te crois pas. Tu parlais à ton amant! Maintenant je comprends pourquoi tu n'as pas envie de moi!»

Il me plaqua par terre en me tirant par les cheveux.

Il me viola, comme à toutes les fois où il était en colère. J'eus beau lui assurer que je ne connaissais aucun autre homme, il demeurait persuadé du contraire.

«Est-ce qu'il baise mieux que moi?» répétait-il jalousement.

Comme Abdel était beaucoup plus costaud et fort que moi, j'étais incapable de faire quoi que ce soit pour me défendre.

Durant cette période, j'ai souvent songé à la mort! À de multiples reprises, j'ai tenté d'obtenir une aide quelconque de la part de ma mère. En aucun temps elle n'a levé le petit doigt et jamais elle n'a informé mon père du comportement de celui qu'il m'avait choisi. Ma mère m'avait pourtant assurée que je pourrais compter sur eux en cas de besoin. Toutes ces paroles n'étaient donc que mensonges! Il me vient encore un goût amer dans la bouche quand je repense à l'image des deux plats qui m'avaient été proposés: le rôti de bœuf était empoisonné!

***

Après quelques mois, j'étais enceinte! Comme Abdel m'avait menacé de me retourner en paquet recommandé à ma famille si je n'étais pas enceinte après trois mois, j'avais relevé son ultimatum en lui prouvant que je n'étais pas stérile! Dieu avait décidé!

Dès que ma grossesse fut confirmée, je l'annonçai d'abord à ma mère qui en fut étonnamment contente.

«Tu me combles de joie! Je suis ravie pour toi et je suis sûre que ton mari le sera également. Allez, ma grande! Donne-nous un beau garçon.»

Et si c'était une fille, qu'arriverait-il? Comment réagirait mon mari? Est-ce que mes parents m'ignoreraient davantage? Il n'était pas question que ma fille subisse tout ce que j'avais enduré! J'avais intérêt à donner naissance à un garçon, mais que pouvais-je y faire?

Après avoir préparé un bon repas pour la circonstance, j'étais aux petits soins pour accueillir mon mari. Je l'aidai à s'installer confortablement dans son fauteuil préféré pour ensuite lui enlever ses chaussures comme me l'avait si bien enseigné ma mère. Puis, sur un ton solennel, j'annonçai la nouvelle.

« Abdel, tu vas être papa.

— Papa! Pourquoi dis-tu cela? demanda-t-il, les yeux ronds de surprise.

— Je suis enceinte, Abdel.

— Pourquoi maintenant? Crois-tu que j'ai besoin d'un deuxième bébé, alors que j'en ai déjà un? Crois-tu que je gagne assez d'argent pour nourrir une famille?

— Je croyais que tu voulais un enfant! Tu me traitais de femme stérile et tu m'avais même donné un délai de trois mois pour devenir enceinte! Je ne comprends plus!

— Je te répète! Tu n'es encore qu'une enfant et une idiote de fille de riche qui va me pourrir la vie. En plus, elle va me la pourrir avec un bébé. Alors, ma belle, prépare-toi à l'annoncer toi-même à ton père et demande-lui de doubler la somme...

— De quelle somme parles-tu? Est-ce que mon père te donne de l'argent?

— Bien sûr qu'il m'en donne, autant qu'il t'en donne à toi. Tu n'es pas la seule à profiter de l'argent de ton cher papa. Figure-toi qu'il m'en donne plus qu'à toi. Pourquoi le fait-il? Parce que je devrai te tolérer toute ma vie. Il me paie pour se débarrasser de toi afin de vivre tranquille! Il s'achète la paix, ton cher père! Il avait hâte de ne plus te voir chez lui et, maintenant c'est moi qui en bave à mon tour! »

Il m'entraîna dans la chambre et il m'utilisa pour déverser le trop-plein de sa colère.

Il eut l'audace d'ajouter qu'il ferait subir un test au bébé pour vérifier s'il avait la tête aussi dure que celle de sa mère. Il me fit tellement mal que je ressentis des crampes durant toute la nuit, alors qu'il ronflait sans se soucier de quoi que ce soit.

Mes sept premiers mois de grossesse furent marqués de viols et de coups toutes les fois qu'il m'arrivait encore de m'opposer.

Pendant le huitième mois, alors qu'Abdel avait été particulièrement violent, je me mis à saigner et je dus me présenter à l'hôpital. En m'examinant, le médecin demanda ce qui s'était passé. Je répondis que j'avais glissé dans l'escalier et qu'ensuite, les saignements avaient commencé.

J'avais mal dans le bas-ventre et je continuais à saigner. J'étais en train d'accoucher, mais bien avant le terme de ma grossesse.

Inconsciemment, j'appelai ma mère à mon secours et au même moment, mon mari lui téléphonait. Ma mère prendrait l'avion le lendemain matin, à la première heure.

Mes contractions devenaient de plus en plus fortes. Sans me prévenir, Abdel avait quitté l'hôpital après avoir mentionné à l'infirmière qu'il avait des maux de tête. Il lui avait demandé de lui téléphoner quand tout serait fini.

J'étais en train d'accoucher, seule à l'hôpital. La sage-femme et l'infirmière s'assuraient que le travail se déroulait bien. Elles m'assistaient le mieux possible sans compenser toutefois l'absence de l'un de mes proches. Je criais ma douleur et ma peine.

Épuisée, je priai l'infirmière de contacter ma tante. Quelques minutes plus tard, elle arrivait, heureuse de m'aider.

«Ma fille! Je sais combien tu peux souffrir. Je suis déjà passée par là! Quand tu sens la douleur, respire à fond! Tu peux mordre à pleines dents dans ce mouchoir, cela te soulagera. Pense à ton mari et à tes parents qui seront fiers de toi quand tu leur auras donné un beau petit garçon!

— Arrête de me parler de beau petit garçon! C'est moi qui suis en train de souffrir, ma tante! Dieu, aidez-moi!»

Les contractions durèrent dix-sept heures, dix-sept heures qui me parurent interminables et atroces! À la fin des années 1970, le recours à la péridurale était exceptionnel et variait selon les hôpitaux. J'accouchais naturellement! J'avais dix-sept ans et un moral au plus bas! J'étais épuisée.

La tête de mon bébé se présentait. La sage-femme pria ma tante de sortir.

«J'espère que tu n'as pas enduré toute cette souffrance pour rien et que tu auras un beau garçon», dit-elle en croyant me remonter le moral.

La sage-femme m'encouragea à pousser aux moments propices. Comme mon vagin était trop étroit pour le diamètre de la tête du bébé, je déchirai complètement, tant à l'intérieur qu'à l'extérieur. Selon la sage-femme, ce phénomène était relativement fréquent; elle me fit plusieurs points de suture.

Mon bébé était un beau petit garçon un peu fragile, né plus d'un mois avant son terme. Son teint et ses cheveux étaient foncés. Je le pris dans mes bras quelques minutes et lui donnai le sein. Il était si petit et si mignon! On le plaça ensuite dans l'incubateur où il devait rester quelques jours, mais on me l'amenait quand venait le moment de l'allaiter.

Ma tante entra dans la chambre en poussant des youyous. Après m'avoir félicitée, elle se chargea d'annoncer la bonne nouvelle à ma mère: le garçon tant espéré était né!

Mon mari avait été prévenu par ma tante. Selon elle, il était ravi de la naissance d'un fils en bonne santé.

Abdel entra à son tour.

«Comment vas-tu? dit-il calmement.

— Je vais bien, mais je suis légèrement incommodée par mes points de suture.»

Il devint furieux.

«Tu as dû t'organiser pour avoir ces points. Tu ne veux plus que je te touche, c'est ça? Cela ne se passera pas comme ça! Tu vas voir! Où est mon fils?

— Il est dans la pièce d'à côté, dans un incubateur, répondis-je calmement.

— Pourquoi? Est-il malade? demanda-t-il, l'air inquiet.

— Non, il n'est pas malade. Il est simplement un peu fragile parce qu'il est né prématurément.

— Tu n'es même pas foutue d'accoucher d'un bébé en santé, comme toute femme normale! Tu dois être rafistolée et, en plus, le bébé est fragile! Ma mère a mis au monde six bébés, tous en santé, et ta mère sept. Aucune des deux n'a eu des points qui ont privé leur mari de leur droit! À quoi dois-je encore m'attendre avec toi?» dit-il en levant le ton.

En entendant ces éclats de voix, l'infirmière vint s'informer si j'allais bien tout en jetant un regard méfiant à mon mari. Celui-ci me fixait avec mépris pour m'intimider; je répondis que tout allait très bien.

«N'hésitez pas à m'appeler en cas de besoin», dit-elle avant de sortir.

Mon mari me regarda d'un air menaçant.

«Tu peux lui raconter que tu te refuses à moi et que je dois user de force pour prendre ce à quoi j'ai droit. Tu verras si elle te donne raison! Tu verras si ton père sera fier de toi s'il l'apprend. N'oublie pas que ta mère arrive dans quelques heures!»

D'un pas assuré, il sortit pour aller voir son fils. J'en profitai pour m'assoupir.

Après avoir vu le bébé, Abdel et ma tante me dirent au revoir.

«Dieu est bon, ma fille, car il nous a envoyé un garçon! Il a été attentif à nos prières! Nous reviendrons te voir demain avec ta mère. Elle est sûrement impatiente de voir son petit-fils. Donne-lui à téter afin qu'il devienne aussi fort que son père et son grand-père!»

J'avais oublié cette sensation de bien-être. Terminées les douleurs de l'accouchement! Et finie l'angoisse dans laquelle j'avais vécu ma grossesse en craignant que les coups que je recevais affectent mon bébé. Je n'avais plus à m'en soucier, car il était en santé!

Je dormis profondément jusqu'à la tétée suivante.

L'infirmière m'enseigna comment placer mon bébé et comment favoriser sa tétée. Il était si fragile que j'avais peur de le briser. Puis il se mit à téter calmement, comme un expert!

J'appris l'importance du lait maternel et j'étais fière d'être capable d'allaiter aussi facilement. C'était la première fois que j'étais importante pour quelqu'un, la première fois que quelqu'un dépendait de moi et que j'en étais responsable. Je me sentais proche de cet être délicat. Il était déjà digne de son prénom Amir, qui signifie *prince*.

Amir était encore dans mes bras quand mon mari entra avec un grand sourire. S'il pouvait durer, m'étais-je dit intérieurement.

«Surprise!»

Ma mère entra ou plutôt fonça sur moi tant elle était pressée.

«Ma chérie, merci, merci, répétait-elle sans arrêt. Dieu a exaucé mes prières. Tu es formidable, Samia. Tu es devenue une vraie femme!»

Même si nous avions été séparées depuis plus d'un an, elle ne m'a ni embrassée ni étreinte! Elle ne s'occupait que du bébé qui, lui, était dans ses bras! Son univers semblait se limiter au bébé. Elle lui parlait comme s'il était déjà une grande personne. Elle lui demandait s'il avait faim et si Samia avait bien pris soin de lui en son absence.

J'en profitai pour lui rappeler que, justement, j'étais en train de l'allaiter et que je n'avais pas terminé.

« Tu ne sembles pas avoir assez de lait pour nourrir convenablement ton bébé! Ta poitrine est tellement plate!

— C'est normal! ajoutai-je, sûre de moi. L'infirmière m'a expliqué que la montée de lait se fait au troisième jour. Redonne-le-moi, s'il te plaît, pour que je continue à l'allaiter.

— Respecte ta mère, intervint mon mari, en élevant la voix. Elle est venue de loin et c'est tout ce que tu trouves à lui dire! Elle n'a pas de leçons à recevoir de toi! C'est ta mère et elle a plus d'expérience que toi avec les enfants.

— Calme-toi, mon cher gendre. Samia est jeune et ne mesure pas encore ses paroles. Et c'est son premier enfant!

— J'apprendrai à prendre soin du bébé, maman. Tu seras là pour me montrer comment le changer et faire sa toilette. Il me semble si fragile; j'ai peur de toucher à son crâne de peur de le blesser.

— Je pense que tu es trop jeune pour lui apporter tous les soins dont il a besoin, déclara-t-elle du haut de son expérience. Un enfant, c'est une grande responsabilité. Pour le moment, allaite-le. Après ta sortie de la maternité, nous lui donnerons le biberon, car tu n'as pas assez de lait pour le rassasier. Va voir Samia, mon petit prince. Demain, je reviendrai te prendre à nouveau dans mes bras. Et toi, prends bien soin de lui et donne-lui à téter dès qu'il a faim. »

Je repris mon bébé. J'étais si contente de me retrouver

seule avec lui. J'avais été blessée par le comportement de ma mère, après un an d'absence. Je n'étais que celle qui avait donné naissance à un garçon! Je ne comprenais plus rien. En accouchant d'un garçon comme elle le souhaitait, je faisais pourtant ce qu'elle attendait de moi; j'avais espéré que cette naissance me rapprocherait d'elle et qu'elle serait reconnaissante du cadeau que je lui faisais...

Pourquoi est-ce que je me sentais si peu importante? J'avais encore une fois les larmes aux yeux. Je n'existais pas comme une personne entière. J'avais l'impression d'avoir été utilisée pour porter un garçon! J'étais déçue! Je ne voulais pas pleurer parce que j'avais lu quelque part que mon enfant pouvait en souffrir. J'avais également entendu dire que les larmes asséchaient le lait maternel! Une fois encore, je ravalai mes émotions en me répétant que j'étais devenue une maman et que j'étais responsable de ce qui pouvait affecter mon fils.

Après six jours passés à la maternité, mon bébé avait pris un peu de poids et devenait moins fragile. J'étais contente que ma mère demeure à la maison quelque temps après ma sortie de l'hôpital, car j'espérais que sa présence aurait un effet apaisant sur Abdel.

CHAPITRE VI

Le rapt

Avant de me ramener à la maison, Abdel prit la peine de s'informer de ma santé. Je n'étais pas habituée à une telle gentillesse.

«J'ai hâte d'être à la maison avec mon fils et d'en prendre soin.»

Il m'aida à ramasser mes affaires et à habiller le bébé. Une telle sollicitude me rendait méfiante. Je montai dans la voiture avec Amir dans mes bras. Il se mit à pleurer doucement et Abdel demanda ce qu'il avait. Comme je l'ignorais, il se fâcha en me traitant d'incapable et de bonne à rien. Sa bonne humeur avait été de très courte durée! Et moi qui avais espéré que la naissance d'un enfant le calmerait!

«Même pas foutue de savoir pourquoi son bébé pleure», marmonna-t-il!

Décidément, rien n'avait changé. J'essayai de calmer le bébé, mais il pleurait toujours. Comme moi, il semblait redouter le retour à la maison! Peut-être devinait-il mon stress?

Ma mère sortit pour accueillir le bébé. Elle me l'enleva des bras sans me souhaiter la bienvenue et repartit vers la maison.

«Tiens, prends ce sac, au lieu de faire la malade», ordonna mon mari.

Je me réfugiai dans ma chambre. J'étais si fatiguée qu'après m'être étendue, je m'assoupis en oubliant le reste du monde. Quelques instants plus tard, je reçus en pleine figure le sac que j'avais laissé au pied du lit. Mon mari était là, à me secouer pour me faire sortir du lit.

« Arrête de faire comme si tu étais malade. Depuis la nuit des temps, les femmes accouchent et reprennent immédiatement leurs obligations. Toi, au bout de six jours, tu es encore en train de t'allonger partout. Si c'est ça que tu veux, ma jolie, attends plutôt ce soir et je t'aiderai à t'allonger! Debout maintenant, va chercher ton bébé! Comporte-toi comme une mère! »

À demi sortie du sommeil, je montai l'escalier lentement, car mes points n'étaient pas complètement guéris. Ma mère était en train de changer le bébé de couche.

« Approche, je vais te montrer comment faire. »

Je surveillai attentivement toute l'opération! Puis quand arriva l'heure du boire, ma mère me conseilla de lui donner un biberon en prétextant que cela serait plus facile.

« Plus tard peut-être, maman. J'ai ma montée de lait et cela me soulagerait si le bébé pouvait téter. Il doit sûrement avoir faim. »

Ma mère le retenait fermement. Je dus insister. Une fois Amir dans mes bras, je m'adressai à lui.

« Maintenant, maman va te donner le sein. Maman sait que tu as faim!

— Mon petit Amir, mange avec Samia et ensuite tu reviendras me voir. J'ai hâte de te reprendre dans mes bras, car tu es mon beau bébé à moi, de poursuivre ma mère en me regardant sournoisement.

— Maman, pour le bébé je ne suis pas Samia, je suis sa maman et il a besoin de moi », répondis-je sur un ton agressif.

Elle se mit à rire aux éclats comme une folle.

Je montai dans ma chambre pour allaiter mon fils en toute tranquillité. Après un certain temps, mon mari vint me trouver pour me reprocher d'avoir été incorrecte avec ma mère qui avait tant fait pour moi! On me critiquait encore et on me culpabilisait en plus!

«Je vais apprendre avec le temps, dis-je avec véhémence. Aucune mère n'est née mère; les mères doivent apprendre leur rôle au fur et à mesure et je suis parfaitement capable d'élever mon fils comme n'importe quelle autre mère le ferait.

— Tu es incapable de prendre soin de toi et de ton mari et, en plus, tu veux ajouter un bébé!»

En entendant ses cris, ma mère vint s'en mêler pour donner raison à Abdel. Maintenant ils étaient deux à m'attaquer.

«Je n'étais pas trop jeune pour que tu me maries de force! Tu m'as crue capable de tenir une maison et de prendre soin d'un mari! Tu n'étais pas sans savoir que les bébés pouvaient venir avec le mariage! Eh bien! Maintenant que j'ai un enfant, j'accepte la situation et je vais élever mon fils correctement.

— Cet enfant n'est pas seulement à toi, de renchérir mon mari. Moi aussi, j'ai mon mot à dire et je soutiens que tu n'es pas capable de te débrouiller seule avec le bébé. »

Tout ce bruit commençait à énerver Amir. Je me calmai et je m'imaginai dans une bulle, seule avec lui. De cette façon, je pus continuer à l'allaiter.

Pendant ce temps, Abdel et ma mère se retirèrent et je les entendais comploter; un épouvantable malaise m'envahit. Depuis l'instant où j'avais franchi le seuil de la maison, je sentais qu'ils étaient devenus deux comparses qui complotaient dans mon dos.

Le soir venu, je me couchai exténuée. Le bébé était au sec; je venais de le nourrir et il dormait à poings fermés. Mon mari s'allongea à mes côtés. Comme par hasard, ce fut le moment qu'Amir choisit pour pleurer, vraisemblablement, sans raison.

«Debout! Dépêche-toi avant qu'il réveille tout le monde!»

Je pris mon petit dans mes bras, mais rien ne l'arrêtait. Je lui redonnai le sein et vérifiai sa couche: impossible de le faire taire. J'allai dans la cuisine pour lui préparer un biberon, car ma mère avait pris la fâcheuse habitude de lui donner un biberon entre deux tétées. Mon mari m'avait suivie. Après avoir fermé la porte de la cuisine, il me gifla si fort que je me retrouvai par terre.

«Le bébé pleure parce qu'il sait qu'il a une mauvaise mère et qu'elle est incapable de s'occuper de lui! Tu es une incapable: incapable de satisfaire ton enfant et incapable de satisfaire les besoins de ton mari. À quoi sers-tu finalement dans cette maison? À me rendre la vie plus difficile? Elle n'est pas encore née, celle qui va m'écœurer! Et je tuerai celle qui le fera! Continue et ce sera toi. Je pourrais te tuer. D'ailleurs, cela ne serait une perte pour personne!»

Il commença à me rouer de coups de pied au visage et au ventre. J'appelai ma mère au secours, mais elle était trop loin pour m'entendre. J'avais mal partout et je criais.

Abdel était devenu fou furieux. Il ne voyait plus rien et me frappait de plus belle. Il me traîna jusqu'à la chambre et me jeta sur le lit alors que j'étais à demi consciente. En entendant mon bébé pleurer de toutes ses forces, je me répétais qu'il fallait que je reste en vie pour lui, que je ne devais pas perdre connaissance, car il avait besoin de moi. J'eus l'impression que le bébé réagissait à mes pensées, car ses cris devenaient de plus en plus stridents... Je réalisais vaguement qu'Abdel m'enlevait le bas de mon pyjama.

«Tu es à moi, et j'ai le droit de prendre mon dû.»

Puis, je perdis conscience...

Je me réveillai à l'hôpital, une douleur atroce au

vagin. Mon visage et mon ventre faisaient mal et j'étais courbaturée de partout. Ma mère se tenait là, à côté d'une infirmière. J'appris que tous mes points de suture avaient été déchirés et que j'avais été violemment battue, ce que je savais d'ailleurs. Elle me rassura en me répétant que j'étais maintenant en bonnes mains!

Le médecin se présenta et demanda à ma mère ce qui s'était passé. Ma mère était incapable de lui répondre. Moi, je savais ce qui s'était passé! Je commençai à pleurer. Ce qui me faisait le plus mal n'était pas mes douleurs physiques, mais le fait que ma mère ne soit pas venue me secourir alors qu'elle avait sûrement entendu des cris.

Le médecin s'assit sur le bord de mon lit.

«Comment vous sentez-vous en ce moment? Est-ce que vous me voyez bien?

— Je vous vois bien, mais j'ai mal à la tête.

— C'est normal. Demain, vous vous sentirez mieux. Souhaitez-vous porter plainte maintenant ou préférez-vous attendre demain?»

Ma mère me faisait des signes négatifs dans le dos du médecin. Elle continua en arabe.

«Ne fais surtout pas ça! Ne porte pas plainte contre ton mari! Ne sépare surtout pas nos deux familles! Si tu fais ça, je ne serai plus jamais ta mère et tu ne seras plus jamais ma fille! De plus, ton fils se retrouvera orphelin de père dès le commencement de sa vie. Invente-leur n'importe quoi, mais ne leur dis surtout pas que c'est lui qui t'a fait ça.»

Ses paroles me portaient le coup fatal. Elles me blessaient davantage que les coups assénés par mon mari.

Tout ce qui lui importait donc, c'était la famille! L'honneur de la famille! Et moi, je n'existais pas, je ne comptais pas! Mais je commençais, depuis le temps, à me faire à cette idée!

Par son regard insistant, elle me pressait à décider:

«Qu'est-ce que tu attends, fais ce que je t'ai demandé!»

Afin d'en finir, j'invoquai une chute dans l'escalier pour expliquer les bleus que j'avais et je précisai que je n'avais pas l'intention de déposer une plainte.

«Ainsi, vous voulez me faire croire que vos blessures sont dues à une chute dans l'escalier? Et votre vagin déchiré? Et les points qu'on a dû refaire? C'est à cause de la chute aussi! Nous savons qui vous a fait ça, mais nous ne pouvons rien faire sans votre coopération! Aidez-moi à réparer ce qu'il vous a fait.»

Puis il se tourna vers ma mère pour la convaincre de me faire changer d'avis, mais ce fut en vain. Ma mère lui assura que j'étais vraiment tombée dans l'escalier et que j'avais perdu connaissance par la suite.

«Je sais, madame, que vous avez peur, dit-il en me regardant gravement. Mais, vous savez, s'il vous a fait cela aujourd'hui, il vous fera pire demain. Et je n'aimerais pas vous revoir dans un état semblable ou même pire, comme c'est trop souvent le cas, hélas!

— Je ne déposerai pas de plainte, mais je ferai plus attention la prochaine fois.»

Puis ma mère poursuivit en arabe, sur un ton doucereux:

«Merci, Samia, tu as bien agi, ma fille! Je vais téléphoner à Abdel pour lui demander de venir. Il doit être très inquiet en ce moment. Tu sais, une naissance occasionne beaucoup de changements dans la vie d'un couple et souvent le mari devient très nerveux! C'est normal! Et toutes les femmes doivent passer par là!»

Après son départ, le médecin tenta à nouveau de me convaincre, mais je restai sur ma décision. Je ne voulais pas que mes parents m'en veuillent.

À cette époque, assumer ma vie seule, sans mes parents, m'était inconcevable, car j'étais jeune et naïve. J'avais également très peur de la violence de mon père et je le savais capable de venir me frapper jusqu'en France.

Le médecin, en étant un Occidental non musulman, ne pouvait pas me comprendre! Pour un Occidental, personne ne doit accepter de vivre dans la crainte de quelqu'un d'autre. Notre famille se situait à l'extrémité opposée de ces croyances.

Nos traditions et nos mœurs – je m'en rends bien compte aujourd'hui – sont très particulières. La femme musulmane dépend d'un homme toute sa vie durant: elle dépend d'abord de son père puis de son mari. En l'absence de l'un ou de l'autre, elle sera sous l'autorité de son frère et, à défaut de celui-ci, de son oncle. Elle ne peut décider par elle-même, ni pour elle-même. Selon la croyance musulmane, une femme est incapable de réfléchir aussi bien qu'un homme et elle pourrait prendre une décision qui lui serait préjudiciable. J'ai grandi en doutant de mon jugement et en évitant de prendre des décisions. Encore de nos jours, les petites filles musulmanes baignent dans ce sentiment d'infériorité et grandissent en le tenant pour acquis. Si, exceptionnellement, une femme musulmane décide de se prendre en main, elle représentera un danger, non seulement pour sa famille, mais aussi pour elle-même.

**

Après avoir contacté mon mari, ma mère revenait quelques minutes plus tard.

«Tu en as de la chance, ma fille, d'avoir un mari qui a si bon cœur. Contrairement à la majorité des hommes qui battent leur femme, Abdel regrette vraiment son geste. Il a failli pleurer au téléphone.

— Mais, maman, il ne m'a pas seulement battue, il a failli me tuer, tu ne vois donc pas la différence! Et pourquoi n'es-tu pas intervenue? ai-je eu le courage de demander. Je sais que tu m'as entendue crier!

— Oui, je t'ai entendue, mais je n'ai pas à intervenir entre un homme et sa femme; ça ne se fait pas chez nous. J'aurais l'air de quoi!

— Tu aurais l'air d'une mère qui défend sa fille tout simplement. Je te suppliais de descendre, j'avais mal. Il aurait pu me tuer.

— Les coups d'un mari n'ont jamais tué une femme. »

À l'époque, j'ajoutai foi à ses paroles même si mon corps me faisait croire le contraire.

« Tu n'es ni la première ni la dernière femme à être battue par son mari. J'ai été battue et ma mère avant moi, ma sœur, ainsi que bien d'autres femmes de mon entourage. Aucune n'en est morte. Je te le répète : c'est normal qu'un homme batte sa femme et il n'y a rien de mal là-dedans! À ta place, je m'estimerais heureuse qu'il ne m'ait pas répudiée! »

Je devais donc m'estimer heureuse d'avoir seulement été battue, violée et rabaissée! Être répudiée aurait été bien pire! Que me serait-il arrivé? Où serais-je allée me réfugier? Chez mes parents? Non, impossible! Alors, où? Je devrais peut-être remercier mon mari pour ce qu'il avait fait! Ma vie n'était qu'un cercle vicieux! Comme un hamster, j'étais enfermée dans ma cage et je tournais, tournais, jour et nuit, sans issue possible.

Quelquefois, j'étais portée à croire que ma lucidité augmentait mon malheur. J'étais trop consciente de ma situation; si j'avais été confuse, je n'aurais pas réalisé l'horreur que me faisaient subir mes proches. Pourquoi me traitaient-ils ainsi?

J'étais absorbée dans ces pensées quand ma mère posa sa main sur mes yeux.

« Samia, regarde la surprise qu'Abdel t'a apportée! »

Abdel souriait, un énorme bouquet de fleurs dans les mains.

«Je suis vraiment désolé pour mon geste, affirmat-il sur un ton contrit, mais ce bébé m'a complètement déboussolé. Et j'avais vraiment envie de toi! Tout était mélangé dans ma tête et je ne savais plus ce que je faisais. Je te promets de me contrôler la prochaine fois. J'aurais mieux fait de te remercier pour le beau garçon que tu m'as donné comme premier enfant, alors que la plupart de mes amis ont eu des filles. Excuse-moi! Je te promets de ne plus avoir de relations sexuelles tant que tu ne seras pas complètement rétablie. »

Je n'en croyais pas mes oreilles!

Ma mère disposa les fleurs dans le vase que l'infirmière lui avait fourni.

«L'infirmière est restée bouche bée en voyant le bouquet, ajouta-t-elle fièrement. Elle était impressionnée par sa grosseur! Et j'étais contente qu'elle se rende compte que c'était toi qui l'avais offert. C'est une façon de lui montrer que nos hommes nous offrent des fleurs comme le font les hommes occidentaux. »

Ma mère et Abdel rirent en chœur.

Pour ces deux complices, seule l'apparence comptait! Ils me faisaient l'effet de deux hyènes devant leur proie. Au moindre geste, ils s'organiseraient pour ne faire qu'une bouchée de moi.

«Où est mon bébé? J'ai besoin de l'allaiter, car mes seins me font mal.

— Il dort dans son couffin. C'est mon copain Ali qui le surveille dans le corridor, précisa Abdel.

— Emmène-le-moi, s'il te plaît! »

Ma mère s'approcha de mon mari et lui chuchota à l'oreille. Puis Abdel alla chercher le bébé et ma mère m'aida à m'installer pour que je sois à l'aise pour la tétée, malgré mes blessures. Mon bébé tétait avec vigueur. Comme Abdel lui avait donné un biberon avant de venir, ma mère suggéra de ne pas me fatiguer.

«Mais il n'a pas voulu le prendre, s'empressa de

dire Abdel, en ricanant. Je crois que monsieur préfère le sein de sa mère. C'est bien le fils de son père!»

Ma mère trouva drôle la remarque de mon mari. Elle en profita pour mentionner que sa fille avait beaucoup de chance d'avoir comme époux, un homme bon avec le sens de l'humour. Je n'avais rien à dire!

La tétée finie, ma mère reprit mon fils en prétextant qu'elle devait retourner à la maison parce qu'Abdel avait oublié les couches.

«Nous reviendrons te chercher demain après-midi si le médecin donne son autorisation. Ne laisse personne t'influencer en ce qui concerne ton devoir d'épouse et de mère. Tu es ma fille et celle de ton père, d'autant plus que tu sais maintenant ce que le mot mère veut dire. À demain et repose-toi bien», conseilla ma mère avant de partir.

C'est vrai que j'étais *mère* désormais. Je ressentais ce mot dans toutes les fibres de mon corps. J'aimais mon enfant d'un amour inconditionnel, indépendamment de son sexe. Pour moi, être mère signifiait aimer et protéger son enfant, contrairement à ma mère qui ne voyait en sa fille qu'un obstacle et un poids lourd à traîner. Était-ce ma faute si j'étais née fille? Est-ce qu'une fille avait le droit d'exister dans la famille Shariff? Pardonne-moi d'exister, maman!

Durant mon enfance, je m'étais sentie comme une vulgaire chose dont on aurait souhaité se débarrasser. J'avais encore l'impression d'être considérée par mes proches comme une jeune femme inutile; on espérait cependant beaucoup de moi! J'étais au cœur d'un dilemme épouvantable: on me jugeait incapable, mais on attendait tout de moi!

À cette époque, je croyais que j'étais condamnée à ce mode de vie jusqu'à mon dernier souffle et je m'y résignais. Aujourd'hui, je m'en veux de m'être soumise et de m'être laissé détruire aussi longtemps! À l'époque, je ne voyais pas d'autre issue.

Je devais chasser ces pensées si je voulais m'endormir! Je devais profiter des instants où j'étais seule et en sécurité! Difficile de fermer les yeux quand on a mille et une choses qui nous trottent dans la tête, mais j'y parvins.

En m'éveillant le lendemain matin, mes seins engorgés me faisaient souffrir. Compatissante, l'infirmière m'apporta un tire-lait avec lequel j'ai pu extraire mon trop-plein de lait que j'offris avec plaisir aux bébés prématurés.

Je marchais aussi lentement qu'au lendemain de mon accouchement, à cause des nouveaux points de suture de la veille. Malgré tout, je me sentais beaucoup mieux et j'envisageais de sortir de l'hôpital pour retrouver mon bébé qui me manquait déjà.

Mon mari entra dans la chambre avec le médecin. Celui-ci me laissa le choix de demeurer à l'hôpital ou de rentrer chez moi.

«J'ai hâte de rentrer chez moi pour retrouver mon fils, répondis-je sincèrement. Comme je vous l'ai déjà promis, je ferai davantage attention à moi.»

Quand le médecin demanda à mon mari de nous laisser seuls cinq minutes, il refusa.

«Elle a le droit de dire son avis!» argumenta le médecin.

Pour lui, c'était tout à fait normal qu'une femme puisse donner son opinion, mais il ignorait que, pour nous, les opinions relèvent du domaine exclusif des hommes. Ce sont eux qui décident pour leurs femmes. Abdel reprit:

«Dis-lui donc, encore une fois, ce que tu en penses! Il ne semble pas convaincu.

— C'est vrai, docteur! répétai-je avec conviction. Je veux quitter l'hôpital, car j'ai hâte de revoir mon fils.»

L'infirmière avait apporté un fauteuil roulant pour nous raccompagner jusqu'à la voiture.

«Partons, s'impatienta Abdel. J'espère, docteur, que nous n'aurons pas à nous revoir.

— Je l'espère aussi!» répondit le docteur.

Puis l'infirmière m'aida à m'installer confortablement dans la chaise.

«Si cela devait se reproduire, me souffla-t-elle à l'oreille, contactez-nous le plus vite possible et nous vous aiderons.»

Une fois dans la voiture, mon mari démarra en trombe.

«J'espère pour toi que tu n'as rien dit!», fit-il, inquiet.

C'était une demande et une menace à la fois.

«Non, je n'ai rien dit et je n'ai rien à dire de toute façon.

— Voilà qui est une bonne réponse! Là, tu commences à comprendre. Je regrette que cet incident se soit passé en France. Chez nous, au pays, nous n'aurions eu de comptes à rendre à personne! En France, ils nous contrôlent, car nous vivons chez eux et ils veulent nous empêcher de vivre normalement avec nos femmes; c'est la prison qui attend un homme qui bat sa femme. Les Français veulent changer les lois de Dieu. Les misérables, qu'ils soient damnés à jamais! Tout ce que je souhaite maintenant, c'est de me retrouver seul avec toi et pouvoir m'amuser comme avant!

— Cela ne pourra plus être comme avant. N'oublie pas qu'Amir est là et qu'il faut s'en occuper.

— Demain, il n'y aura plus de bébé!» déclara-t-il, l'air enchanté!

«Comment ça! Plus de bébé! criai-je. Où est Amir?

— Ne lève jamais le ton avec moi, femme, dit-il en me regardant avec rage. Ton fils est à la maison, mais, demain, il partira en Algérie avec ta mère.»

Tous mes sens étaient en alerte. Un danger menaçait

mon bébé. Je sentis une peur viscérale au creux de mes entrailles. On voulait m'enlever mon bébé, la chair de ma chair, le sang de mon sang. J'étais affolée et je ne comprenais plus ce qui se passait. J'étais prête à réagir bec et ongles pour défendre celui qui faisait encore partie de moi. C'était mon enfant et personne ne pourrait me l'enlever.

« Non, c'est impossible. Je parlerai à ma mère! Elle sait ce que c'est d'être mère! Tu mens! Jamais ma mère ne m'imposerait une telle atrocité, c'est ma mère tout de même. Elle n'accepterait jamais de nuire à mon bébé! »

Ma mère! Tout en prononçant ces mots, je sentis le doute s'insinuer au plus profond de moi. Et si ma mère était incapable de comprendre ce que j'éprouvais ou si elle décidait de ne pas tenir compte de la souffrance de sa fille, qu'arriverait-il? Graduellement, je réalisais que son appui n'était peut-être pas aussi inconditionnel que je pouvais le croire, mais je ne m'attardai pas à ces prémonitions.

J'essayai d'infléchir la décision de mon mari en faisant appel à sa fibre paternelle.

« Un bébé a toujours besoin de sa mère. C'est elle qui le nourrit et c'est elle qui s'en occupe. Un bébé a aussi besoin de son père. Pourrais-tu vivre sans lui? Pourquoi avons-nous fait un bébé ensemble si c'est pour le donner?

— Il ne manquera de rien. Tes parents lui donneront l'amour et l'argent dont il aura besoin.

— Chez nous non plus, il ne manquera de rien. Je lui donnerai plus d'amour que n'importe qui pourrait le faire et il ne manquera pas d'argent non plus. »

Le monde entier s'écroulait autour de moi; j'étais désespérée.

« Il en aura beaucoup plus chez ton père! poursuivit Abdel, insensible à ma douleur. Et il aura un plus gros héritage, car il pourra recevoir sa part en plus de la tienne. Tu imagines combien je deviendrai riche alors! Oublie ton fils! Ta mère s'en occupera très bien! Ce n'est pas une étrangère, c'est ta mère.»

Il était insensible à mon désarroi et indifférent à son propre fils. Je mis fin à la discussion, car il ne pensait qu'à l'argent! Et cela me faisait mal de découvrir que je me retrouvais seule à défendre mon enfant.

Je ne pensais plus qu'à éclaircir la situation avec ma mère. Je ne pouvais pas envisager que les propos d'Abdel soient vrais. Je comptais sur son appui et sa compréhension en tant que mère.

Arrivée à la maison, je grimpai l'escalier le plus vite possible, malgré le tiraillement causé par les points. J'entendais mon bébé pleurer au loin.

«Je suis là, mon bébé, et je vais te consoler, tu verras!»

Il n'était pas dans son lit. Je grimpai jusqu'à l'étage supérieur. Amir était dans les bras de ma mère et... quel cauchemar! Elle essayait de lui donner le sein. J'étais tellement sous le choc que cette image est restée gravée à jamais dans mon cœur. Elle voulait l'allaiter à ma place! Elle voulait clairement prendre ma place.

«Amir, voilà Samia qui arrive, dit-elle en s'adressant à mon fils, nullement incommodée par mon arrivée.

— Viens voir ta maman, mon bébé d'amour! affirmai-je en tendant les mains pour prendre mon enfant.

— Non, Samia! Pas maman! vociféra-t-elle en cherchant à m'intimider. Tu es trop jeune pour prendre soin de ton bébé et de ton mari en même temps. Amir sera malheureux avec toi, car tu as du mal à prendre soin de toi-même.

— Donne-moi le bébé, maman! C'est mon bébé et je vais l'allaiter. Laisse-le-moi, je suis sa mère! Je vais mûrir et j'apprendrai. Rappelle-toi, tu as été jeune et tu as appris comment nous élever! Sois bonne avec moi! Aie pitié de moi au moins une fois dans ta vie! C'est toi qui m'as dit que j'étais devenue mère maintenant et, tu peux me croire, je réalise ce que cela implique. Je ne pourrai pas vivre sans mon fils, car il fait partie de moi comme tes enfants font partie de toi.

— Tu en es une mauvaise partie, répondit-elle méchamment. Tu es la partie de moi dont j'ai toujours eu honte et dont j'ai toujours voulu me débarrasser, comme une tumeur maligne incrustée dans mon corps. Et je sais que tu continueras à me hanter durant le reste de ma vie! Ton mari, le père du bébé, a décidé de me le donner. C'est à lui que revient la décision! Ton bébé est à moi maintenant et tu n'as rien à dire. »

Ma mère ne me reconnaissait aucun droit de parole. J'étais submergée par un flot d'émotions contradictoires: j'oscillais entre la peur, le découragement, la rage et l'impuissance.

Je réalisai alors que deux cercles humides mouillaient mon chemisier; c'était urgent d'allaiter Amir.

«Puis-je l'allaiter, s'il te plaît?

— Il n'a pas besoin d'être allaité, car je lui donne le biberon et, entre-temps, je le calme avec mon sein! poursuivit-elle, le regard rempli de défi.

— J'ai mal aux seins, maman! Et il a besoin de lait maternel!

— Ton lait, ton lait! Ce qui réussit à sortir de tes seins? Un enfant peut grandir avec du lait de vache, alors tu n'es pas indispensable. Calme-toi et demande à un médecin de te sevrer. Cette nuit, ton bébé restera près de moi pour s'habituer à mon odeur. Il grandira chez moi et j'en prendrai soin. Il oubliera qui est sa mère! Tu n'as pas à t'inquiéter, car je le considérerai comme mes autres fils et même davantage. Que désires-tu d'autre? »

En plus de m'abandonner, ma mère prenait ma place auprès de mon enfant chéri. Moi qui avais compté sur elle pour intercéder auprès de mon mari! Je savais d'instinct qu'elle était à la base du complot pour me ravir mon fils. Elle l'avait acheté à mon mari qui avait accepté son offre. Plutôt que de m'offrir son soutien pour m'apprendre à prodiguer les soins adéquats à mon enfant, comme le font la majorité des femmes quand leur fille devient mère, *ma mère* avait choisi de m'arracher mon trésor, ma raison de vivre. Je me sentais seule et impuissante devant ma mère et mon mari. Je pleurais sur la perte de mon fils, mais je pleurais aussi de rage et de désespoir en voyant jusqu'où pouvait aller la méchanceté de ma mère à mon égard.

Je suis descendue dans ma chambre en pleurant comme un bébé. Mon mari vint s'asseoir près de moi. Il répétait que c'était la meilleure solution pour tout le monde, autant pour le bébé que pour moi. Il essayait de me convaincre qu'en ayant un autre bébé bientôt, je pourrais oublier rapidement cette histoire. Mais un bébé ne remplace jamais un autre bébé, mon cœur de mère me le disait!

« C'est important que ta mère soit contente de toi! Elle t'aimera davantage si tu acceptes de lui confier ton bébé! Sois assurée qu'elle aimera ton bébé. »

Abdel savait que j'avais toujours recherché désespérément à faire plaisir et à me faire aimer de ma mère. Il me torturait mentalement en touchant mon point faible. À l'époque, j'étais trop jeune et trop perturbée pour réaliser à quel point il me manipulait. Il m'adressait un double message sans issue satisfaisante pour moi: je renonçais à Amir et je faisais plaisir à ma mère ou je le gardais en risquant de rompre tout lien avec elle. Je me sentais piégée dans un dilemme impossible à résoudre, étant donné l'âge que j'avais et les conditions dans lesquelles je vivais.

« Maintenant, la discussion est terminée! Cette satanée histoire commence à me fatiguer. Je sens que je pourrais perdre patience! J'aimerais me reposer ce soir, sans entendre des pleurs et des lamentations », précisa-t-il en me broyant la main.

Le contact de cette main capable de renier son propre fils me répugna. Je regagnai le salon car j'avais besoin de me retrouver seule.

Comment continuer à vivre sans ce bébé que je venais de mettre au monde? Pour lui, j'avais vécu des mois de grossesse difficiles et j'avais attendu impatiemment sa naissance. En ce moment, je regrettais d'avoir accouché. Je le souhaitais encore dans mon ventre, bien au chaud, tout au fond de moi.

Je ne parvenais pas à contenir mes sanglots. Je n'avais pas le courage et la force d'affronter ma famille. J'étais démunie devant eux d'autant plus que mon mari avait pris leur parti. La bataille aurait été rude et stérile et j'en serais ressortie plus détruite encore! Je perdais mon enfant, mon amour, ma seule raison de vivre! Je n'aurais jamais la chance, comme une mère cohabitant avec son enfant, de le voir grandir et progresser. Tout concourait à rendre ma vie différente de celle des autres femmes! J'étais une femme à qui on amputait une partie de son cœur! Ce soir-là, je redevenais *Samia* et elle, *la maman*. Je sentais la vie injuste et j'avais les mains liées. Quelle horreur!

***

J'avais passé une partie de la nuit dans le salon à désengorger mes seins avec un tire-lait manuel, mais l'opération n'était pas facile! Ma mère refusait toujours que j'allaite Amir, ne serait-ce qu'une seule fois.

Au cours de la nuit, mon mari vint me dire d'aller dans la chambre, car il avait des besoins à satisfaire! Je n'ai jamais pu comprendre son comportement! Comment pouvait-il être insensible à ce point et ne penser qu'à sa satisfaction au moment où je pleurais mon enfant?

Comme je refusais, car je n'avais aucunement envie de partager quoi que ce soit avec lui ce soir-là, il me gifla en me traitant de pute et de porteuse de bâtards. J'eus envie d'ouvrir la fenêtre et de me jeter en bas.

Aujourd'hui, je me pose souvent la question suivante : comment ai-je pu souffrir autant sans devenir folle?

Mon mari retourna bredouille en marmonnant toutes sortes de calomnies à mon égard. Soudain, j'entendis le petit pleurer à l'étage et je décidai de monter le voir pour négocier encore une fois avec ma mère.

«Que veux-tu, Samia? Va te coucher. Tout a été dit ce soir.

— Je ne veux que le nourrir une dernière fois avant son départ, car mes seins me font affreusement mal.»

En entendant ces mots qui lui montraient ma résignation, ma mère accepta.

«Tiens, prends-le et profite bien de lui cette nuit. Demain, tu iras voir le médecin pour arrêter ta montée de lait.»

À peine dans mes bras, Amir se calma tout en cherchant mon sein. Il semblait comprendre ce qui se passait. Il mit ses petits doigts sur mon sein comme s'il voulait rester! Une fois repu, il s'endormit tel un ange au paradis.

Ma mère se hâta de mettre fin à cet instant magique en reprenant mon fils.

«De toute façon, tu le verras demain et, par la suite, deux fois par année quand tu viendras au pays.

— Promets-moi de prendre soin de lui et de ne jamais le laisser pleurer ni souffrir!

— Il n'aura jamais à souffrir et il ne manquera de rien, je te le garantis. Je te promets d'en prendre bien soin. C'est un beau petit garçon que ton père et tes frères vont adorer. Il sera notre petite mascotte. Je t'enverrai régulièrement des photos et, ainsi, tu pourras te sentir proche de lui. Ton mari cessera de te disputer pour les pleurs du bébé. Tu n'auras plus à te réveiller la nuit pour le nourrir et changer ses couches! Tu vois ce que tu y gagnes finalement! C'est moi qui vais souffrir à ta place et tu pourras faire un autre petit garçon à ton mari si tu veux!

— Voyons, maman! Tu sais très bien qu'un enfant ne peut jamais en remplacer un autre. J'aime mon fils et vous me faites très mal. Depuis mon enfance, je me sens de plus en plus malheureuse. Je ne suis plus capable d'endurer de nouvelles souffrances.

— Dieu nous envoie des misères selon la grandeur de notre âme, Samia! C'est donc que ton âme est grande! Jusqu'à présent, tu n'as connu que de petites souffrances, crois-moi. Et Dieu ne t'envoie pas une épreuve dans le fait que je prenne ton fils; il t'envoie plutôt une bénédiction, car il me recommande de le prendre pour t'éviter de plus grandes souffrances.

— Était-ce une petite souffrance envoyée par Dieu de m'être retrouvée mariée à seize ans à un homme violent? Abdel me détruit sous vos yeux et personne ne lève le petit doigt pour m'aider; vous en profitez pour me voler le seul bonheur que j'ai eu durant ces années!

— J'ai dû accepter ton mariage avec cet homme pour ma survie. Ton père me faisait constamment remarquer combien tu devenais femme de jour en jour. Et selon lui, plus longtemps on te gardait chez nous, plus on risquait que tu nous apportes *déshonneur* et malheurs, Samia. Ton père me faisait payer le temps qui passait! Je n'ai jamais accepté que tu sois une fille et tu le sais très bien! Tu n'as pas de leçon à me faire! Je ne veux plus qu'on parle de tout ça. Le petit dort en ce moment et la nuit te portera sûrement conseil, Samia. Bonne nuit!

— Mais toute ma vie, je n'ai écouté que vos conseils... »

Ma mère ne m'écoutait plus; je retournai m'allonger sur le sofa du salon. J'étais trop bouleversée devant mon impuissance pour réussir à dormir. Je regardais ma situation sous tous les angles possibles en cherchant vainement une solution. Je m'endormis au petit matin après avoir pleuré toutes les larmes de mon corps.

Quelques heures après, ma mère me réveilla en m'adressant des reproches.

« Tu n'as pas honte? Laisser ton mari dormir seul dans son lit! Je pourrais comprendre s'il en venait à te tuer! Viens m'aider à préparer les bagages du bébé. »

J'étais fourbue, vidée de toute énergie combative. J'avais le cœur en miettes en rassemblant les vêtements que j'avais choisis pendant des mois avec mon amie. Je ne verrais jamais mon fils s'amuser avec les jouets que je lui avais choisis, prendre son hochet, percer sa première dent, ramper, marcher à quatre pattes et se tenir debout, l'entendre m'appeler maman... Ma mère connaîtrait donc tous ces privilèges! Samia n'était qu'une bonne à rien et ce qu'elle réussissait n'était bon que pour les autres et non pour elle. Je me dévalorisais de plus en plus.

Ma mère était pressée de quitter la maison avec mon bébé. Elle le tenait précieusement tel un voleur tenant son butin. Elle m'épiait telle une lionne prête à sauter au premier faux mouvement, pour défendre son petit.

Pourtant, c'était moi qui aurais dû agir comme la lionne! Pourquoi n'ai-je pas protégé mon bébé à ce moment-là? Pourquoi ai-je laissé faire une telle ignominie? Pourquoi n'ai-je pas insisté pour le prendre au moins quelques minutes dans mes bras afin de m'imprégner de son odeur? Pourquoi? On me forçait à reprendre le rôle de la petite fille soumise que j'avais toujours occupé dans ma famille; je me sentais vaincue avant de livrer bataille. Je fis un ultime effort.

«Je veux vous accompagner à l'aéroport, insistai-je.

— Non, Samia! Tu nous éviteras bien des problèmes en restant ici, répondit crûment mon mari.

— Reste à la maison et change-toi les idées. Dès que j'arriverai en Algérie, ton père te téléphonera. Ne t'inquiète pas pour le bébé, je l'aime déjà au moins autant que mes fils.

— Tu vois, Samia, renchérit mon mari pour me calmer, ta mère l'aimera comme une mère! En plus, tu auras droit à un compte rendu mensuel de ce qui lui arrive. Quelle chance! Avoir une telle mère!»

Ces derniers mots d'Abdel me rendaient confuse. Je doutais de moi. Je ne savais plus si le monde était fou ou si c'était moi qui l'étais. Avant mon départ, mon père m'avait dit qu'il pouvait me voir partout où j'irais; j'étais convaincue que, même s'il était loin, il était responsable de cette manigance! Je maudissais ma famille tout en réalisant que j'étais incapable de les empêcher de commettre ce crime.

Le bruit de la portière me ramena à la réalité. Ma mère était montée et me fixait de son éternel regard méprisant.

«Allez, monte, Abdel, cria-t-elle à mon mari, l'avion ne nous attendra pas.

— Attendez, je veux regarder mon bébé une dernière fois.

— D'accord, mais fais vite.»

Amir dormait à poings fermés. Je le serrai tendrement en faisant attention de ne pas le réveiller. Puis, le cœur brisé, je le tendis à ma mère et je m'enfuis à toutes jambes vers la maison.

En voyant la voiture s'éloigner, je compris la douleur que pouvaient ressentir les mères qui perdaient leur enfant, par maladie ou par enlèvement. Je me suis mise à pleurer mon bébé.

CHAPITRE VII

La vie sans mon fils

Je ne pouvais demeurer seule. J'avais besoin de parler à quelqu'un et je songeai à mon amie d'enfance. Abdel n'aimait pas que je contacte Amina, mais je décidai de profiter de son absence.

Son mari décrocha et je l'entendis dire :

«C'est ton amie Samia et je crois qu'elle pleure.

— Samia, que se passe-t-il ?

— Viens vite, Amina, s'il te plaît. J'ai besoin de toi. Ils ont pris mon bébé.

— Qui t'a pris ton bébé ?»

Je lui racontai brièvement ce qui s'était passé. Quinze minutes plus tard, elle sonnait à ma porte.

Amina avait épousé son ancien amoureux français, malgré l'opposition de ses parents. Elle semblait heureuse et encore amoureuse. Elle avait toujours mené sa vie comme elle l'entendait. Elle représentait pour moi la femme arabe libérée et je l'admirais pour son courage à tenir tête à son entourage. J'avais toujours voulu lui ressembler et je le désirais maintenant encore davantage.

Elle m'encourageait à agir comme elle, mais depuis que nous étions jeunes, je savais que je n'avais pas son courage. Il faut dire qu'elle avait été élevée de façon très différente.

Elle me serra dans ses bras et attendit que j'aie repris mon calme. Je lui racontai l'affreuse histoire.

«Je t'ai toujours dit, Samia, que ta mère était le diable en personne. Sinon, comment aurait-elle pu te faire cette horreur? Si on téléphonait à la police maintenant, ta mère pourrait être interceptée avant le décollage.»

J'arrêtai son geste. Les réactions de ma famille étaient imprévisibles pour le monde *normal* ou *occidental*. Chez moi, au nom du bien, on peut égorger, tuer, boire. En se purifiant avec le sang d'une personne jugée *sale*, on peut mériter le ciel.

Je ne pouvais pas laisser Amina appeler la police. En la laissant agir ainsi, je signais mon arrêt de mort.

À l'époque, je croyais dur comme fer à toutes ces menaces et j'en étais terrorisée: j'étais si naïve et si innocente!

«Amina, on parle de ma mère! Je ne peux pas faire arrêter ma mère par la police! Tu n'y penses pas! Mon père serait tellement fâché qu'il me ferait tuer!

— L'important, ce n'est pas l'opinion de ton père, mais c'est de récupérer ton fils pour t'enfuir avec lui. Et la police te protégerait sûrement!

— Durant combien de temps pourrait-elle me protéger? Un an, deux ans peut-être? Et après? Je ne peux pas faire ça, crois-moi! Je suis sûre de ce que je dis. Je suis malheureuse et l'image de mon bébé me hante, mais je ne peux rien faire. Et ma montée de lait me fait encore souffrir.

— Je ne comprends pas pourquoi tu as aussi peur de ta famille. Je ne comprends pas non plus qu'ils aient réussi à te marier à seize ans sans ton consentement et qu'ils puissent maintenant te prendre ton bébé aussi facilement. Nous sommes à la fin des années soixante-dix, bon sang, Samia, pas au début du siècle. De plus, tu es en France et, ici, tu as le droit de dire non. Tu n'es plus en Algérie; en France, tous les gens naissent égaux, peu importe leur sexe.

— Tu ne comprends pas. Ma famille est la même en Algérie ou en France. À titre de parents, ils conservent leur pouvoir sur moi d'autant plus qu'ils s'entendent comme larrons en foire avec mon mari!

— Je ne comprends vraiment pas pourquoi tu fais tout ce qu'ils te dictent. Tu as presque dix-sept ans et, en plus, tu es maman. Moi, je ne permettrai jamais à personne de décider à ma place, pas même à mon mari que j'aime énormément.

— Je t'envie de pouvoir aimer ton mari et j'aimerais décider de ma vie comme tu le fais.

— Il n'en tient qu'à toi, Samia! Tu peux mener la vie que tu veux avec qui tu choisis. Regarde-toi! Tu es jolie, douce et gentille; tu as toutes les qualités qu'un homme recherche chez une femme.

— Je commence à douter de moi, tu sais. Mon mari me répète que je suis la moins jolie des filles qu'il a connues et que je n'ai rien pour attirer un homme. Selon lui, j'ai de la chance de l'avoir à mes côtés parce qu'aucun autre homme ne voudrait de moi.

— Ton mari est jaloux et il te rabaisse, car il ne veut pas que les autres hommes te regardent. Tu manques de confiance en toi et tu te soumets à ses exigences. Tu es très jolie et je veux que tu retrouves ta confiance en toi. Tu feras attention à ta coiffure, tu te maquilleras un peu et tu apprendras à mieux t'habiller. Si tu le désires, je t'amènerai chez mon coiffeur et je t'aiderai à choisir des vêtements qui conviennent à une jolie femme comme toi.

— Je ne crois pas qu'Abdel soit d'accord, car c'est lui qui choisit ma coiffure et mes vêtements.

— Maintenant, c'est lui et avant c'étaient tes parents! Quand vas-tu décider pour toi-même? Je commence à en avoir assez, Samia, j'essaye de te comprendre, mais je n'y arrive pas!

— J'avoue que c'est difficile à comprendre. Il aurait fallu que tu vives avec mes parents! J'espère me sortir un jour de cette misère, mais j'ignore quand et comment j'y parviendrai. »

Deux heures plus tard, mon mari revenait à la maison. Mécontent de la présence d'Amina, il passa à côté d'elle en l'ignorant.

«Je dois partir maintenant. Fais-moi signe si tu veux aller voir le médecin ou faire des courses, me dit Amina en guise de salutations.

— Tu te trompes, Amina! rugit mon mari. Samia n'ira pas chez le médecin ni aux magasins avec toi, c'est avec moi qu'elle ira! Allez! Oust! Hors de chez moi!»

Je restai paralysée et regardai ma copine quitter ma maison sans même la saluer. Par la fenêtre, je la vis me faire signe de lui téléphoner.

«Tu as profité de mon absence pour me désobéir encore une fois! cria Abdel en me saisissant par l'épaule. Combien de fois dois-je te répéter que je ne veux pas de cette catin chez moi?»

Après m'avoir giflée, il me lança contre le mur. Il m'ordonna ensuite de lui préparer du café.

Ce soir-là, je ne pus échapper à ce qui était devenu routine à la maison: coups et viol avec insultes. Il répéta que c'était parce que j'étais une incapable qu'il avait remis notre fils à mes parents et il me traita de déchet inapte à satisfaire un homme. Pour terminer, je devais le remercier parce qu'il m'avait évité de pourrir chez mes parents.

***

Mon fils me manquait terriblement. Je téléphonais quotidiennement à ma mère pour m'informer de lui, mais, un jour, elle me dit d'attendre qu'elle-même me contacte sous prétexte que mes appels perturbaient mon bébé.

Les jours se succédaient, mornes et tristes. Je servais mon mari et, en retour, j'étais battue et violée plusieurs fois par jour sans que personne le sache. Ma vie dépendait de ses humeurs dont je recevais le trop-plein. Je souffrais en silence.

J'en étais venue à souhaiter qu'il lui arrive un malheur. Dès qu'il sortait, j'espérais qu'il ne revienne plus, mais il rentrait chaque soir. Entendre sa clé tourner dans la serrure me faisait paniquer, tant j'appréhendais la suite des évènements.

J'étais constamment couverte de bleus; quand je sortais dans la rue, je devais porter des lunettes noires et des vêtements qui me recouvraient tout le corps pour éviter d'attirer les regards.

Si je voulais mettre le nez dehors, je devais demander la permission à Abdel et lui en donner la raison. Il lui arrivait d'accepter et d'oublier ensuite qu'il m'avait donné son accord. La punition était alors plus forte que d'habitude, car, selon lui, j'avais désobéi et j'étais sortie sans son consentement.

Souvent il me réveillait la nuit parce qu'il avait envie de faire l'amour ou parce qu'il me frappait pour un motif quelconque. Il pouvait m'accuser de faire semblant de dormir quand je devinais son désir! À plusieurs reprises, je crus que j'allais mourir parce qu'il m'étouffait avec son oreiller.

Plusieurs nuits, j'avais sollicité l'intervention de ma mère pour calmer mon mari, mais le résultat avait toujours été vain. J'avais beau lui dire qu'il avait failli me tuer et que je risquais la mort, selon elle, c'était moi la responsable, c'était moi qui l'énervais! C'était à moi de trouver la solution pour qu'il ne s'en prenne plus à moi. Elle me rappelait toujours que j'étais la femme et lui, l'homme, et que je devais le respecter.

Un matin, en préparant la table pour le petit-déjeuner, j'aperçus un chèque au nom de mon mari portant la signature de mon père. Le montant était important. Comme c'était le troisième que je voyais en l'espace de trois mois et toujours au même montant, je demandai des explications à mon mari.

« C'est en guise de reconnaissance, répondit-il vaguement.

— En reconnaissance de quoi?

— D'abord parce que je lui ai enlevé un gros poids en te prenant sous ma responsabilité et ensuite parce qu'ils sont contents d'avoir la garde d'Amir.

— Si je comprends bien, mon père te paye parce que tu m'as épousée et que tu lui as donné notre fils? répliquai-je, offusquée.

— Exact! Tu es intelligente quand tu veux!

— Pendant combien de temps vont-ils te payer? Si je meurs, vont-ils réduire le montant de moitié?

— Ne parle pas de malheur! C'est ça ton problème! Tu ne peux pas tolérer que tout aille bien! Tu me cherches et si tu continues comme cela, tu vas me trouver! » cria-t-il pour clore la discussion.

Bien sûr, je faisais allusion à ses continuelles menaces de me tuer. Il disait souvent : « Je vais te tuer puis je m'enfuirai en Algérie. Je dirai à tes parents que je l'ai fait pour venger mon honneur parce que tu avais un amant. »

Et je savais qu'il était parfaitement capable de le faire et qu'en plus, on le croirait. Il me rabaissait et m'humiliait aux yeux de tous pour ensuite mentir de façon à ce que les autres lui donnent raison. Je vivais dans la terreur et l'impuissance de changer quoi que ce soit.

***

Je me sentais très fatiguée depuis quelques jours et je dormais continuellement. Amina me fit réaliser que je pouvais être enceinte.

« Tu devrais aller voir un médecin et je me permets de te féliciter à l'avance! dit-elle joyeusement.

— Je ne sais pas quoi penser, Amina! Je serais ravie d'être enceinte et en même temps j'ai peur de l'être. Je crains que le cauchemar recommence!

— Je te souhaite une fille, juste pour toi, pour que tu puisses lui donner tout l'amour dont on t'a privée », ajouta-t-elle avec sagesse.

De tout mon cœur, je désirais une fille au risque d'être désavouée par mon entourage. Pour une fois, je pensais à moi. Ma fille resterait avec moi, car elle n'intéresserait personne. Je jurai qu'elle n'aurait jamais à subir ce que j'avais connu.

Le médecin me confirma que j'étais enceinte de quatre semaines. Le soir venu, j'annonçai la nouvelle à mon mari.

« J'espère que ce sera un autre garçon, car mon fils commence à me manquer. Une chose est sûre, je vais le garder, cette fois-ci, peu importe la somme d'argent qu'on pourrait me donner.

— Pourquoi ne fais-tu pas revenir ton fils, s'il te manque tant?

— Tu n'as rien à dire sur ce que je dois et ne dois pas faire. J'avais deux bonnes raisons pour accepter cette entente. D'abord parce que le montant d'argent est important; j'en envoie une partie à ma mère et nous nous gâtons avec le reste. Comme seconde raison, tu n'es pas assez mature pour élever un enfant. De toute façon, je suis capable de faire tous les garçons que je désire! »

Il n'avait vraiment pas idée de ce que représentaient une grossesse et un accouchement!

« Qui te dit que ce sera un garçon?

— Parce que je le sais! Tu n'as pas intérêt à ce que ce soit une fille, une ratée comme toi! Je ne veux pas subir ce que ton père a dû endurer avec toi! »

Au fond de moi, je sentais que j'allais avoir une fille; plus ma grossesse avançait, plus j'avais tendance à acheter des vêtements féminins que je cachais pour ne pas provoquer la colère de mon mari.

Il voulut m'accompagner pour l'échographie. Il m'avait dit que c'était pour «voir son fils et s'assurer qu'il allait bien».

Le jour du rendez-vous, je redoutais qu'éclate sa colère devant le médecin s'il voyait que son bébé était une fille. Il était aussi surexcité qu'un collégien qui attend le résultat d'un examen important. Je m'allongeai sur la table d'examen.

«Vous avez déjà un garçon, n'est-ce pas? demanda le médecin en souriant. Comme deuxième enfant, vous aurez une jolie petite fille, aussi jolie que sa maman!»

En entendant la nouvelle, mon mari quitta la pièce sans dire un mot.

«Votre mari ne semble pas content du résultat!»

En tout cas, moi je l'étais, même si je savais que j'aurais à en payer le prix en rentrant à la maison.

Mon mari avait quitté l'hôpital sans m'attendre. C'était de mauvais augure. J'appelai ma mère pour lui expliquer la situation et lui faire part de ma peur. Elle m'écouta à peine! Je la dérangeais avec mes histoires à dormir debout et, selon elle, j'avais toujours tendance à grossir le problème.

«Rentre chez toi et dis à ton mari que les médecins ne peuvent pas savoir. Seul Dieu connaît le bébé dans le ventre de sa mère. Dis-lui que j'ai rêvé que tu allais avoir un deuxième garçon.

— Comment va Amir, maman?»

Après un long silence, elle répondit qu'il commençait à s'asseoir de mieux en mieux sur sa chaise et qu'il mangeait toujours avec appétit. Ma mère n'aimait pas que je m'informe de mon fils, mais elle n'osait pas me l'interdire totalement.

Je faisais de moins en moins partie du cercle familial. Samia était au loin, casée chez son mari et mes appels les dérangeaient maintenant qu'ils avaient mon fils. Peu leur importait si j'étais souffrante ou si j'étais heureuse!

Je pris un taxi pour revenir à la maison. J'entrai sur la pointe des pieds pour passer inaperçue. Il m'attendait tel un grizzly affamé, au regard haineux. Je me pressai de lui raconter le rêve de ma mère. Je commençais à peine qu'un coup de poing me projeta à terre. Il me donnait des coups de pied au ventre en criant qu'il ne voulait pas d'une petite conne bâtarde comme sa mère, d'autant qu'il doutait d'en être le père. Il me traîna ensuite par les cheveux jusqu'à la chambre pour me violer.

Cette grossesse fut une succession de scènes de violence jusqu'à l'accouchement. Ma mère vint passer quelques jours à la maison pour m'assister, mais sans emmener Amir qu'elle ne voulait pas perturber! Elle avait espéré, jusqu'à la dernière minute, que je donne naissance à un deuxième garçon.

Dieu choisit d'exaucer ma prière. Après dix-sept heures de travail, je mis au monde une belle petite fille. Même si j'étais seule à l'admirer, j'étais heureuse parce que personne ne me l'enlèverait. J'allais la protéger contre tous et l'aimer comme j'aurais souhaité qu'on m'aime. Ma fille n'aurait pas à endurer mes souffrances!

Ma mère vint me rendre visite avec mon mari. Elle examina ma fille avec attention.

«Toute cette souffrance pour ça! déclara-t-elle méchamment. Cette petite a le visage d'un ange et je pense que, très bientôt, Dieu va la rappeler à lui.

— Dieu me l'a donnée, maman, il ne la reprendra sûrement pas! Dieu est bon et il sait combien j'ai désiré une fille pour l'aimer et la cajoler.

— Tu verras comme c'est l'enfer d'élever une fille. C'est la pire des punitions que Dieu peut nous infliger.

— Ma fille n'est pas une punition, mais plutôt une récompense. J'ai été patiente et mon souhait se réalise enfin. »

Surprise par ma réponse, ma mère se tourna vers mon mari.

« Abdel, entends-tu la façon avec laquelle ta femme s'adresse à sa mère? Est-ce toi qui lui as appris à me répondre ainsi?

— Ta fille a oublié l'éducation qu'elle a reçue et il va falloir y remédier. Et je ne lui ai pas appris à répondre ainsi à sa mère, bien au contraire! Je pense que madame Samia se donne des ailes depuis qu'elle vit en France.

— Écoute-moi bien, Samia. Que tu vives en Algérie ou en France, ça ne change rien pour nous. Il suffit que j'en glisse un mot à ton père et advienne que pourra! Personne ne te pleurera, pas même tes enfants... »

Ma mère repartit en Algérie avant que je sorte de l'hôpital. Elle n'avait pas de petit garçon à ramener! Après cinq jours d'hospitalisation, je quittai l'hôpital, le cœur gros, car je ne voulais pas revenir à la maison. J'avais peur de me retrouver seule avec ma fille en face de lui! Les autres couples semblaient heureux de quitter l'hôpital avec leur bébé, mais moi, j'aurais tout donné pour pouvoir y rester longtemps, car je m'y sentais en sécurité.

À cette époque, je croyais que j'étais la seule femme au monde à vivre un tel calvaire. J'ignorais que d'autres femmes aussi se faisaient violenter!

***

« Tu n'as pas de points de suture, j'espère!

— J'en ai quelques-uns seulement, beaucoup moins qu'à mon premier accouchement.

— Tu dois le faire exprès. Ça t'arrange, n'est-ce pas? Que dois-je faire? Me trouver une maîtresse peut-être? Comme je suis pieux et que je crains la colère de Dieu, je veux éviter ce péché. »

Je savais que mon mari comblait ses besoins avec d'autres femmes et j'acceptais facilement cette situation. J'en étais même contente, car, après en avoir rencontré une, il me laissait dormir. Je le laissai dire sans réagir.

Une fois à la maison, il me laissa avec le bébé et les paquets que je dus porter, un par un.

Je choisis d'appeler ma fille Norah, qui veut dire *lumière* en arabe. Au fil des ans, ma fille a toujours été et demeure encore la lumière qui éclaire mes décisions et qui m'aide à cheminer...

Ma petite Norah grandissait. J'étais fière de sa vivacité, de sa beauté, de son intelligence, de sa bonté et bien plus encore. Elle représentait tout pour moi. Elle était mon évasion et, aussi, le premier trophée que la vie m'apportait. Elle était mes projets et mon havre de paix. Je faisais tout pour lui éviter les sautes d'humeur de son père. Je m'organisais le plus possible pour qu'elle n'ait pas conscience des coups et des agressions dont j'étais la victime. Je souffrais en silence.

Mais il arriva, à de rares occasions heureusement, qu'elle fût témoin de la violence que je subissais. Je pense au soir où Abdel est rentré après avoir eu des problèmes au travail. Il était alors extrêmement tendu. Norah jouait devant la télévision tandis que j'étais en train de préparer une sauce dans la cuisine. Je tenais un verre rempli d'eau. Sans aucune explication, il me jeta à terre. Le verre se cassa et un éclat pénétra la paume de ma main. Je criai de douleur. Il y avait du sang partout, mais il continuait à me prendre de force! La petite nous regardait en pleurant et en suppliant son papa de se lever, car sa maman était pleine de sang. Il continuait à frapper. Je me cachais le visage pour me protéger des coups, mais je ne voyais plus rien; cependant, j'entendais les cris effrayés de ma fille.

Toute ma vie, j'ai fait tout ce que j'ai pu pour éviter de présenter à mes enfants l'image d'une femme battue et violée par leur père, mais quand il était en colère, Abdel n'avait plus conscience de l'univers qui l'entourait. Il oubliait aussi ses enfants. Il perdait le contrôle de ses gestes et, chaque fois qu'il me battait, je croyais que j'allais mourir! Il n'a jamais manifesté de pitié ou de remords une fois calmé. Après s'être défoulé sur moi, il se sentait tout simplement mieux. Je servais d'exutoire à sa colère.

Il refusa de m'accompagner à l'hôpital pour ma blessure à la main, car il craignait la réaction du médecin. Je me soignai seule en essayant de faire un bandage le plus serré possible autour de ma main.

J'étais très troublée par le fait que ma fille avait assisté à cette épouvantable dispute. Elle avait vu mon sang couler, elle qui avait déjà peur du sang. Durant la nuit qui suivit, je demeurai près d'elle, car son sommeil était très agité. Mon mari m'accusa d'avoir évité de coucher avec lui.

J'essayais de comprendre ses réactions et sa vision des choses, mais je n'y arrivais pas. Il avait une fixation sur le sexe, sans aucune considération pour moi.

***

Les années passaient et je ne vivais que pour ma fille. Les violences continuaient à pleuvoir sur moi. Quand je songeais au suicide, ce qui m'est arrivé à plusieurs reprises, l'image de ma fille me rattachait toujours à la vie. Que deviendrait-elle sans moi? Elle était fille, tout comme moi, et si je devais disparaître, elle deviendrait à son tour le bouc émissaire de tous ces tortionnaires.

Je ne sortais jamais sauf pour aller au jardin avec Norah. Quand elle commença l'école, je l'accompagnais dans ses allers et retours. Ces promenades quotidiennes me permirent de faire la connaissance de quelques femmes qui devinrent mes amies tout en me faisant découvrir de nouveaux horizons.

Je me maquillais légèrement et je soignais ma coiffure, ce qui m'amena à me sentir mieux dans ma peau. Même Abdel remarqua le changement.

Un matin, comme je sortais toute pimpante de la salle de bain, il prit le temps de m'observer.

« Pour qui te fais-tu si belle ? Qui est-ce ? Si jamais je te vois avec lui, je t'égorge comme un mouton devant tout le monde, même si je devais passer le reste de ma vie en prison. Mieux encore, je te dénonce à ton père et à tes frères et ils s'en chargeront à ma place. Ils t'égorgeront devant mes yeux et tu pourras dire adieu à tes enfants. »

Apeurée, je paralysai immédiatement. Il me donnait des frissons quand il prônait cette menace. Je savais pourtant que c'était une façon de se donner du pouvoir ; chaque semaine, je pouvais entendre le mot *égorger* ! Encore aujourd'hui, le simple fait de l'entendre me cause automatiquement des cauchemars la nuit d'après. Étonnant à quel point de simples menaces peuvent nous impressionner et nous marquer à vie !

***

Je voyais mes nouvelles amies, particulièrement deux d'entre elles, en cachette de mon mari. Un jour, il revint à la maison avant leur départ. Mes amies étaient mal à l'aise, car elles sentaient que j'avais peur de lui.

Elles voulurent partir, mais, à ma grande surprise, mon mari se montra très avenant en insistant pour qu'elles restent plus longtemps, car il avait à faire.

Qu'est-ce que cette réaction pouvait bien cacher? Je me méfiais de lui et je ne voulais pas me réjouir trop vite!

J'enviais mes copines qui pouvaient retrouver leur mari et leurs enfants sans avoir peur. Toute ma vie, j'ai envié les autres femmes et leur existence paisible!

Vers la fin de la soirée, Abdel rentra en affichant une humeur sereine et presque joyeuse! Il fit sauter Norah sur ses genoux, ce qu'il faisait rarement, en me demandant le nom de mes nouvelles amies.

«L'une se nomme Soraya et l'autre Salma, répondis-je, inquiète.

— Dis-moi laquelle est Soraya et laquelle est Salma. L'une a de l'allure et l'autre ressemble à une pute. Je ne veux pas que tu revoies celle qui a l'allure d'une prostituée. As-tu compris?

— D'accord, je ne la reverrai plus.»

Comment expliquer à mon amie que mon mari ne voulait plus que je la revoie sans mentionner la raison invoquée?

CHAPITRE VIII

Une troisième grossesse

Pour la troisième fois, des signes de fatigue m'annoncèrent que j'étais enceinte. Sans attendre qu'il s'en aperçoive, je l'annonçai à mon mari en jugeant que le plus tôt serait le mieux. Sa réaction fut relativement pondérée, par contre ma mère me servit ses sermons habituels.

«J'espère que cette fois tu donneras un garçon à ton mari! Qu'as-tu gagné en lui donnant une fille? À te faire détester davantage?

— Il agissait déjà de cette façon avant la naissance de Norah! Ce n'est pas de la faute de ma fille! répondis-je, fièrement. C'est une enfant agréable et elle ensoleille ma vie. J'aime ma fille et je ne l'échangerais pas contre tous les garçons du monde.

— Je trouve que tu as la langue bien pendue depuis quelque temps, répliqua-t-elle, insultée. Dieu merci, mon petit-fils Amir n'a pas à subir ta présence. Je savais que ma mission était de l'emmener loin de toi, car tu n'es pas une personne pure. Tu ne mérites pas l'homme pieux qui vit à tes côtés! Si tu portes une fille, je souhaite qu'elle et toi ne puissiez pas vous relever de l'accouchement. »

Ma mère avait décidément un grave problème par rapport aux filles en général. Je n'ai jamais pu en discuter avec elle. Quelque chose me disait que je ne pourrais jamais comprendre sa façon d'agir et qu'il n'existait aucune solution pour améliorer notre relation.

J'avais accepté – peut-être parce que je n'avais connu rien d'autre – qu'elle se déroule selon le rituel suivant: injures, haine et humiliation.

Mon accouchement étant prévu durant l'hiver, il avait été convenu qu'après, j'irais rendre visite à ma famille en Algérie. J'avais hâte de revoir mon fils et lui présenter sa sœur et le nouveau bébé. Ma jeune sœur et mes frères me manquaient, mais je n'étais pas sans savoir que ceux-ci se comporteraient de façon différente maintenant qu'ils étaient devenus des hommes!

La montée de l'intégrisme musulman avait apporté beaucoup de changements dans le pays et dans ma famille. Quand elles sortaient, les femmes devaient porter le niquab[4] et toujours être accompagnées.

Les membres de ma famille étaient plus extrémistes qu'avant, et mon père était devenu très fanatique au plan religieux. Comme il était déjà très dur et très strict avec moi avant ces changements, j'avais raison d'être inquiète. Malgré tout, j'avais hâte de revoir mon pays, ma famille, et surtout mon fils.

***

Ma deuxième fille, Mélissa, était un beau bébé aux grands yeux noirs qui faisait ma fierté ainsi que celle de sa grande sœur. Après cette troisième naissance, mon mari devint encore plus brutal et grossier. Quand il m'adressait la parole, il m'appelait *femme* plutôt que Samia.

«Toi! Femme, viens ici! Toi! Femme, fais cela!»

Notre maison n'entendait que des ordres, des réprimandes, des coups et des assauts. L'amour et la paix n'existaient qu'entre mes filles et moi. Je rêvais du jour

---

4. Grand voile en tissu épais noir, qui cache tout le corps féminin, y compris le visage.

146

où nous pourrions nous retrouver libres, toutes les trois, loin de ce mari violent! Cet espoir lointain m'aidait à endurer ma vie lamentable et décourageante.

À plusieurs reprises, je fis le rêve suivant: je me voyais seule avec mes filles dans une grande maison sans mari et sans aucun membre de ma famille. On riait et on dansait ensemble sans avoir peur. Quand je réalisais que ce n'était qu'un rêve, je pleurais et voulais continuer à dormir.

Nous reçûmes les billets d'avion payés par mon père pour mes filles et moi. J'étais partagée entre le désir de revoir ma famille et la crainte de ce qui pouvait arriver.

Toute ma vie, j'avais eu à payer le prix de ce qui m'arrivait de bien. Pour moi, chaque bonne nouvelle en cachait une mauvaise. Ma vie m'avait amenée à me méfier du bonheur! Dans ce cas, j'estimais que le jeu en valait la chandelle, car mon voyage me permettait d'échapper aux demandes incessantes d'Abdel et, aussi, de revoir mon fils.

J'avais hâte que le jour du départ arrive. Je répondais scrupuleusement aux désirs de mon mari de peur qu'il ne modifie sa décision. Ma mère m'avait souvent répété qu'une femme doit écouter son mari si elle veut recevoir les bénédictions de ses parents. C'était le prix à payer pour avoir droit à ma petite parcelle de bonheur. Je me sentais comme une enfant à qui on promet une surprise s'il est obéissant.

Puis ce fut le jour du départ. J'étais prête! Mon mari me prévint qu'il n'accepterait pas de rester longtemps seul. Il permettait une absence de quinze jours, mais j'aurais à payer cher un séjour additionnel. Je lui promis de revenir à temps, promesse que mes parents m'aideraient à respecter, j'en étais sûre.

***

Après deux heures de vol, notre avion atterrit à l'aéroport d'Alger. Un simple coup d'œil me suffit pour remarquer que le pays avait beaucoup changé. Le nombre de femmes voilées avait augmenté de façon impressionnante et elles se drapaient maintenant à la façon des Iraniennes en se cachant le visage avec un grand voile de couleur foncée. Et les hommes étaient habillés comme des Afghans. Ils portaient de longues tuniques blanches ou foncée sur des pantalons larges souvent de la même couleur ou d'une teinte contrastante. Une veste foncée, à manches courtes, complétait la tenue vestimentaire du vrai musulman! La majorité des hommes portaient la barbe.

Que s'était-il donc passé dans mon pays depuis mon départ, c'est-à-dire depuis mon mariage?

Mon frère m'attendait, mais c'est à peine si je le reconnus dans ses nouveaux vêtements algériens, lui qui s'habillait jadis à la fine pointe de la mode. Notre cousin, avec qui nous avions grandi, l'accompagnait et j'étais heureuse de le revoir. Je lui tendis la main, mais il refusa de la prendre. Selon lui, un homme pieux ne devait jamais toucher la main d'une femme, car elle représentait la tentation du diable. S'il le faisait, il s'écartait de la route d'Allah.

«Mais tu es comme un frère pour moi! Je ne vois pas en quoi cela pourrait déranger Dieu!

— Samia, tu t'écartes de la parole d'Allah! s'exclama mon frère sur un ton offusqué. Même si tu vis en France, tu ne dois pas oublier ta religion et tu dois suivre la voie tracée à la bonne musulmane! Tu devras aussi changer ta façon de te vêtir si tu veux t'éviter la réaction de notre père.»

Je pouvais comprendre que mon père ait changé; mon grand frère, non. Auparavant, il était pour l'égalité des sexes et il aimait s'amuser. Comment avait-il pu renoncer à sa joie de vivre? Et voilà que mon cousin, que je connaissais depuis ma plus tendre enfance, refusait de me donner la main sous prétexte que j'étais la tentation du diable! Décidément, je n'en revenais pas!

Avais-je bien agi en venant en Algérie? Je chassai cette idée. J'avais pris cette décision parce que je tenais absolument à revoir mon fils aîné.

Sitôt arrivée à la maison, Norah grimpa l'escalier à toute vitesse. Je me revoyais, à peine plus âgée qu'elle, dans ce même escalier, et déjà malheureuse! Pauvre de moi! Maintenant, même si ma situation s'avérait difficile, j'étais adulte et mieux placée pour tolérer la souffrance que la petite fille isolée et démunie que j'étais alors.

Ma fille se lança dans les bras de son grand frère. Ils semblaient contents de pouvoir enfin se connaître. Puis, Amir s'avança vers moi. J'étais intimidée par ce beau garçon aux cheveux foncés et à l'allure fière.

«Bonjour, Samia», dit-il.

Entendre mon fils m'appeler par mon prénom m'offusqua.

«Pas *Samia*, mon chéri, mais *maman*!

— Comment ça, *maman,* intervint ma mère. On appelle *maman* celle qui prend soin de son enfant tous les jours, tu ne crois pas!

— Bonjour, maman, m'empressai-je de dire pour mettre fin à cette discussion devant mon fils.

— Bonjour, ma fille! Comment s'est déroulé ton voyage?

— Les filles ont été agitées, elles n'ont pas l'habitude de voyager!

— C'est normal, si elles ont le caractère de leur mère, dit-elle en cherchant à mettre de l'huile sur le feu. Quand Amir a voyagé en Italie, il y a quelques mois, il a été tranquille durant tout le trajet. C'est vrai que les garçons sont plus calmes, plus compréhensifs et plus responsables que les filles!»

Décidément, son jugement me semblait très biaisé, mais ce n'était pas le moment de commencer une bataille rangée, d'autant moins que j'étais sur son territoire et que le combat était perdu à l'avance!

Puis nous rejoignit ma jeune sœur de douze ans, Amal, que je reconnaissais à peine. Dans ses yeux, je pouvais voir la lueur de détresse qui apparaissait.

Quand ma jeune sœur était née, j'avais demandé à ma mère ce que signifiait son prénom.

«Il signifie "espoir". Je lui ai donné ce nom justement dans l'espoir de ne plus jamais avoir de fille.»

Sa réponse m'avait éberluée.

J'embrassai ma sœur en voulant lui insuffler toute mon affection, car je sentais qu'elle en avait besoin. J'avais hâte d'en savoir plus sur ce qu'elle vivait ici et elle accepta immédiatement ma proposition de dormir avec elle.

Le moment était venu d'aller saluer mon père. Il avait vieilli et ses traits étaient plus tirés que dans mon souvenir.

«Bonjour, père!

— Bonjour, Samia», répondit-il sèchement.

Je m'assis en espérant un peu d'attention. Comme toujours, il regardait la télévision.

«Pourquoi restes-tu à côté de moi? As-tu besoin d'argent?

— Je n'ai besoin de rien, père. J'aimerais savoir si tout va bien pour toi!

— Ne t'inquiète pas pour ma santé. Plus toi et ton mari vivez loin, moins j'entends parler de vous et mieux je me porte!»

Je n'insistai pas. J'avais compris qu'un rapprochement, même infime, était impossible. Comme je me levais, il me demanda de rester.

«J'espère que tu fais tes cinq prières[5] tous les jours et que tu obéis à ton mari!»

Je ne priais pas, mais je n'osai pas le lui avouer.

«En bonne épouse, j'écoute mon mari et je fais tout ce qu'il me demande.

— Bon, c'est bien. Comme tu es en Algérie et dans ma maison, tu devras t'habiller de façon respectueuse. Je n'interviens pas quand tu es en France, mais ici, je suis responsable de toi devant Dieu! Et tu devras te voiler quand tu sortiras!»

J'acquiesçai puis me dirigeai rapidement vers la cuisine de crainte qu'il n'aborde une seconde fois la question des prières.

Dans la cuisine, j'eus le cœur chaviré en voyant Amir câliner sa petite sœur! Je m'assis à ma place d'antan autour de la grande table, ce qui me replongea instantanément dans mes souvenirs.

Ici, j'avais connu des moments difficiles, mais moins durs que ceux que je vivais maintenant avec mon mari. La vie m'apparaissait plus paisible et plus facile loin d'Abdel. Même si mes parents me traitaient comme une moins que rien et une pestiférée, je pouvais, au moins, dormir tranquille jusqu'au matin.

Les humiliations et les viols que me faisait subir Abdel m'étaient très pénibles. Ma mère me répétait qu'il réclamait son dû et que, si j'étais intelligente, je gagnerais en me laissant faire. Elle avait en partie raison, mais, malgré moi, mon corps réagissait dès qu'il me touchait. Je n'aimais pas Abdel et il réclamait du sexe jour et nuit!

Je n'avais pas le droit de m'endormir la première et

5. Les cinq prières s'adressent aux cinq piliers qui supportent la vie religieuse des croyants de l'Islam: la profession de foi, la prière rituelle cinq fois par jour, le jeûne du ramadan, le pèlerinage à La Mecque une fois dans sa vie et l'aumône rituelle.

je devais toujours me réveiller avant lui. Je devais deviner quand monsieur avait besoin de faire l'amour et demeurer à sa disposition jour et nuit. Si j'agissais ainsi, j'obtenais le titre de *bonne épouse obéissante* et je méritais une place au paradis. Accepter de servir d'essuie-pieds à mon mari me mènerait droit au paradis, c'était certain!

Je ne voulais plus servir d'essuie-pieds, ni à mon mari, ni à mes parents, ni à qui que ce soit dans la société!

J'aurais tant voulu posséder un tempérament fort, mais je me retrouvais dans la maxime de chez nous : l'œil observe et le bras est trop court. Je réfléchissais beaucoup, mais j'agissais peu, car je ne pouvais pas faire grand-chose.

Le soir venu, ma sœur me raconta comment se déroulait sa vie. Elle n'était pas très heureuse! Cependant, mes parents semblaient plus tolérants à son égard qu'ils ne l'avaient été avec moi et je le fis remarquer à ma sœur. Elle avait le droit de recevoir ses amies à la maison alors qu'on me l'interdisait formellement.

«Même si tu n'es pas d'accord avec certaines de leurs façons de faire, tu dois passer l'éponge et apprendre à t'y conformer. Sinon, tu risques de souffrir davantage.»

C'était la grande sœur réaliste qui parlait, celle qui voulait empêcher que les problèmes de sa sœur ne s'aggravent.

Les jours se succédaient trop vite à mon goût; je faisais en sorte de profiter de chaque instant passé avec mon fils et ma famille.

La pratique religieuse était plus marquée qu'avant. Le vendredi, tous mes frères et mon père allaient à la prière. Ils revêtaient des djellabas blanches pour l'occasion.

Et tous les jours, quand venait le temps de prier, mon père rassemblait toute la famille et je me joignais à eux pour ne pas attirer l'attention. Chaque soir, il nous enseignait une leçon de moralité et nous donnait des informations sur l'Islam. Les hommes se plaçaient à l'avant et les femmes derrière.

Selon mon père, Dieu souhaitait que chacun remplisse son rôle dans la vie. Je me permets de compléter : l'homme assume le rôle du roi et la femme, le rôle de l'esclave! Toujours selon mon père, ces rôles auraient été attribués par Dieu qui aurait également décidé que les pères et les maris sont responsables de leurs filles, de leur épouse et quelquefois même, de plusieurs épouses.

Quant au port du voile, je préférais demeurer à l'intérieur plutôt que de m'y conformer; quinze jours se sont passés sans que je mette le nez dehors.

Durant mon séjour, j'ai retrouvé les comportements de la petite fille obéissante que j'avais toujours été. Mon fils m'appelait Samia et je devais l'accepter, car je n'étais que sa conceptrice, comme l'avait fait remarquer ma mère! Et à ce titre, je n'avais pas le droit de donner mon point de vue sur l'éducation de mon fils, pardon, son fils!

Mon père pouvait-il intervenir auprès de mon mari afin qu'il me laisse dormir la nuit? J'hésitais à lui demander cette faveur, car je craignais sa réaction. Comme je n'avais pas grand-chose à perdre, je décidai de plonger.

Mon père était occupé à faire ses comptes. En m'apercevant, il posa son stylo.

« Qu'as-tu à me demander? »

J'ai répondu que notre couple avait un problème et que je voulais qu'il m'aide à trouver une solution.

Il enleva ses lunettes et m'invita à approcher.

Les mots sortaient facilement. Après lui avoir raconté comment les choses se passaient entre mon mari et moi, je formulai courageusement ma demande.

« J'aimerais, père, que vous disiez à mon mari de ne plus me battre la nuit et de me laisser dormir.

— Et pourquoi te bat-il? demanda-t-il sérieusement.

— Pour me réveiller. Selon lui, dormir plutôt que de satisfaire les besoins de son mari veut dire manquer à son devoir d'épouse.

— Comment oses-tu parler à ton père des problèmes sexuels que tu vis avec ton mari? Tu es tombée bien bas!»

Il me gifla de toutes ses forces.

«Ne compte pas sur moi pour l'en empêcher! Si j'interviens, ce sera pour l'encourager à user de plus de discipline à ton égard! Je me rends compte que j'aurais dû t'éduquer plus sévèrement!» continua-t-il en me traitant de tous les noms.

***

Puis arriva le moment du retour en France. La détresse au cœur, je repartais en emmenant mes deux filles et en traînant ma valise. Je quittais un mauvais rêve pour un cauchemar. Je ne pouvais m'en réjouir ni m'en attrister. Si j'avais eu le choix, je n'aurais pris ni l'un ni l'autre. Je rêvais d'une nouvelle vie pour moi et mes enfants, dans un monde sans problème et sans domination.

Mais ma réalité était bien différente! Mon séjour dans la famille m'avait clairement fait comprendre une chose : je ne pouvais compter sur personne d'autre que moi pour faire face à ma situation. Aucun de mes proches ne me soutiendrait.

J'avais maintenant la responsabilité de défendre mes filles contre la discrimination dont nous faisions l'objet, nous, les femmes musulmanes. Je pensais souvent à leur avenir. Je souhaitais qu'elles puissent se marier et vivre avec un homme qu'elles-mêmes choisiraient et aimeraient!

***

Mon mari nous attendait à l'aéroport. J'aurais tant voulu fuir le plus loin possible avec mes deux filles et disparaître à jamais! En prenant Norah, il se pencha pour murmurer à mon oreille, tout doucereux :

« Dis-moi que je t'ai manqué, chérie! Ce sera ta fête ce soir! »

Rien ne m'avait manqué et surtout pas lui!

Après avoir couché les enfants, j'étais en train de défaire les bagages dans notre chambre quand j'aperçus une serviette hygiénique souillée aux abords du lit. Avec une telle preuve, je pouvais accuser Abdel. Comme il ne pouvait nier les faits, il réagit agressivement en m'interdisant de m'immiscer dans ses affaires puis en m'accusant à mon tour.

« Tu as sûrement rencontré un homme là-bas! Et je suis sûr qu'à cause de lui, tu ne voudras pas te laisser faire ce soir! Tu as pris ton pied là-bas, n'est-ce pas? Raconte-moi ce que vous avez fait ensemble! Est-ce que son membre est plus gros que le mien? »

J'étais ahurie. Décidément, sa jalousie augmentait! Quand il se retrouvait dans cet état de folie passagère, je craignais le pire. Il alimentait son délire jusqu'à le laisser éclater sur son entourage!

« Tu n'es qu'une grosse salope quand tu rencontres des inconnus, cria-t-il vulgairement.

— Ne réveille pas les petites, s'il te plaît, demandai-je sur un ton calme. Je ne suis pas sortie une seule fois. Téléphone-leur si tu veux vérifier. Je t'en supplie, ne me frappe pas! Tu peux faire de moi ce que tu veux, mais, pour l'amour de Dieu, je te demande de m'épargner les coups.

— Fais-moi rire! Une salope qui invoque Dieu? Tu vas voir ce que les hommes font aux putains de ton genre. »

Il me jeta sur le lit. Après m'avoir dévêtue, il m'attacha les pieds et les mains et mit un bandeau sur ma bouche. Durant toute la nuit, il prit plaisir à me faire endurer mille supplices dégradants tout en me rouant de coups. Il but bouteille après bouteille jusqu'à tomber par terre, endormi et complètement ivre. J'étais ligotée, j'avais froid et mal partout. Au milieu de la nuit, j'entendis pleurer Mélissa, mais comme je ne pouvais aller la consoler, ses pleurs se sont prolongés au-delà de trente minutes.

Au matin, Abdel ouvrit les yeux. En m'apercevant encore attachée, il réalisa ce qu'il avait fait et me détacha en s'excusant. Je me recroquevillai sous la couverture en détournant le regard. Je ne voulais plus le voir, ni lui ni la vie qu'il me faisait endurer.

À l'époque, je cherchais à comprendre pourquoi les hommes étaient si méchants et si répugnants envers leur femme. Je croyais que la religion était responsable de leur attitude abusive. Aujourd'hui, Dieu merci, je vois les choses d'un autre œil. Avec le temps, j'ai appris que cet état de choses était dû au fait que plusieurs hommes ne voient en leur femme que la génitrice et la servante.

Ce matin-là, Abdel partit plus tôt qu'à l'habitude et sans dire un mot. Peut-être avait-il réalisé qu'il était allé trop loin, peut-être changerait-il pour le mieux? Mais j'en doutais. Sa violence avait des racines pro-fondes : il avait vu son père battre sa mère, lui donner des ordres et l'humilier.

L'histoire se répète de génération en génération. Pauvres de nous, les mères, les sœurs et les filles! De nos jours, l'espoir est possible, car la situation de la femme s'améliore malgré le désaccord de certains hommes!

Une heure plus tard, je me levai, car Mélissa récla-mait à manger. Après la nuit que j'avais traversée, j'avais besoin de me confier à quelqu'un. Ma mère, ce serait inutile. Amina peut-être? Mais je devinais déjà sa réaction. Elle serait très émue puis elle essaierait de me convaincre de déposer une plainte et de fuir avec les petites. Je refuserais encore une fois, car j'avais toujours aussi peur des conséquences. Quand je la voyais, j'avais mal, car j'étais envieuse de son énergie et de sa vie paisible auprès de son mari adoré. Ma vie me semblait alors encore plus difficile à endurer!

Pourquoi n'avais-je pas droit à ma part de bonheur comme tout le monde? À quoi bon appeler au secours? Pour qu'on vienne me faire la morale que je ne comprenais pas ou plutôt que je refusais de comprendre? Je cherchais à me convaincre que je ne devais compter que sur moi seule pour m'en sortir! Mais je n'agissais pas...

Durant toutes ces années, j'ai accepté cet homme en pensant à mes enfants. J'ai entendu ses commentaires négatifs et ceux de ma famille; j'ai subi leur contrôle. On m'ordonnait et j'obéissais. Tous autour de moi semblaient s'entendre sur les mêmes principes; j'étais la seule à penser différemment. Quand une personne se retrouve isolée, elle peut difficilement imaginer que tous ceux qu'elle côtoie peuvent être incorrects. J'hésitais entre deux possibilités: être la *folle* ou celle qui n'était pas *correcte*.

***

Comme j'aimais les enfants, j'avais ouvert une garderie privée que je gérais moi-même. Au fil des ans – Norah avait maintenant quatorze ans – le nombre d'enfants avait augmenté pour atteindre la trentaine. Je me sentais utile et je pouvais avoir des contacts avec des adultes, les parents. Mon entreprise marchait à merveille, mais à la fin de chaque mois, mes bénéfices se retrouvaient dans les poches de mon mari. Si je protestais, Abdel devenait plus violent.

J'étais convaincue de mon droit: je faisais un travail épuisant pour lequel il aurait été normal de recevoir un salaire que j'aurais pu garder pour moi, du moins en partie. Mon mari invoquait le fait qu'il avait besoin de l'argent pour son investissement en Algérie. Comme mon père était au courant, j'abordai la question en lui exposant mon point de vue.

«Ton mari investit pour votre avenir et toi, parce que c'est ton argent, tu veux le garder dans tes poches? Ton argent est celui de ton mari; toute femme musulmane doit donner son argent à son mari pour avoir sa place au paradis. As-tu besoin de cet argent? L'argent que je te donne ne te suffit donc pas?

— Je travaille fort pour gagner cet argent. Le remettre à Abdel pour qu'il le place je ne sais où, c'est inacceptable!

— Mais c'est pour l'avenir de la famille. Dans quelque temps, vous rentrerez en Algérie, car votre avenir est ici et non en France. Tu as deux filles et, crois-moi, la France n'est pas le pays idéal pour leur éducation. Dernièrement, j'ai eu une longue conversation avec ton mari et ta mère. Tous les deux m'ont fait remarquer à quel point tes idées ont changé depuis que tu vis en France. Je ne veux pas que ce changement affecte tes filles. Ton mari montera une grosse affaire en Algérie et, en tant qu'épouse, tu devras le soutenir et éduquer tes filles comme une bonne musulmane doit le faire.»

Je n'avais plus rien à ajouter! Encore une fois, mes parents et mon mari avaient comploté dans mon dos, sans que j'aie un mot à dire!

Comment annoncer ce départ aux enfants? Comment réagirait Norah, ma grande fille de quatorze ans, à l'idée de quitter son pays, son école et ses amies pour aller vivre en Algérie, où les mots liberté et avenir n'existaient pas pour une femme! Nous étions contrôlées ici, mais quel serait notre sort là-bas?

Ces derniers temps, mon mari avait beaucoup changé. Il laissait pousser sa barbe et récitait sa prière cinq fois par jour. Je ne pouvais plus sortir seule; il m'accompagnait toujours en voiture. Il refusait que je porte des pantalons, et mes robes devaient recouvrir mes genoux. Il me rabaissait de plus en plus en affirmant qu'il agissait ainsi pour obéir à Dieu.

Mais il n'obéissait certainement pas à Dieu quand il continuait de boire. Dans la religion musulmane, boire de l'alcool constitue l'un des plus grands péchés. Et quand il en prenait, il nous en faisait payer le prix.

***

Depuis mon séjour en Algérie quelques années auparavant, les mœurs s'étaient détériorées. Le terrorisme avait pris de l'ampleur, et les mentalités étaient devenues rigides et rétrogrades. Mon père et mes frères étaient plus stricts et religieux qu'auparavant. Je ne voulais pas que mes filles aient à endurer ce mode de vie.

Je fis part à mon mari de mon désir de rester en France à cause de nos filles, mais il voyait les choses d'un autre œil. Il me menaça de me tuer et de s'enfuir avec mes filles si je refusais de le suivre. Il s'en plaignit à mon père en insistant sur le fait que je perdais le sens religieux et le respect de nos traditions.

Mon père ne tarda pas à me rappeler. Il était furieux.

« Écoute-moi bien, Samia! Si tu ne suis pas ton mari en Algérie, j'irai en France pour t'égorger, même si je devais y être emprisonné à vie. Quand ton mari sera prêt, tu auras intérêt à le suivre! »

J'avais retardé le plus longtemps possible le moment de l'annoncer à mes filles, car je redoutais leur réaction, surtout celle de mon aînée. Je m'en voulais de ne pas avoir été capable de m'imposer et d'empêcher ce départ, moi qui voulais donner l'exemple d'une femme forte à mes filles! J'étais meilleure pour cacher les bleus par un mensonge que pour éviter les coups!

Quand Norah apprit la décision de son père, elle éclata en sanglots. Elle me supplia de laisser partir son père seul là-bas. Elle était sûre que, toutes les trois, nous serions capables de vivre seules, ici, sans personne. Si j'avais pu le faire, Dieu que je l'aurais fait sans hésitation, mais je m'en sentais incapable. Il y avait des moments où je me maudissais d'avoir laissé mon mari et mes parents briser mes espoirs, me détruire et essayer de détruire mes filles.

***

Mon père nous avait acheté une maison près de chez lui, à Alger. Comme c'était plus intéressant de faire des courses en France, j'avais décidé d'acheter plusieurs objets et meubles avant mon départ et de les expédier ensuite. Cette recherche avait pris beaucoup de mon temps. Je payais chaque achat, mais la facture était faite au nom de mon mari! Inutile d'en parler à mes parents, car je connaissais déjà leur réponse: l'argent de la femme musulmane appartient à son mari si elle veut se mériter une place au paradis et, si elle ne le fait pas, elle sera considérée impure et aucun homme n'acceptera d'en assumer la responsabilité.

Notre prochain départ me traumatisait. Que pouvais-je espérer d'un séjour en Algérie pour nous trois, à proximité de ma famille? En réalité, je n'espérais rien et j'avais peur d'en souffrir, mais je n'avais pas la force de réagir. J'obéissais pour avoir la paix!

Plusieurs fois, j'avais songé à demander l'aide des autorités françaises, mais la peur des conséquences m'en avait toujours empêchée. Cette peur inimaginable de ma famille et de mon mari occupait toute la place dans mon cerveau et empêchait tout jugement sensé. Je n'avais jamais pris de décision et je ne m'en sentais pas encore capable. J'étais toujours la toute petite fille que les adultes contrôlaient!

Norah me semblait très affectée par la perspective de notre départ. Elle ne voulait pas quitter ce pays qui était le sien. Elle était attachée à ses amies et ne voulait renoncer ni à ses habitudes ni à sa vie paisible en France. Je la tenais loin des problèmes! J'avais fait en sorte que sa vie ressemble le plus possible à celle des jeunes filles de son âge et, au besoin, je n'informais pas son père de certaines permissions que je lui accordais. Il m'arrivait d'en subir les conséquences, car mon mari me tenait responsable de tous les mauvais comportements de notre fille, du plus anodin au plus important.

Tous les après-midi, Norah rentrait à la maison en pleurant. Ses amis la suppliaient de rester, car ils ne comprenaient pas qu'une fille de son âge soit forcée de suivre sa famille. Je voyais que Norah me ressemblait. Même si elle était en désaccord, elle acceptait de respecter les décisions qui lui étaient imposées.

Mélissa, âgée de huit ans à l'époque, réalisait peu l'importance de ce changement.

« Tant que l'on restera ensemble, ici ou là-bas, tout ira bien, disait-elle en souriant. Nous serons en famille et je suis capable de me faire de nouvelles amies. Et là-bas, nous pourrons voir grand-papa et grand-maman plus souvent. »

Quelques jours avant notre départ, j'informai mes amies et les personnes avec qui je travaillais. Leur compassion me fit chaud au cœur. Mes amies les plus intimes me traitaient d'inconsciente devant le danger que représentait le terrorisme omniprésent en Algérie, au milieu des années 1990. Pourquoi n'ai-je pas été plus attentive à ces avertissements? Quand j'y repense maintenant, j'ai l'impression que le terrorisme dont j'étais déjà la victime dans ma vie quotidienne m'empêchait de voir celui qui sévissait dans le pays!

CHAPITRE IX

Mon retour en Algérie

Le vendredi 13 juillet, nous avons quitté la France pour l'Algérie, en bateau. C'était mon second voyage du genre. Comme le précédent, je craignais qu'il me conduise en enfer!

«Un vendredi treize! Cela nous portera malheur, maman! répétait Norah.

— Il ne nous arrivera rien, ma chérie. Nous rentrons au pays de nos ancêtres et je ferai tout ce qui est en mon possible pour que tu sois heureuse! Tu pourras fréquenter des écoles renommées et mener la vie dont tu rêves!»

Je faisais de belles promesses à ma fille sans être convaincue d'être assez forte pour les réaliser. J'étais sûre d'une chose : je protégerais la liberté de mes filles à n'importe quel prix.

En bonne musulmane que j'étais et pour avoir la paix, j'avais acheté avec le reste de mon argent une superbe voiture à mon mari qui l'avait qualifiée de *voiture de ses rêves*. Elle avait été embarquée sur le bateau.

Notre traversée durait vingt-quatre heures. Plus les heures passaient et plus la peur me tenaillait. Devant mes filles, je projetais l'image de celle qui se réjouissait de sa nouvelle vie, mais...

Je regardais mes filles jouer sur le pont du bateau quand une jeune femme m'aborda.

«Bonjour, je me nomme Amira et je rentre au pays

pour les vacances. Il paraît que le territoire est à feu et à sang et que le coût de la vie a doublé. Que Dieu soit avec nos frères et nos sœurs en Algérie! Il faut sûrement être courageux pour affronter cette vie!

— Bonjour, Amira, je m'appelle Samia et très bientôt j'aurai à connaître cette vie. Si j'en ai l'occasion, je pourrai vous dire comment on peut y parvenir!

— Vous resterez en Algérie? demanda la jeune femme, étonnée.

— En effet, Amira! Mon mari a décidé de rentrer au pays et je dois vous avouer que c'est malgré moi que je l'accompagne.

— Malgré vous, expliquez-moi! De nos jours, nous ne sommes plus forcées de faire ce que nous ne voulons pas, remarqua-t-elle pertinemment.

— Mon mari est violent et mon père est pire encore; je vis dans la terreur. Ma vie est contrôlée depuis ma naissance!

— Si vous étiez contrôlée en France, vous le serez mille fois plus en Algérie. Retournez en France avec vos filles pendant que c'est encore possible. En Algérie, une femme peut être tuée sans que personne s'en rende compte! En France, les autorités peuvent vous venir en aide, mais pas en Algérie!

— Je ne réalisais pas que la situation était devenue aussi dangereuse. Comment assurer la sécurité de mes filles? Que faire maintenant? Nous arrivons dans moins d'une heure. Je me rends compte combien j'ai été inconsciente d'accepter leur décision, mais je me sens tellement impuissante seule devant eux. »

Je me mis à pleurer. Cette jeune femme m'avait fait réaliser l'ampleur de mon inconscience. Je voulais faire marche arrière, mais j'étais prise au piège. Je regrettais ma décision de ne rien faire... Dieu que j'étais naïve et faible devant ma famille! En acceptant de poser les pieds en Algérie, je devenais responsable de ce qui pourrait arriver à mes filles.

«Samia, laissez-moi vos coordonnées! Quand je retournerai en France après mes vacances, je verrai ce que je peux faire pour vous et vos filles. Votre histoire me révolte. En attendant, je vous souhaite bien du courage. Que Dieu vous aide!»

Amira m'apportait une lueur d'espoir. Si les choses tournaient mal, elle pouvait nous aider. Je lui donnai les coordonnées de mes parents, car j'ignorais ma nouvelle adresse. Je lui en ferais part dès que possible. Amira me salua chaleureusement et je sentais que mon histoire l'avait touchée.

Il était trop tard pour reculer; je ne pouvais qu'avancer et je devais le faire prudemment.

Mon mari me cherchait partout, car l'heure du débarquement approchait.

«Tu peux profiter de tes vêtements encore une journée, dit-il ironiquement. Tu devras bientôt dire adieu à tes jeans et à tes jolies robes courtes.»

Mon arrivée au pays commençait bien! Bienvenue en Algérie, terre de l'Islam, de la tolérance et de la paix!

J'honore ma religion, l'Islam, car c'est une religion simple et tolérante, qui mérite le respect, mais je critique ceux qui interprètent et déforment les parties des versets coraniques qui concernent la femme. Pauvres de nous, femmes musulmanes!

***

Une fois le bateau accosté, notre auto put être déchargée. Abdel était tout fier de nous conduire: il faisait l'important. Nous nous sommes rendus, en premier lieu, chez mes parents.

Mélissa se hâta de retrouver sa grand-mère et son

frère tandis que Norah et moi traînions en arrière. Abdel remarqua notre manque d'empressement.

«Tu ne dois pas te sentir à l'aise, n'est-ce pas? demanda-t-il, perspicace pour une fois. Te voilà au Pays du Juste, gouverné selon les vraies lois islamiques. Dorénavant, tu devras faire attention à ta façon de te comporter et surtout faire attention à ta façon de répondre. Avoir la langue bien pendue peut t'attirer beaucoup de problèmes!»

Norah et moi grimpâmes l'escalier, main dans la main. Je lui souriais pour la rassurer, mais aussi pour me réconforter. Elle sourit à son tour, mais je savais que son sourire cachait une profonde tristesse!

En nous apercevant, ma mère se força pour afficher un sourire de circonstance et je la saluai poliment.

Puis je serrai affectueusement mon aîné de quinze ans, un beau grand jeune homme obéissant. Il avait atteint un âge où un jeune peut se faire une opinion personnelle. Après m'avoir montré sa chambre dont il était très fier, il m'invita à m'asseoir. Mais qu'est-ce qui pressait tant?

«J'ai pris une décision, Samia! dit-il sur un ton affirmatif. Je n'irai pas vivre avec toi dans votre nouvelle maison. J'aimerais rester toute ma vie avec maman Warda!

— Écoute, Amir! Ta mère, c'est moi, et Warda, c'est la mienne, donc c'est ta grand-mère, lui rappelai-je pour la nième fois.

— Non, Samia! Ma mère est celle qui m'a élevé depuis ma naissance et non pas celle qui m'a seulement porté dans son ventre. Toi, tu es la mère de mes sœurs et je ne ressens rien pour toi.»

Je me retrouvais devant un fait accompli: mon fils avait subi un lavage de cerveau. Il croyait que je l'avais abandonné à ma mère, au moment de sa naissance. Il ne voulait pas entendre ma version des faits et, déjà, j'étais discréditée à ses yeux avant même d'avoir pu lui dire un seul mot.

« Amir, je ne te forcerai jamais à faire une chose que tu n'as pas envie de faire. Tu auras toujours ta chambre chez moi et, si tu éprouves le besoin de venir à la maison, tu seras toujours chez toi. Sache que je t'aime autant que j'aime tes sœurs. »

Je le quittai à regret pour retrouver les autres dans la salle de séjour. Ma mère me regarda d'un air inquisiteur, mais je n'avais pas de comptes à lui rendre. Ensuite, je la vis embrasser Amir après que celui-ci lui eut parlé à l'oreille. Elle pouvait être fière : elle avait été une bonne enseignante et il avait bien appris sa leçon de fils obéissant. Je n'avais plus de place dans son cœur. Pour mon fils, je n'étais qu'une femme parmi tant d'autres, rien de plus. Dorénavant, l'amour qu'il portait à ses sœurs devenait le seul lien qui existait entre nous.

Mon mari s'entretenait avec mon père dans une autre pièce. J'étais curieuse de voir ma nouvelle maison et je désirais me reposer du voyage. Une fois leur discussion terminée, Abdel me fit venir pour éclaircir certains points. La situation devait être importante, car me permettre d'assister à la discussion était exceptionnel. Je m'attendais au pire. Mon père prit le temps de me détailler sous tous les angles avant de continuer son propos.

« Samia, je te parle devant ton mari, car il doit entendre ce que j'exige de toi. Il devra s'assurer que tu exécutes ce que je te demande. Oublie tes vêtements actuels ! Je veux que tu portes l'hidjab[6] à partir de maintenant. Tes filles ne doivent plus porter de vêtements moulants ni de robes courtes. Elles devront cacher leur derrière sous de longues chemises. Je veux que tu

---

6. Vêtement, en particulier grand voile, que doit porter la femme musulmane pour se préserver des regards étrangers ou indélicats.

167

élèves tes filles selon nos mœurs, nos traditions et le respect de la religion.

— Si tu n'obéis pas, continua-t-il, la loi nous permet, à ton mari et à moi, de te punir, et personne d'autre ne pourra intervenir en ta faveur. Vous n'êtes plus en France! Si tu as besoin de précision, nous sommes là pour te guider. »

Je demeurai bouche bée pendant que ces paroles s'infiltraient en moi. Je n'étais pas d'accord, mais je devais me conformer. Le piège se concrétisait. J'étais devenue prisonnière à vie dans ce château, sans espoir de m'évader un jour. Dans ce pays, mon pays, impossible pour mes filles et pour moi de vivre libre et en paix.

Après cette mise au point désolante, Abdel nous conduisit à notre nouvelle maison qui se trouvait dans un quartier militaire sécuritaire, à proximité des rues où sévissait le terrorisme. La maison de style colonial était impressionnante. On y trouvait tout le luxe et le confort espérés, mais ses murs me confirmaient que j'aurais à vivre désormais dans une cage dorée.

Je savais déjà que ma famille était intransigeante à mon égard. Plus les jours passaient et plus je réalisais la rigidité de leur attitude envers moi. Pour eux, j'étais celle qui recherchait inconsciemment le mal et l'enfer. Par contre, ils voyaient en mon mari l'homme pieux qui voulait m'éviter l'enfer du Jugement dernier. Mes parents donnaient les pleins pouvoirs à mon mari pour me corriger, car, peu importe la situation, je le méritais et je l'avais même cherché.

Et si mon mari ne parvenait pas à se faire obéir, nous irions en enfer tous les deux. Moi, j'irais parce que je l'aurais mérité, et lui, parce qu'il n'aurait pas su m'empêcher de faire des erreurs.

Tout était prétexte à Abdel pour qu'il abuse de son pouvoir sur moi. Une nuit, il se réveilla vers quatre heures du matin, me prit par les deux seins et me lança hors du lit. J'eus une côte fêlée et très mal aux seins durant les jours suivants. Il m'accusa de m'être endormie avant d'avoir rempli mon devoir d'épouse. Abdel était plus violent que jamais. Tous les soirs, il rentrait saoul à la maison. Il me battait et me violait. Dès que j'entendais la clé tourner dans la serrure, j'avais l'impression qu'un loup affamé revenait sur son territoire. Tous les jours, je priais Dieu de faire en sorte qu'un faux barrage l'arrête ou qu'il meure d'une balle perdue. J'allais jusqu'à souhaiter la venue des militaires pour m'annoncer sa mort.

Nous avions terriblement peur de lui. J'étais à bout et mes filles en souffraient. Je ne parvenais plus à leur cacher ses assauts. Elles cherchaient à me venir en aide, et leur sommeil était devenu très perturbé. En effet, la nuit, elles se levaient en faisant semblant d'aller à la salle de bain située près de ma chambre. Quand elles entendaient des coups ou mes pleurs, elles intervenaient en faisant tout ce qui était en leur pouvoir pour calmer leur père.

***

Ma situation s'aggravait de jour en jour; j'avais prévenu ma mère que ma vie était en danger. Une nuit, il me ligota et colla du ruban adhésif sur ma bouche pour m'empêcher de crier. En voyant son regard haineux, je crus ma dernière heure arrivée.

«Salope, je vais te tuer! Tes bâtardes ne pourront ni t'entendre ni venir nous déranger. J'espère que tu finiras par comprendre que je suis ton maître et que c'est moi qui commande.»

Il me viola et me battit jusqu'à ce qu'il soit épuisé.

«As-tu bien compris ta leçon?» demanda-t-il sur ton dominateur.

Il enleva alors brusquement le ruban de ma bouche.

«J'ai tout compris. Veux-tu me détacher, s'il te plaît, car j'ai besoin d'aller aux toilettes?»

Il me suivit pour mieux me surveiller. Rapidement, je pris la direction de la chambre des filles. Comme j'arrivais, il me saisit par les cheveux et me tira vers l'arrière. J'avais cependant eu le temps de donner un bon coup de pied sur leur porte. Mes filles, réveillées par tout ce vacarme, sautèrent sur lui et le firent tomber à la renverse. Ensuite, elles me traînèrent jusqu'à leur chambre et verrouillèrent la porte.

«Ouvrez, bâtardes! cria leur père. Toutes les trois, vous êtes en train de commettre la plus grosse erreur de votre vie; vous irez tout droit en enfer. Et je vais vous aider à y aller plus tôt que prévu! Je vais arroser la maison d'essence et y mettre le feu. Vous brûlerez ensemble! Je m'en lave les mains devant Dieu et ses hommes. Je ne suis pas responsable de votre désobéissance envers Dieu. Qui vient du diable retournera au diable!

— Norah, laisse-moi sortir, car il pourrait mettre son projet à exécution! J'ai peur pour vous deux!

— Non, maman, il faut que tu restes ici! Il ne fera rien. Ce ne sont que des paroles en l'air. Tu n'es pas seule, nous sommes là et il n'a pas le droit de s'en prendre à nous, car il pourrait être poursuivi. D'ailleurs, il y a plein de militaires aux alentours qui pourraient nous venir en aide. Si tu avais été seule, il aurait pu inventer une histoire de déshonneur, mais nous sommes là comme témoins. Personne ne quittera cette pièce.»

J'étais fière de ma fille. Elle était si courageuse! Moi qui la voyais comme ma copie conforme, je me trompais et j'en étais contente. Je découvrais en elle une femme forte, capable de dépasser sa peur pour affronter la folie de son père et lui tenir tête. Ce que moi, je n'avais jamais pu faire!

La nuit se termina sans qu'Abdel mette sa menace à exécution. Norah ne s'était pas trompée. Au petit matin, elle sortit prudemment pour s'assurer de l'absence de son père.

«La voie est libre, maman, tu peux sortir. Nous sommes seules.»

Comme mes parents étaient en voyage, je racontai toute l'histoire à mon frère aîné. Il ne fut d'aucun secours. Selon lui, j'étais responsable parce que j'avais rendu mon mari à bout.

Qui pouvait m'aider? Je craignais le retour d'Abdel. Je ne voulais plus qu'il revienne à la maison; je ne voulais plus le voir! Et mes filles étaient du même avis!

Après avoir pesé le pour et le contre, je décidai de porter plainte à la police et de demander sa protection.

Je mis mon voile et, avec mes filles, je me dirigeai vers le commissariat le plus proche.

«J'aimerais déposer une plainte, monsieur l'agent», dis-je timidement.

Je n'étais pas convaincue d'avoir pris la bonne décision, mais je devais essayer, car nos vies étaient en danger!

«Encore une! s'exclama le policier sur un ton moqueur. Que vous a-t-il fait, votre mari? Vous a-t-il battue?

— Oui, il m'a battue et violée. Ensuite il a menacé de nous brûler vives.

— Madame, ce ne sont que des menaces, des paroles en l'air pour vous faire peur. Ce n'est rien à côté des problèmes que connaît notre pays. Si nous devions arrêter tous les maris algériens qui battent leur femme, tous les hommes seraient en prison.»

Il me fixait toujours de ses yeux moqueurs.

«Je ne pense pas que tous les hommes battent leur femme. Je suis venue vous voir en croyant que votre rôle était de nous défendre, car notre vie est en danger.

— Croyez-vous que votre mari soit un terroriste? demanda-t-il, avec plus de sérieux cette fois.

— Il a des idées intégristes, mais je ne crois pas qu'il soit un terroriste.

— Bon! Affaire conclue, madame! Rentrez chez vous et réglez vos chicanes de couple entre vous. Et un petit conseil : la prochaine fois que vous aurez à mettre le voile, placez-le convenablement de façon à ne pas laisser paraître vos cheveux. Soyez digne du voile que vous portez, ou alors, ne le mettez pas. »

Comme je n'étais pas habituée à porter le voile, il avait légèrement glissé pour laisser paraître mes cheveux. Je le réajustai et je ne pus m'empêcher d'ajouter :

« Est-ce que vous attendez qu'un mari tue sa femme pour intervenir?

— S'il vous tue, demandez à l'une de vos filles de nous appeler », répondit le policier avec arrogance.

J'étais convaincue qu'il n'y avait rien à espérer de sa part!

Cette faible lueur d'espoir s'était éteinte. Je me sentais à nouveau condamnée. En marchant dans la rue, je pouvais constater à quel point le changement avait été radical. Les gens que nous croisions nous dévisageaient, car ils devinaient que nous n'étions pas d'ici, que nous étions des immigrées, des étrangères aux idées libertines.

Des hommes barbus, en tenue afghane, murmuraient sur notre passage. J'entendais les mots *France*, *immigrées*... et j'étais de moins en moins rassurée, dans mon propre pays.

Dieu merci, il restait encore des hommes qui s'habillaient à l'occidentale, mais leurs idées devaient s'apparenter à celles de leurs compatriotes habillés autrement.

Nous hâtâmes le pas. Une fois à la maison, je me débarrassai de mon voile épais et, ensemble, nous nous sommes mises à réfléchir à une nouvelle solution.

« Et si toutes les trois, nous quittions ce pays, qu'en penses-tu? proposa Norah. Je ne veux plus rester ici.

— Ton idée est excellente, mais comment l'appliquer?

— Nous prenons le moins de bagages possible afin de nous déplacer plus rapidement. Tu as nos passeports et suffisamment d'argent pour acheter nos billets... Et adieu l'Algérie. Réfléchis, maman, c'est la meilleure solution.

— D'accord! Nous tentons le tout pour le tout! Je téléphone pour réserver des places sur le premier vol en direction de Paris, demain matin.

— Et s'il recommence ce soir, maman? demanda Mélissa avec beaucoup d'à propos. Et s'il met le feu pendant notre sommeil! J'ai peur!

— Ne crains rien, ma chérie! Je serai très gentille ce soir et je ferai tout ce qu'il demandera. Et demain matin, dès qu'il partira travailler, nous finirons nos préparatifs et nous nous envolerons. »

Mes filles m'insufflaient le courage de tout quitter et le plus tôt serait le mieux. Dorénavant, seule la liberté m'importait et je me sentais prête à risquer ma vie.

J'avais réservé trois places sur le vol de onze heures, le lendemain matin. Nos projets se concrétisaient.

Durant toute la journée, nous attendîmes le retour d'Abdel avec crainte et anxiété. Il arriva en conquérant, les yeux rouges à faire peur! Il prenait plaisir à nous impressionner; c'était sa façon d'afficher le pouvoir qu'il avait sur nous.

«Samia, viens dans la chambre; j'ai à te parler. Vous, les filles, attendez ici. J'ai des affaires importantes à régler avec votre mère. »

Le ton d'Abdel n'admettait aucune discussion et d'ailleurs je n'en avais aucunement l'intention. Je priais silencieusement.

«Écoute-moi, dit-il sur un ton solennel. Je veux que tu ailles chez le notaire et que tu mettes cette maison à mon nom. Je ne connais aucun homme qui habite chez sa femme! Je ne suis pas un homme si j'accepte cela plus longtemps! »

Abdel m'apportait le motif parfait pour le faire attendre jusqu'au lendemain. En plus, c'était la première fois de ma vie que je me sentais importante devant lui. Il me demandait gentiment de lui donner ma maison pour que monsieur se sente chez lui, à l'instar des autres hommes! Je pris une grande respiration avant de répondre.

«Je ne dis pas non, mais j'aimerais attendre le retour de mes parents pour leur demander leur accord. Rappelle-toi, cette maison m'a été offerte par mon père.

— Tu as raison, nous devons attendre leur retour. Mais toi, es-tu vraiment d'accord avec mon idée?

— Oui, je le suis, car tout ce qui est à la femme est à l'homme», répondis-je le plus candidement possible.

Il était content de ma réponse, tout en étant un peu surpris de l'ouverture d'esprit dont je faisais preuve tout à coup.

«Tu as raison, reprit-il en hochant la tête de satisfaction, tout ce qui est à toi est à moi. Tu es une bonne épouse dans le fond; je ne regrette plus de t'avoir mariée.»

Il quitta ensuite la pièce. Je me découvrais des talents de comédienne maintenant! Je retrouvai mes filles qui étaient impatientes d'en savoir plus. Je les mis au courant de l'entente qu'Abdel et moi avions prise au sujet de la maison. Norah était offusquée de voir que son père ne songeait qu'aux biens matériels plutôt que de s'excuser de son comportement inacceptable de la veille!

«Écoutez, les filles, pensons plutôt à notre projet. Préparez vos bagages; limitez-vous à deux ensembles, un pyjama et vos articles de toilette.

— J'aimerais emmener Balou, mon nounours!» insista Mélissa.

Soudain, je revis ma mère qui m'arrachait Câlin, et une immense tristesse m'envahit.

«Mais bien sûr, ma chérie! Nous ne partirons pas sans Balou, c'est certain!»

174

J'entendis mon mari qui se dirigeait vers la cuisine; j'adressai un signe discret à mes filles en changeant le sujet de conversation:

« Demain, l'école va recommencer. Avez-vous hâte d'aller à l'école dans votre nouveau pays? Comme en France, on vous préparera à votre avenir. Vous apprendrez également à aimer Dieu ainsi que les bonnes manières qu'une jeune fille se doit de connaître.

— Je veux être fier de vous, demain! J'aimerais entendre les hommes dire, en vous montrant du doigt: "Ces filles bien élevées sont les filles de monsieur Abdel Adibe" », ajouta leur père.

On m'avait répété ces mêmes paroles tant de fois auparavant! Quel choc de les entendre à nouveau, prononcées exactement de la même façon qu'à l'époque, mais adressées à mes filles. Non, je ne voulais pas que l'histoire se renouvelle! Mon projet de fuite devait se réaliser! Je devais quitter ce fichu pays avec mes filles. Au diable l'honneur de la famille, la peur de mon père et de mon mari! Au diable le pays tout entier! Plus rien ne me faisait peur!

L'espoir au cœur, chacune de nous regagna sa chambre pour tenter de dormir malgré son excitation. Mon mari était tellement satisfait d'avoir ma maison qu'il ne m'a rien imposé de la nuit!

Le lendemain matin, Norah me réveilla.

« Maman! Réveille-toi, il est parti. »

Elle arborait un immense sourire. En arrivant dans la cuisine, je vis que le petit-déjeuner avait déjà été préparé! Quelle belle surprise!

« Merci, les filles! Est-ce pour fêter notre départ?

— Non, maman, notre victoire prochaine, si Dieu le veut!

— Ne crions pas victoire avant l'heure, Norah. Prions Dieu de nous aider dans nos démarches! »

Après le petit-déjeuner, nous avons rassemblé, dans

un seul sac, ce que nous avions décidé d'emporter et, ensuite, un taxi nous conduisit à l'aéroport.

Sur place, nous attendîmes notre tour à la douane.

« Madame, montrez-moi vos papiers s'il vous plaît », demanda le douanier, d'un air las.

Après avoir examiné nos papiers, il me fixa sérieusement. Je me sentis défaillir.

« Madame, montrez-moi l'autorisation signée par le père des filles pour leur permettre de quitter le pays.

— Je ne l'ai pas, car leur père est en France. Nos vacances sont terminées et nous rentrons le rejoindre.

— Nous avons absolument besoin de l'autorisation de sortie signée par le père de vos filles. Vous pouvez lui demander de nous la faire parvenir par notre consulat. »

Bon Dieu! Quel oubli! Mélissa éclata en sanglots et se réfugia dans mes bras.

« Ne pleure pas, Mélissa, intervint Norah. Cela n'arrangera pas notre situation! Il faut chercher une autre solution maintenant! »

Mélissa sanglotait de plus belle. Rien ne la calmait. Norah la serrait dans ses bras pendant que je réfléchissais.

C'est alors qu'un douanier nous remarqua, car c'était difficile de nous ignorer! Il s'approcha pour nous parler discrètement.

« Madame, voici mon numéro de téléphone. Appelez-moi, car je peux faire quelque chose pour vous. Ne me parlez pas maintenant, il ne faut pas qu'on nous remarque. J'attends votre appel demain matin. »

Il s'éloigna. Sans plus tarder, nous sommes rentrées à la maison en taxi sans que personne ait pu remarquer quoi que ce soit.

Nos bagages furent défaits et bientôt disparurent toutes les traces de notre escapade à l'exception d'un numéro de téléphone. Est-ce que je faisais bien de le rencontrer, car je risquais ma réputation? Comment m'y prendre? Il était inutile de me casser la tête maintenant, car je devais attendre pour en savoir davantage.

Mon mari revint à la maison de mauvaise poil. Il était un homme dont l'humeur imprévisible pouvait changer d'une minute à l'autre, comme la pluie et le beau temps. On ne savait jamais à quoi s'attendre.

« J'ai failli recevoir une balle en rentrant à la maison, dit-il, bouleversé.

— Raconte-moi.

— Je roulais quand j'ai aperçu un barrage militaire. J'allais m'arrêter, mais, à la dernière minute, je me suis rendu compte que c'étaient des terroristes et non des militaires. Je me suis enfui à toute vitesse, comme un fou. Ils ont tiré sur la voiture, mais ils n'ont pas réussi à me toucher. Je t'assure que je l'ai échappé belle. C'est devenu vraiment trop dangereux ici!

— On n'a qu'à retourner en France.

— Tu veux qu'on retourne en France, c'est ça! Retrouver ta liberté et vivre comme les Françaises en oubliant ta religion et tes racines. Pas question! Nous resterons ici toute notre vie. De toute façon, les assassins se feront capturer et la religion vaincra le terrorisme; nous pourrons continuer à vivre en paix dans notre pays selon nos valeurs et les lois islamiques. »

C'était très clair! Mon mari était décidé à rester en Algérie! Tant pis, mes filles et moi en avions décidé autrement et j'étais prête à tout pour gagner notre liberté.

Au coucher ce soir-là, Abdel me demanda, encore une fois, si j'étais d'accord pour lui donner ma maison. Je lui rappelai que nous devions attendre le retour de mes parents. Je cédai ensuite à ses caprices, car je ne voulais pas que des traces de violence attirent l'attention des douaniers. Je ne pensais qu'à mon contact du lendemain!

À la première heure, après le départ de mon mari, je téléphonai à l'agent des douanes.

«Bonjour! Vous souvenez-vous de moi? demandai-je.

— Oui, bien sûr. Voulez-vous que je vous aide à quitter le pays?

— Certainement! Et à n'importe quel prix!

— Alors, nous sommes d'accord! Pour vingt mille francs français, je peux vous procurer une fausse autorisation qui permettrait à vos filles de quitter le territoire.

— C'est d'accord. Quand? Et où?

— Aujourd'hui, si possible. Vous me donnerez le montant au café de la place Audin, situé sur le coin. Pouvez-vous m'y rencontrer vers quatorze heures?

— Ça me convient. Quand aurai-je mon papier?

— Je remettrai l'argent au commissaire qui préparera le document. Vous l'aurez deux jours plus tard.

— Merci beaucoup, monsieur. Je serai au café avec l'argent vers quatorze heures.»

Je mis mes filles au courant en leur demandant de m'accompagner au rendez-vous. Je prenais un risque énorme en acceptant de rencontrer un inconnu dans un café. Je mettais ma vie en danger.

Le moment venu, je me voilai – pour cette fois, j'étais contente de porter le voile! – puis mes filles et moi avons pris un taxi. Le douanier m'attendait dans le café en fumant une cigarette.

«Je ne veux pas m'attarder. J'ai besoin de savoir si l'autorisation que vous me procurerez sera vraiment conforme aux exigences. Je veux une garantie que je pourrai quitter le territoire avec mes deux filles.

— Ne vous inquiétez pas! Ce n'est pas la première fois que je fais ce faux document. Donnez-moi les noms, les dates de naissance de vos filles et les coordonnées de votre mari et tout est réglé dans deux jours.»

Je lui fournis les renseignements demandés. Je

devais le contacter le lundi suivant pour convenir de l'endroit où il me remettrait le faux document.

«Je vous fais confiance. De toute façon, je n'ai pas d'autres solutions. Vous êtes mon dernier espoir.»

Je lui remis la somme de vingt mille francs français équivalant environ à cinq mille dollars canadiens. Je lui remettais la quasi-totalité de la somme que j'avais prévu emporter en France. Même s'il ne me restait que peu d'argent, je ne renonçais pas à mon projet, car notre liberté était inestimable. J'apporterais tous mes bijoux pour assurer ma survie.

Nous sommes revenues à la maison, fières de notre action et le cœur léger. Mais je pris soin de rappeler aux filles qu'il était encore trop tôt pour se réjouir.

Comme mes parents étaient rentrés au pays, Abdel trouvait urgent que j'aille discuter avec eux de la donation de ma maison, et je ne pouvais retarder davantage ma promesse sans éveiller ses soupçons ou sa colère. Mes parents m'attendaient le lendemain matin.

En mettant mon voile, j'eus l'impression de manquer d'air. J'éprouvais cette même sensation quand je me retrouvais en face de ma mère : elle avait le don de m'étouffer. Elle trouvait toujours les mots qui m'atteignaient en plein cœur.

«Est-ce que ton couple se porte bien? ironisa-t-elle sur un ton doucereux. As-tu d'autres malheurs à nous raconter pour qu'on ait pitié de toi?

— Non. Abdel m'envoie pour vous consulter au sujet de ma maison.

— Ta maison ou votre maison? ajouta-t-elle sans me laisser le temps d'expliquer.

— C'est justement la raison de ma visite. Il souhaite que je la mette à son nom, que je la lui donne.

— Pourquoi ça? Est-ce que tu lui as fait quelque chose? Se sent-il étranger chez lui? Si c'était le cas, ton père ne serait pas content!

— Je n'ai rien fait de mal, maman. Il y a trois jours, il m'a demandé de la mettre à son nom et, depuis, il me le redemande chaque jour. J'ai insisté auprès de lui pour avoir votre avis. Qu'en pensez-vous?

— Réponds-lui que la maison est à vous deux et que ce n'est pas un bout de papier qui va changer quelque chose! Tu dois t'organiser pour qu'Abdel s'y sente chez lui et non chez toi, sinon ton père pourrait t'en tenir rigueur!

— J'aimerais que ce soit vous qui lui expliquiez cela. Si j'essaie de le lui faire comprendre, il pourrait s'énerver et perdre tout contrôle. Il serait capable des pires horreurs.

— Arrête ta sérénade! Abdel est un homme bon et un bon père de famille. Il se comporte bien avec ses filles. D'ailleurs, il ne t'a jamais reproché de lui avoir donné deux filles, alors qu'un autre aurait pu le faire. Estime-toi chanceuse de vivre avec lui. C'est toi qui es incapable de reconnaître les bontés que Dieu t'offre. Rassure ton mari! Dis-lui que ce qui est à toi est à lui et que ce qui est à lui est à lui! Une bonne et pieuse musulmane ne possède rien et elle-même appartient à son mari. »

Que nous reste-t-il à nous, femmes musulmanes? Rien! Seulement des yeux pour pleurer!

Je revins chez moi, le cœur serré à l'idée de répéter à mon mari l'échange avec ma mère.

Rendue à la maison, je pus me débarrasser de ce voile vraiment insupportable sous une chaleur de quarante-cinq degrés Celsius. Comment allait réagir Abdel? Je le redoutais, car je le savais capable des pires sévices. Le bruit de sa clé m'annonça son retour: le moment critique était venu!

«Samia, je veux te parler en privé et sans tes gardes», ordonna-t-il en guise de bonjour.

Il me poussa dans la chambre. Je comprenais qu'il

s'était passé quelque chose. Je me blottis dans mon coin comme une petite fille apeurée.

«Je sais que tes parents refusent que tu me donnes la maison. Est-ce qu'ils s'imaginent que je t'ai tolérée durant toutes ces années uniquement pour tes beaux yeux? Écoute-moi, sale putain! Si tu gardes la maison, je divorce. Je te jetterai sur le seuil de la maison de tes parents et tu y pourriras comme une dépouille dans le désert. Réfléchis et choisis! Tu me donnes la maison et je reste avec toi ou tu les écoutes et la pourriture retournera à la pourriture.»

En entendant ces mots, mon sang ne fit qu'un tour et je me levai d'un bond. C'était la première fois que je me sentais courageuse et capable d'affronter une montagne! Je pouvais tenir tête à mon mari!

«Je ne suis pas une pourriture et mes parents non plus! affirmai-je en le regardant droit dans les yeux. Si tu veux partir, eh bien! la porte est grande ouverte! Je ne demande pas mieux que de divorcer.»

Ses yeux s'injectèrent de sang et il me frappa avec une telle force que je me retrouvai par terre. Il me prit par le cou; ses mains serraient, serraient... Je me débattais sans pouvoir appeler à l'aide. Je respirais difficilement et je me sentais faiblir. Tout à coup, la porte s'ouvrit et Norah s'élança sur son père en essayant de l'éloigner de moi, mais ses efforts demeuraient vains. Elle se précipita vers la cuisine pour en revenir, un énorme couteau à la main.

«Debout! Ou je te tue!» menaça-t-elle en criant et pleurant, sur un ton déterminé.

Il relâcha sa prise. Je suffoquais et je toussais. J'avais de la difficulté à recouvrer mon souffle. Je n'avais plus la force de bouger.

«Écoute-moi bien une dernière fois, fit-il d'une voix remplie de venin. Je ne suis plus capable de te contrôler. Et tes filles, encore moins. Tu es l'œuvre de

Satan et mon devoir m'ordonne de te quitter. Mais avant, je dois me purifier! Tu m'as fait croire pendant toutes ces années que j'étais le père de tes deux bâtardes. J'abdique toute responsabilité envers elles et je te répudie trois fois. Tu es répudiée, tu es répudiée, tu es répudiée. À partir de maintenant, tu n'es plus ma femme! Tu ne m'appartiens plus. Et en plus, si tu veux que ta liberté soit reconnue officiellement, ta famille et toi devrez me payer une compensation pour toutes ces années gâchées à te prendre en charge. »

***

Dans les pays islamiques, quand le mari veut se libérer de sa femme, il n'a qu'à la répudier trois fois. Elle sera alors considérée comme divorcée et, à partir de cet instant, il n'a plus aucune responsabilité envers elle.

En un rien de temps, il enfourna dans un grand sac vêtements, objets personnels, argent, bijoux, bref tout ce qu'il put trouver comme objet de valeur dans la maison. Avant de sortir, il regarda Norah une dernière fois.

«Toi et ta sœur, vous n'êtes plus mes filles, mais deux bâtardes», siffla-t-il méchamment.

Il était sur le point de partir quand Norah le retint par la manche.

«Je suis fière d'être une bâtarde! Et non ta fille! Je suis sûre que Mélissa pense la même chose que moi!» s'écria-t-elle en pleurant de rage.

Il sortit et j'espérais de tout cœur ne plus jamais le revoir.

Norah me réconforta et m'aida à reprendre mes forces. Mon courage s'était envolé! J'avais honte. Une femme répudiée dans mon pays était une femme finie. Comme elle ne relevait plus de personne, elle n'existait plus.

Après avoir repris mes esprits, je téléphonai à mes parents pour leur raconter ma mésaventure. Ils se précipitèrent à la maison.

Mon père était secoué et furieux contre moi. Il demanda à mes filles de quitter la cuisine, car il ne voulait pas qu'elles entendent notre conversation.

«Le divorce est impossible dans la famille Shariff! Je ne veux pas que mes moustaches soient salies par tes erreurs! Je ne veux pas que tu fasses honte à ta famille! Tu iras trouver Abdel et tu lui diras de revenir. Tu lui donneras la maison s'il le faut, car je veux qu'il vous reprenne toutes les trois.

— Il nous a traités de pourritures, vous y compris. Je ne veux plus lui donner ma maison. Un jour ou l'autre, il nous abandonnera quand même, car il ne m'aime pas et il a traité ses filles de bâtardes!

— Il n'y a jamais de fumée sans feu! ajouta mon père. Peut-être sait-il des choses que nous ignorons. Si c'était le cas, nous t'égorgerions et ton sang purifierait l'atmosphère! Où est parti Abdel?

— Je ne sais pas, père, peut-être chez ses parents.

— Je vais l'appeler et régler cette histoire avec lui. Crois-moi, tu passeras toute ta vie avec lui, pour le meilleur et pour le pire.»

Encore l'honneur de la famille Shariff! L'honneur de monsieur Shariff, plutôt! Mais pour la première fois de ma vie, j'étais décidée à ne plus accepter leur décision. Je ne les laisserais pas agir à ma place. La tâche ne serait pas facile et le risque était élevé, mais j'étais prête. Cependant, je ne devais pas laisser transparaître mes pensées devant mes parents qui repartirent très fâchés. Encore une fois, leur attitude me blessait et me décevait.

Je fis part de ma détermination à mes filles.

«Je suis tout à fait d'accord avec toi, maman, dit Norah, d'autant plus que demain tu auras notre autorisation de sortie. Nous pourrons quitter ce pays et cette famille; ces moments feront dorénavant partie d'un cauchemar qu'on oubliera un jour.

— Je l'espère aussi de tout mon cœur, Norah! »

J'attendais le lendemain avec impatience! Le temps pressait. Nous devions partir avant que mon mari accepte de revenir! Je ne voulais plus le revoir! Je voulais me libérer de toutes les humiliations que j'avais subies pendant quinze ans de ma vie! Je ne pouvais en subir une de plus.

Le lendemain était jour de rentrée scolaire pour mes filles. Tant mieux pour elles! L'école les éloignerait de ma misère quotidienne et leur procurerait une vie qui leur était propre. À la première heure, je tentai de contacter l'agent. Après plusieurs essais répétés, je l'eus enfin au bout du fil.

« Bonjour, madame, comment allez-vous? demanda-t-il sur un ton affable.

— J'irai mieux quand j'aurai en main mon autorisation de quitter le territoire.

— Au fait, madame, je n'ai pas pu obtenir l'autorisation, car le commissaire ne veut pas risquer sa place pour vingt mille francs. Il demande davantage.

— Comment ça? Davantage! C'était vous qui aviez fixé le prix! Je ne peux pas vous payer davantage. Mon mari a pris tout l'argent qui restait avant de quitter la maison.

— Demandez-en à votre père, il est riche!

— Je ne peux pas, car nous sommes en conflit. Si je lui demandais son aide, il pourrait se douter de mes projets.

— Je vous le répète. Si vous voulez votre document, il faudra payer!

— Je vous ai déjà donné vingt mille francs! Nous devons quitter le pays le plus tôt possible! S'il vous plaît, aidez-nous.

— Le commissaire veut davantage, madame! Trouvez de l'argent et vous aurez le document dans deux jours, promit-il encore une fois.

— Alors, rendez-moi mon argent! J'en aurai besoin si jamais je réussis à quitter la maison.

— Vous voulez rire, madame, je ne vous dois rien. Cet argent compensera le dérangement de monsieur le commissaire.

— Vous osez parler du dérangement du commissaire alors qu'il n'a rien fait! Je veux récupérer mon argent, sinon...

— Sinon quoi? Madame, vous me menacez! Mais je peux vous dénoncer! menaça-t-il à son tour. Si vous tentez quoi que ce soit contre moi, j'informe votre père et votre mari de votre intention de quitter le pays!»

Puis, il raccrocha. Quelle naïve j'avais encore été! Lui donner une telle somme d'argent sans garanties! Quelle bêtise j'avais commise!

Je me retrouvais à la case départ, sans un sou en poche. Mon mari était sur le point de revenir pour que la vie continue comme avant...

C'est alors que je reçus un appel téléphonique qui me surprit au plus haut point.

«Quelle honte! dit mon père en guise de bonjour. Ton mari me place devant un choix inacceptable. Pour revenir, il veut la maison et une somme de dix millions de dinars algériens. Si je refuse, il reprend ses deux filles et tu reviens vivre seule chez moi. Comme je ne veux pas lui payer la somme qu'il exige et que je ne veux pas que tu reviennes à la maison, je me retrouve dans une impasse. Arrange-toi pour trouver une solution avec lui, si tu veux continuer à vivre avec tes filles. Il n'est pas question que je lui donne de l'argent! Trouve un autre arrangement.»

Il raccrocha brusquement sans me laisser le temps de réagir. Je me retrouvais, encore une fois, dans un dilemme insoluble. Je ne voulais pas que mon mari revienne et je ne voulais pas être séparée de mes filles. Comment me sortir de ce pétrin? Je n'avais plus d'argent pour quitter le pays. À l'école, mes filles devaient s'imaginer qu'à l'heure qu'il était, j'avais en main l'autorisation tant espérée! Mais la réalité était pire que tout ce qu'elles pouvaient penser.

J'étais encore bouleversée quand mes filles revinrent de l'école. Norah le remarqua aussitôt. Après les avoir informées des derniers évènements, je leur précisai mes intentions.

«Je n'accepterai jamais de me séparer de vous. Je préférerais mourir!

— Nous voulons aussi rester avec toi. Ne te laisse pas faire, maman. C'est ta vie, m'encouragea Norah. Je veux que tout cela s'arrête!

— Je suis bien décidée cette fois, Norah!»

En disant ces mots, je la rassurais et je retrouvais du courage pour affronter la suite des évènements.

«Je ne veux plus qu'on m'impose quoi que ce soit même si je dois le payer de ma vie! Je veux divorcer et vous garder avec moi. Je veux connaître une vie tranquille avec vous, sans avoir à subir contrainte et contrôle. Je ne me laisserai plus écraser. J'ai plus de trente ans et je suis assez adulte pour ne rien devoir à personne.

— Tu pourras toujours compter sur nous, n'est-ce pas, Mélissa?

— Oui, bien sûr, répondit-elle. J'ai peur qu'il t'arrive quelque chose et qu'on soit obligées d'aller retrouver papa!

— Je serai très prudente, ma chérie! Personne ne réussira à nous séparer!»

Nous sommes allées nous coucher. J'essayais de m'endormir, mais une pensée me taraudait l'esprit: mon père serait-il capable de donner mes filles à leur père?

Le lendemain soir, mon père me téléphona. La situation changeait d'heure en heure. Abdel exigeait toujours dix millions de dinars pour revenir avec nous, mais, sans cette somme, il n'était plus question de reprendre les filles, car, selon lui, elles n'étaient pas les siennes.

« Que vais-je faire de vous trois maintenant? cria mon père. Je ne peux pas vous faire vivre jusqu'à la fin de mes jours! Je crois que je vais plutôt accepter son prix.

— Tu n'auras pas à prendre soin de nous! affirmai-je. Je me chargerai de mes filles et je ne salirai jamais ta réputation. Tu ne le regretteras jamais, tu peux me faire confiance.

— Jamais! Au grand jamais! Que vont penser les gens si ma fille élève seule ses enfants? Que je ne respecte plus les règles de notre humble religion? Plutôt vous tuer toutes les trois que de subir une telle humiliation!

— Malgré le respect que je vous dois, je suis obligée de vous dire que, même si vous acceptez de lui donner l'argent qu'il exige, il n'est pas question que je retourne vivre avec lui. N'oubliez pas qu'il m'a répudiée trois fois, père; selon la loi islamique, je ne suis plus sa femme!

— Tu me réponds maintenant! Madame se prend en mains! dit-il sur un ton sarcastique. Que pensent tes filles de ta décision?

— Mes filles veulent rester avec moi, car elles sont malheureuses avec leur père.

— Bon! Je n'ai plus envie de perdre mon temps avec toi et tes filles, déclara mon père pour clore la discussion. Je ne suis plus capable de te prendre en charge jusqu'à la fin de mes jours! Quand je t'ai mariée à seize ans, ce n'était pas dans l'idée de te faire vivre dix-sept ans après. Je n'ai pas à t'assumer. Et tes filles, encore moins. Tu ne fais plus partie de mes préoccupations et ce n'est pas à mon âge que je vais recommencer.

— Je ne veux pas être un poids pour vous, mais Abdel m'a répudiée trois fois avant de me quitter. Devant Dieu, je ne suis plus sa femme. Je suis capable d'élever mes filles dignement même si je suis seule; vous serez fier de nous! Laissez-moi vivre avec mes filles, près de vous. Je suis prête à travailler s'il le faut. »

Mon père devenait de plus en plus tendu.

« Ne dis à personne que ton mari t'a répudiée. Je te le répète: on ne divorce pas dans la famille Shariff. Ta mère et moi allons en vacances dans notre maison en Espagne. Pendant notre séjour, tu régleras la situation avec ton mari et je veux que tout soit arrangé quand nous reviendrons. C'est tout ce que j'ai à te dire pour l'instant. »

La discussion était close.

Je n'avais pas convaincu mon père, mais j'avais réussi à défendre mon point de vue et j'étais fière de moi. Avant, je me serais soumise à ses paroles, mais elles n'avaient plus le même pouvoir sur moi. Je commençais à m'affirmer devant ma famille, mais j'étais décidée à sortir de cette prison où j'avais été enfermée depuis ma naissance. J'étais déterminée à prendre les moyens pour quitter ce pays avec mes filles. Je voulais qu'elles puissent vivre une vie de femme libre sans contrainte et violence.

Mes parents partirent donc en Espagne pour leurs vacances. J'avais du temps pour trouver une solution avant leur retour.

***

À cette époque, en Algérie, une femme seule avec ses deux jeunes filles, sans homme à ses côtés, se faisait pointer du doigt. On murmurait sur notre passage:

«C'est elle, c'est elle!» Notre situation n'était pas sans danger.

«Est-ce que la porte est toujours ouverte? demanda un jour un jeune homme en s'esclaffant devant son copain.

— Je ne comprends pas. Qu'est-ce que tu veux dire? demandai-je avec curiosité.

— Est-ce que le passage est libre? Je peux facilement m'inviter chez toi s'il n'y a pas d'homme qui me saute dessus pour défendre son honneur.

— Je te signale que j'ai quatre frères comme voisins. Je te conseille de ne pas t'approcher de moi, ni de mes filles.»

Je savais qu'il n'était pas le seul à penser ainsi. En Algérie, les hommes ne conçoivent pas qu'une femme puisse vivre sans homme. Une femme seule est une femme facile et elle mérite d'être montrée du doigt.

Nous sortions avec une extrême prudence. Les terroristes étaient présents dans tout le pays. Ils recherchaient les jeunes femmes et, surtout, les belles jeunes filles vierges. Je ne laissais jamais sortir Norah et Mélissa seules, car, tous les jours, on kidnappait des jeunes filles dans les rues d'Alger. Il revenait à chacun d'assurer la protection des jeunes femmes et des jeunes filles.

Chapitre X

La rencontre

Un après-midi, alors que je faisais les courses avec mes filles, un jeune militaire nous aborda.

« Êtes-vous d'ici?

— Non, je viens de France, répondis-je.

— Pour votre sécurité et celle de vos sœurs, je vous conseille de prendre cette rue-ci plutôt que celle-là où plusieurs enlèvements se sont produits. »

Mes filles et moi avons éclaté de rire. Il ne comprenait pas notre réaction.

« C'est sérieux. C'est pour votre sécurité, ajouta-t-il sur un ton convaincu!

— Je vous explique. Nous rions parce que vous avez pris mes filles pour mes sœurs.

— Je m'excuse, mais vous avez l'air tellement jeune, bien trop jeune pour avoir d'aussi grandes filles! » répondit-il avec un charmant sourire.

Nous allions poursuivre notre chemin quand il nous arrêta de nouveau.

« Puis-je vous offrir un café? » dit-il en affichant toujours le même sourire.

Une telle demande nous rendit perplexes.

« Je ne peux pas, car j'ai trop peur d'être vue en votre compagnie. Ma famille habite tout près et les nouvelles circulent vite par ici!

— Je vous comprends. J'ai une autre idée : je vous laisse mon numéro de téléphone et vous m'appelez.

Ainsi, personne ne sera au courant de nos communications. Qu'en pensez-vous?»

Je jetai un coup d'œil à mes filles. Norah souriait en me faisant signe d'accepter.

«D'accord, mais faites vite.»

Il me tendit sa carte en me souhaitant bon retour, le sourire aux lèvres. Il se retourna plusieurs fois avant de disparaître. Que son sourire me faisait du bien!

Ce soir-là, notre conversation téléphonique dura jusqu'au petit matin. Je parlais et Hussein m'écoutait; et la réciproque m'était aussi agréable que facile. Nous devions nous rappeler le lendemain soir. Je n'avais pas sommeil. Je repensais à ce que nous venions de nous dire et je revoyais son sourire radieux. Je repassais, en continu, le film de notre rencontre.

Ce militaire à l'allure élancée et au physique agréable m'attirait depuis l'instant où nos regards s'étaient croisés. J'étais sous le charme de ses yeux pers aux mille nuances. Son visage s'illuminait d'un air espiègle chaque fois qu'un sourire relevait son épaisse moustache blonde, presque rousse. J'étais incapable d'expliquer cette attirance parce que c'était la première fois que je la ressentais. Était-ce le souvenir du militaire que j'observais par la fenêtre ou le fait que son physique était à l'opposé de celui d'Abdel, je l'ignore, mais je flottais sur un nuage!

Après avoir préparé le petit-déjeuner, Norah vint me réveiller. Comme j'avais de la difficulté à ouvrir les yeux, elle me taquina.

«Tu lui as parlé longtemps au téléphone, n'est-ce pas? dit-elle, l'air moqueur.

— Ne parle pas ainsi à ta mère! répondis-je en riant.

— Est-ce qu'il te plaît, maman?

— Et toi, qu'en penses-tu?

— Il est plutôt beau garçon et il a l'air sympathique! Assez parlé de lui! Sors du lit à présent.»

Je réfléchissais! Est-ce que je devais continuer à lui parler? Que m'arriverait-il si ma famille l'apprenait avant que je sois divorcée officiellement? Je craignais la réaction de mon père, mais d'un autre côté, je n'étais pas prête à renoncer à la joie que me procurait ce jeune homme. Pour moi, il représentait alors l'homme idéal!

Le soir suivant, nous nous sommes reparlé au téléphone. Nous décidâmes de nous revoir en compagnie des filles, dans un endroit situé à quelques kilomètres de chez moi. Norah et Mélissa étaient ravies pour moi et elles étaient d'accord pour m'accompagner. Il était là, à nous attendre dans sa voiture. Nous sommes allées marcher sur une plage militaire très sécuritaire, loin de la ville.

Ma relation avec Hussein se tissait tout naturellement. Quand j'étais avec lui, j'éprouvais une agréable sensation de bien-être tout en étant consciente de l'énorme attirance qu'il exerçait sur moi. C'était la première fois que je regardais un homme dans les yeux, et la tendresse que je pouvais y lire me montait à la tête! Il était si compréhensif, si doux et si délicat avec moi. Moi qui pensais que les hommes ne possédaient en eux que brutalité et autorité! Moi qui croyais que l'amour n'existait que dans les films ou en rêve! Eh bien! J'étais en train de tomber amoureuse d'un homme charmant et bienveillant! Ah! Si j'avais pu connaître ce bonheur avant mon mariage et vivre cet amour durant toutes les années passées! Que de temps gaspillé! Ce jour-là, je vis, en Hussein, l'homme avec qui je voulais continuer ma vie.

Au moment de nous séparer, il m'avoua que j'étais la première femme pour laquelle il éprouvait un tel sentiment; il désirait ardemment me revoir! Durant les jours suivants, nous nous sommes rencontrés en cachette. Avant de partir le retrouver, j'étais tellement angoissée que j'en avais mal au ventre.

J'avais une double raison d'avoir peur. J'avais peur

de ma famille, mais je redoutais également un faux barrage monté par les terroristes. Le danger était plus grand parce que Hussein était militaire. Pour les terroristes, les militaires étaient considérés comme des traîtres à Dieu, le contraire des hommes pieux. S'ils se faisaient prendre, les terroristes les égorgeaient sur-le-champ et on s'attaquait à leur famille. Je savais que je risquais ma vie, mais mon manque d'amour était encore plus grand!

Après coup, je réalise combien j'étais naïve et aveuglée par l'amour! Je croyais que tout serait simple. Je m'imaginais qu'en apprenant que j'avais un prétendant qui voulait m'épouser et prendre la responsabilité de mes filles, mon père serait tellement soulagé qu'il accepterait d'emblée! Mais c'était mal connaître mon père!

Un soir, un voisin nous aperçut au moment où Hussein nous déposait près de la maison. Ce voisin nous fixa longtemps. Mes filles prirent peur et me firent aussi paniquer. Nous avons pris le temps d'analyser la situation. Hussein était convaincu qu'il fallait, une fois mon père revenu de vacances, que je lui explique calmement la situation et qu'il se présente ensuite pour lui demander ma main.

«Téléphone-moi ce soir et surtout ne crains rien. Je ne serai pas loin. Je t'assure que tu finiras ta vie avec moi! Je ne laisserai personne te faire du mal, ni à toi ni à tes filles! Compris?

— J'ai bien compris, Hussein. Je te téléphone ce soir! Souhaite-moi bonne chance!»

J'avais le cœur qui battait fort, car je craignais que le voisin ait déjà rapporté la nouvelle à ma famille. Ici, personne ne pouvait garder un secret. Les nouvelles se répandaient rapidement et les gens semblaient se complaire dans le malheur des autres, ou peut-être était-ce une manière superstitieuse de préserver leur bonheur!

Lorsque nous sommes arrivées près de la maison, tout le monde semblait au courant. Notre bronzage était louche et laissait supposer que nous étions allées à la plage. Et comme une femme ne pouvait circuler seule, il était facile de déduire que quelqu'un nous avait accompagnées à la plage! Je méritais d'être égorgée! J'avais vraiment dépassé les limites du tolérable. Ma famille ne pourrait me pardonner un tel délit! J'en étais à écrire le scénario le plus pessimiste jamais imaginé!

Je me sentis plus rassurée, une fois à l'intérieur de la maison. Norah était d'avis d'informer tout de suite mes parents avant qu'ils l'apprennent par les voisins.

« Je le leur dirai dès qu'ils seront revenus au pays. Je ne me sentirais pas à l'aise de leur en parler au téléphone. »

Je m'entretins longtemps avec mon amoureux, ce soir-là. J'essayais de lui faire comprendre pourquoi je craignais mon père. Quand j'invoquais ses principes religieux, Hussein tentait de me rassurer en me disant qu'il était un musulman pratiquant et qu'il n'y avait aucune raison pour que mon père refuse que je l'épouse.

« Mais, Hussein, tu es militaire et tu n'es pas considéré comme un pieu par les *bons* musulmans extrémistes. Tu es perçu comme un traître à la religion, un associé au gouvernement. Mon père fait partie des pieux et je suis sûre qu'il refusera qu'on se marie.

— J'ai un grand pouvoir de persuasion. Comme je te veux devant Dieu et ses hommes, je serai encore plus convaincant. Je ne comprends pas ce qu'il y aurait de mal dans notre mariage!

— Ma famille juge négativement tout ce que je fais. Leur colère n'a pas de limites. »

Hussein me rassurait en me répétant son amour et son engagement envers moi et mes filles. Quelqu'un m'aimait, je n'étais plus seule! Je me sentais en sécurité, car j'étais importante aux yeux d'un homme. Ces moments d'amour que je vivais maintenant compensaient, en partie du moins, mes années perdues. Si cela pouvait durer!

Un midi, mon jeune frère vint nous prévenir que mon père avait abrégé ses vacances et qu'il désirait nous voir le plus vite possible, mes filles et moi.

Qu'arrivait-il? Comme c'était l'heure de retourner en classe, j'avertis mon frère que j'irais seule.

«Papa a précisé: toi et tes filles!

— D'accord! Nous arrivons dans trente minutes au plus tard. Retourne à la maison et avertis notre père.

— Non! Papa m'a répété que je ne devais pas revenir sans vous trois.

— Installe-toi. Les filles terminent leur repas et j'ai quelque chose à ranger dans ma chambre.»

J'en profitai pour téléphoner discrètement à Hussein: il devait être au courant de ma future rencontre avec mon père.

«Ne t'inquiète pas, me rassura-t-il. Si tu ne reviens pas, j'irai voir ta famille. Téléphone-moi ce soir!»

Je demandai à mes filles d'emporter leurs sacs d'école et je mis mon voile. Nous étions prêtes, mais, au moment de monter dans la voiture, Mélissa vomit. Comme elle était très sensible, la moindre peur lui causait des maux d'estomac. Je lui essuyai la bouche et elle s'agrippa à mon cou.

«Maman, j'ai peur, murmura-t-elle à mon oreille. J'ai peur de grand-père et de grand-mère. Je sens qu'il va se passer un malheur! J'ai surtout peur pour toi, car je sens qu'ils ne t'aiment pas.

— Ne t'inquiète pas, ma chérie, ce sont tes grands-parents! Les grands-parents ne font jamais de mal à leurs petits-enfants.»

Dans la voiture, j'en profitai pour caresser les cheveux de Mélissa afin de la calmer le plus possible avant notre arrivée. Je savais que la situation était grave.

Leur retour imprévu n'augurait rien de bon. J'avais préparé depuis longtemps ce que je voulais leur dire au sujet de mes relations avec Hussein. J'étais encore en train de répéter dans ma tête quand nous sommes arrivés. Je n'étais pas prête à leur faire face, mais l'aurais-je été un jour?

***

En descendant de voiture, je jetai un coup d'œil en direction de la maison qui semblait impressionnante et lugubre. Un frisson me parcourut l'échine, mais je ne devais pas laisser transparaître ma peur devant mes filles. Je franchis le seuil en leur tenant la main et en priant Dieu silencieusement.

Toute la famille était réunie, mais un lourd silence régnait. L'atmosphère était à la fois trouble et tendue. Mélissa se lança dans les bras de sa grand-mère. Celle-ci la repoussa et la projeta par terre. C'en était trop. J'explosai de colère et personne ne pouvait plus m'arrêter. La rage au cœur, je me précipitai pour relever ma fille. C'est alors qu'on me saisit par les cheveux et qu'on me traîna jusqu'à la petite pièce où étaient entreposées les réserves de nourriture. On m'y jeta la première, puis mes filles l'une après l'autre. Nous étions traitées comme du bétail.

Je m'étais retrouvée allongée par terre, incapable de réaliser ce qui venait de se passer. Mélissa pleurait à fendre l'âme en criant *maman*... Norah était figée comme une statue, immobile dans un coin de la pièce. Instinctivement, nous nous sommes rapprochées pour nous aider à reprendre nos esprits. Que signifiait cette agression? Pourquoi s'en prendre à mes filles?

Tel un général d'armée, ma mère se tenait debout devant la porte, les poings sur les hanches pour bloquer tout l'espace. Mes deux frères étaient à ses côtés.

«Vous deux, sortez mon congélateur, ordonna-t-elle. La viande qui s'y trouve pourrait s'avarier au contact de cette pourriture! Depuis ta naissance, ma fille, tu n'as été qu'une pourriture et tu as engendré deux pourritures aussi puantes que toi! Vous avez suivi l'exemple de votre mère. Eh bien! Vous subirez le même sort qu'elle. Les putes périront avec les putes. Avoir donné naissance à une misère n'était pas suffisant. On se retrouve avec trois maintenant!»

La porte se referma sur nous. Nous étions seules dans une pièce humide et froide qui servait de garde-manger.

Plus la famille était riche, plus la pièce était grande et plus de denrées pouvaient y être remisées. La pièce dans laquelle nous étions était relativement petite. Trois matelas simples avaient été placés sur le sol et une table ronde occupait le milieu de la pièce. L'endroit était sombre, sans fenêtre. Une seule ampoule fixée au plafond diffusait une lumière incertaine. Elle devait rester allumée en permanence, car, sans elle, c'était la noirceur totale.

Mélissa continuait de pleurer en se blottissant contre moi alors que Norah conservait son calme et réfléchissait. Pour ma part, je me sentais extrêmement tendue comme si je marchais au bord d'un précipice. Par ses questions, Mélissa traduisait le malaise qui m'avait envahie mais je devais contrôler ma peur.

«Que nous arrivera-t-il? Nous sommes prisonnières et nous ne pouvons contacter personne. Pourquoi font-ils cela?

— Je ne sais pas, ma chérie, mais nous le saurons bientôt.

— Pourquoi grand-mère a-t-elle été si méchante avec moi? Je voulais seulement lui faire un bisou! dit Mélissa avec tristesse.

— Je sais, ma chérie! Grand-mère était sûrement

énervée et fatiguée et elle aura perdu patience! Ne t'en fais pas, ma puce! Je suis là et je jure de vous protéger jusqu'à mon dernier souffle. Malheur à celui qui voudra s'en prendre à vous! Et n'oubliez pas que Hussein sait où nous sommes. Il viendra à notre secours, j'en suis convaincue!»

La porte s'ouvrit brusquement. Le souffle me manqua et, pendant un court instant, je crus que ma dernière heure était arrivée. Tel un monstre, mon père apparut en semant la terreur.

«Approche, fille de malheur! Tu as traîné les moustaches de ton père dans la saleté et tous se moquent de moi en ce moment. À cause de toi, mon honneur est sali à jamais. Tu n'es pas encore divorcée et tu te pavanes à la plage avec un militaire. Tu oses même emmener tes deux petites salopes de filles. Où te crois-tu? Encore en France, là où les femmes font ce qu'elles veulent devant tout le monde? Au cas où tu l'aurais oublié, tu es en Algérie, un pays musulman avec ses coutumes et ses traditions. Nous avons une religion à respecter! Je vais te tuer et me purifier avec ton sang.»

Il s'avança vers moi, mais Norah avait tout juste eu le temps de se placer entre lui et moi de façon à me protéger. Il la repoussa contre le mur pour ensuite me saisir par le bras et me relever. Mélissa s'agrippait à ma robe. Il lui administra un coup violent sur le bras; elle me lâcha en se recroquevillant sur elle-même, apeurée. Entre-temps, mon père me clouait au sol en faisant peser un pied sur mon estomac et libérait sa ceinture. Ce n'était pas la première fois que mon père l'utilisait pour me frapper, mais je n'avais jamais vu une telle expression de fureur sur son visage; je frissonnai de peur et je crus ma dernière heure venue, car je sentais que mon père ne parvenait plus à se contrôler.

Il se mit à me frapper. Les coups pleuvaient sans relâche, inexorablement, comme si mon père était incapable de s'arrêter. Plutôt que de calmer sa colère, ils semblaient l'attiser. S'ajoutèrent bientôt les coups de pied lancés à l'aveugle que je recevais partout sur le corps.

Après un certain temps, je ne sentis plus mon mal. Ma mère entra dans la pièce à son tour.

« Ne te fatigue pas, Ali. Elle ne vaut pas la peine de te salir les mains. Ses frères seront contents de prendre la relève et ils n'attendent que cela pour venger leur honneur. Viens avec moi et laissons-les s'échanger leurs impuretés. »

En essayant de me tirer jusqu'au matelas, Norah se rendit compte que je ne réagissais pas et que j'avais perdu connaissance.

« De l'eau! cria-t-elle de façon à se faire entendre. C'est urgent! Maman a perdu connaissance. »

Son grand frère entra dans la pièce et lui tendit une bouteille d'eau non sans avoir jeté un bref coup d'œil dans ma direction.

« Tu n'as pas honte! le semonça Norah avec dédain.
— C'est toi qui devrais avoir honte. La famille est déshonorée!
— Sors d'ici, traître! Tu n'es plus mon frère et je ne veux plus te voir! »

Au contact de l'eau sur mon visage, je repris connaissance. Norah plaça ensuite ma tête entre ses bras et me berça en répétant doucement qu'elle était là, comme une mère calme son enfant.

« Tout ira mieux dans quelques jours. Ne t'inquiète pas, maman! Hussein nous portera bientôt secours. »

J'avais mal partout et la tête m'élançait dangereusement. Je me souvins alors du dernier coup reçu : c'était un coup de pied à la tête.

Que nous arrivait-il donc? Je continuais à fixer le plafond tout en laissant voguer mes pensées. Plus jeune, ma mère m'envoyait dans cette pièce chercher des produits alimentaires rangés dans les armoires. Aujourd'hui, je me retrouvais ici, prisonnière avec mes filles! J'avais de la difficulté à croire que notre situation était bel et bien réelle tant j'étais dépassée par son horreur.

Ma famille avait décidé de nous faire la vie dure pour nous punir. Selon eux, j'avais été source de déshonneurs pour ma famille. L'opinion des autres justifiait-elle les mauvais traitements qu'ils nous imposaient? Était-ce un crime d'aimer? Mes pensées volèrent vers Hussein qui représentait dorénavant notre seul espoir vers la liberté.

Le soir même, ma mère nous dicta les règles à suivre.

«Tu as voulu nous détruire, mais tu ne réussiras pas. Nous te ferons payer pour ce que tu nous as fait! dit-elle avec rage et mépris. À compter de maintenant, vous resterez toujours dans cette pièce sauf pour aller aux toilettes. Pour faire vos besoins, vous devrez frapper à la porte et quelqu'un vous accompagnera. Vous ne vous laverez pas, car vous êtes sales et sales vous resterez. Amir vous apportera à manger à l'heure des repas et vous n'aurez qu'une seule assiette à vous partager. Si vous désirez partir d'ici, vous n'avez qu'à faire appel à votre chef de famille et lui donner ce qu'il réclame; vous pourrez alors repartir avec lui. Il n'est pas question, les filles, que vous alliez à l'école et, tous les jours, vous verrez votre mère recevoir les coups qu'elle mérite! Si vous voulez l'épargner, essayez de la convaincre de rappeler votre père pour qu'il vienne vous chercher!»

Puis ma mère ressortit aussi vite qu'elle était entrée.

Je ne parvenais pas à comprendre que des parents pouvaient faire autant de mal à leur propre enfant sans éprouver un peu de remords ou de culpabilité. J'avais beau être malsaine comme ils le prétendaient, je ne méritais pas un tel châtiment!

Cette absence d'amour et cette maltraitance répétée auraient pu me rendre suicidaire ou me faire sombrer dans la folie, mais mes filles me rattachaient à la vie. Elles étaient ma lueur d'espoir et mon gouvernail; elles m'empêchaient de lâcher prise. J'étais responsable d'elles jusqu'à mon dernier souffle. S'il m'arrivait malheur, que deviendraient-elles? Elles avaient besoin de moi et j'avais besoin d'elles. Il n'était pas question de me laisser détruire par ces gens que je ne considérais plus comme ma famille désormais! Je me devais de reprendre courage et d'être plus forte que jamais, au nom de mes filles!

Quelques heures plus tard, dans le silence le plus total, Amir déposa une assiette de nourriture et une bouteille d'eau pour s'éloigner ensuite le plus rapidement possible! Nous nous sommes lancées sur l'assiette comme des affamées de plusieurs jours.

«Maman, j'ai une idée, proposa Mélissa. Je mangerai la première, Norah, la deuxième, et ensuite, ce sera toi. Ils pourraient mettre des somnifères dans la nourriture et profiter de notre sommeil pour nous enlever, Norah et moi, pour nous remettre à papa. Je ne veux pas risquer d'être séparée de toi. Je veux qu'on reste toujours ensemble! acheva-t-elle en sanglotant.

— Il se peut qu'elle ait raison. Vaut mieux être prudent, ajouta Norah.

— D'accord, les filles! Je serai la dernière à manger, mais j'aimerais que vous m'en laissiez un peu!»

Nous avons éclaté de rire! Ces quelques secondes détendirent l'atmosphère et nous firent oublier temporairement nos souffrances. Aurais-je à les rembourser? Le bonheur m'était toujours donné au compte-gouttes et je devais ensuite en payer le prix!

Ce jour-là, je me suis juré de sortir mes filles du cercle vicieux du malheur. Depuis leur naissance, elles suivaient leur mère dans ses peines et ses difficultés. Elles n'avaient pourtant pas mérité de partager cette vie sombre et triste! À cette heure-ci, elles auraient dû se retrouver à l'école et non prisonnières dans cette pièce minable. Comme j'étais l'adulte responsable de leur vie, du moins en partie, je devais m'organiser pour que ce cauchemar prenne fin. C'est pourquoi je promis à mes filles que nous recommencerions une nouvelle vie quelque part ailleurs, loin de ce monde sans pitié.

Comment m'y prendre? Moi qui n'étais qu'un petit bout de femme sans pouvoir, sans argent et sans soutien! Moi qui n'avais fait qu'obéir sans décider quoi que ce soit, je devais grandir et décider par moi-même! J'étais décidée à tout faire pour nous sortir de là, mais je doutais encore de ma capacité à y parvenir.

Allongées sur nos matelas, nous laissions le temps passer. L'assiette des repas nous permettait de distinguer le matin de l'après-midi, et notre sortie à la toilette était le seul moment où nous pouvions voir la lumière du jour... quand ce n'était pas la nuit!

Deux ou trois soirs plus tard, alors que Norah et moi bavardions et que Mélissa dormait, nous entendîmes la clef tourner dans la serrure à une heure tout à fait inhabituelle; quelque chose d'anormal se préparait. Nous étions déjà sur le qui-vive. La porte s'ouvrit sur mes deux parents qui tenaient dans leurs mains des objets dont on ne pouvait deviner la nature étant donné la distance qui nous en séparait.

Norah me lança un regard craintif et vint se placer près de moi de façon à faire front commun devant les intrus.

«Je vous ai entendu rire récemment. Maintenant finie la rigolade. Passons aux choses sérieuses, déclara ma mère sur un ton sec. Samia, approche et à genoux! Il faut qu'on en finisse.»

Norah s'interposa entre sa grand-mère et moi.

«Vous devrez me passer sur le corps si vous voulez faire du mal à ma mère!» s'écria ma fille.

Mélissa se réveilla brusquement. En apercevant ses

grands-parents, elle s'élança vers moi en criant à pleins poumons.

« Laissez-nous tranquilles! Un jour, Dieu vous punira pour tout le mal que vous nous faites. Laissez-nous en paix, s'il vous plaît », intercéda Norah en pleurant.

Mes filles et moi ignorions les intentions de mes parents mais tout nous permettait de croire que l'heure était grave. Mon intégrité physique me sembla compromise. J'étais secouée de spasmes nerveux.

Inébranlable, ma mère s'avançait. Après avoir repoussé chacune des filles dans le coin opposé de la pièce, elle m'empoigna et me projeta aux pieds de mon père.

« Assieds-toi et ne bouge plus! cria-t-elle.

— Emmenez-moi ailleurs, je vous en conjure. Faites-moi ce que vous voulez, mais je ne veux pas que mes enfants soient présentes » leur ai-je demandé en pleurant.

Mes filles pleuraient et criaient en les suppliant d'arrêter. Norah s'offrit de prendre ma place et Mélissa implora son grand-père qui demeura insensible.

Je ne voulais surtout pas que mes filles s'en mêlent, car je voulais éviter qu'on s'en prenne à elles. Je les priai de rester à leur place. Quel châtiment avaient-ils préparé? C'est alors que j'aperçus des ciseaux et une lame dans les mains de mon père et une petite bouteille de liquide brunâtre dans celles de ma mère. Mon père avait-il décidé de mettre à exécution sa menace de m'égorger? Oserait-il le faire devant mes petites? Je ne voulais pas cela! Pas devant mes filles! Je paniquai. Je suppliai mes parents d'une voix chevrotante, toujours agenouillée devant mon père.

« Si ma dernière heure est venue, je vous supplie d'épargner mes filles et de me laisser le temps de me préparer. »

Ma mère répondit, sur un ton moqueur :

«Pour l'instant, nous n'en sommes pas là! Nous voulons simplement t'empêcher de séduire d'autres hommes. Oublie la belle chevelure dont tu es si fière et qui te permet de plaire aux hommes. Baisse la tête, on va te la raser!

— Arrêtez, arrêtez! plaidaient mes filles en sanglotant.

— Vous deux, calmez-vous! vociféra ma mère.

— Ne pleurez pas, mes chéries, calmez-vous. Après tout, ce ne sont que des cheveux! Ce n'est pas bien grave!» répétai-je à plusieurs reprises.

Ma mère plaça ma tête entre ses deux mains fermes qui me retenaient aussi fermement que l'aurait fait un étau. Il n'était pas question de bouger. Je ne pouvais que remuer les yeux et pleurer à chaudes larmes en entendant chaque coup de ciseaux donné par mon père et en voyant chaque mèche rejoindre la précédente sur le sol. Mes longs cheveux noirs avaient toujours été ma fierté et j'avais toujours su les coiffer à mon avantage. Ils faisaient partie de moi, de ma personne et de mon histoire. Plus l'amas de cheveux grossissait et plus je me sentais dépossédée et mutilée. J'entendais mes filles pleurer et je sentais qu'elles pouvaient me comprendre parce qu'elles aussi étaient des petites femmes.

Après en avoir terminé avec les ciseaux, mon père me rasa le crâne complètement en utilisant la lame qu'il avait apportée. Malhabile, il m'écorcha le cuir chevelu à plusieurs endroits pendant que mes filles et moi pleurions en chœur.

Comme j'allais me lever, ma mère me retint. Elle versa le liquide brun sur mon crâne nouvellement mis à nu; j'eus l'impression que tout mon cuir chevelu s'enflammait! La sensation de brûlure était si intolérable que je hurlai de toutes mes forces.

Je sentais que ma tête allait exploser! Mes parents refusèrent de me donner quoi que ce soit pour apaiser mes douleurs. Avant de sortir, ma mère prit la peine de préciser :

« Dorénavant, tu ne séduiras plus aucun homme, car tes cheveux ne repousseront plus jamais. Ne t'inquiète pas pour la brûlure, elle disparaîtra dans quelques minutes ! »

Norah et Mélissa soufflaient pour atténuer ma souffrance.

« Ta tête est toute rouge, maman ! J'ai mal pour toi ! dit Norah, compatissante.

— Ne t'en fais pas ! J'ai déjà moins mal. L'important c'est d'être là, toutes les trois, saines et sauves ! »

Je me sentais souillée ! Mes parents m'avaient trahie devant mes filles. J'avais peine à réaliser ce qui venait de se passer. Je ne voulais pas croire qu'ils étaient capables d'une telle ignominie et d'une si grande cruauté. J'aurais tant voulu que ce fût un cauchemar qui cesse à mon réveil mais la douleur était trop présente pour me permettre de m'illusionner.

Je dormis mal cette nuit-là, car je ne parvenais pas à trouver une position confortable pour ma tête et Mélissa semblait pourchassée par des cauchemars traumatisants.

Le lendemain matin, une légère caresse de la main de Mélissa sur ma tête me réveilla. Elle me tendait le petit foulard qu'elle avait l'habitude de nouer autour de son cou et qu'elle rangeait dans son sac à dos.

« Merci beaucoup, ma grande ! Je me sens mieux ce matin, car ma tête ne brûle plus. Grâce à ton foulard, je pourrai cacher mon vilain caillou.

— Ils auront beau faire, ils ne gagneront pas ! ajouta Norah.

— Non, ma puce ! Ils ne nous auront pas ! Nous trouverons un moyen pour nous enfuir, je te le promets. »

***

Plusieurs jours et plusieurs nuits passèrent. Mes parents continuaient à m'humilier et à me frapper, en répétant aux filles :

« Si vous voulez qu'on épargne votre mère, demandez-lui de retourner, toutes les trois, chez votre père. Sinon, pas de pitié ! »

Inlassablement, je leur rappelais d'être patientes, car je trouverais sûrement une solution pour nous libérer. Norah tenait le coup, mais Mélissa n'en pouvait plus. Elle s'ennuyait des bonbons et de l'école et elle avait besoin de marcher ! Pour la satisfaire, nous jouions à *faire semblant* en marchant à la queue leu leu autour de la table et imaginions des destinations à visiter.

Je me préoccupais constamment du bien-être des filles que j'essayais de distraire, mais les idées manquaient parfois.

Nous n'étions pas exigeantes ! Respirer l'air frais et admirer le ciel bleu quelques minutes seulement nous auraient comblées.

Mes filles m'impressionnaient. Plus les jours passaient et plus leur courage et leur détermination augmentaient. Je les admirais de ne jamais baisser les bras ni de déclarer forfait devant mes parents. J'étais touchée par leur solidarité. Toutes les trois, nous étions soudées comme les doigts de la main.

Je pensais souvent à Hussein qui avait promis de s'occuper de nous. Où était-il donc pendant tout ce temps ?

CHAPITRE XI

La petite évasion

Un mois s'était écoulé. Après avoir mûrement réfléchi à un moyen d'évasion, j'avais pris ma décision. Il était plus que temps d'oser quelque chose. J'exposai mon plan à mes filles qui restèrent bouche bée de surprise. Mélissa, encore fragilisée par les violences dont elle avait été témoin et victime, fut la première à exprimer ses appréhensions.

«Mais maman, nous sommes constamment enfermées et surveillées. Tes frères et Amir sont plus forts que nous et ils nous empêcheront de sortir. Si nous réussissons à franchir la porte, ils nous rattraperont immédiatement et alors les conséquences seront sûrement épouvantables. Je suis convaincue que grand-mère nous ferait payer notre tentative de fuite.»

À peine sa phrase terminée, elle se mit à trembler et éclata en sanglots. Doucement, je lui massai le dos pour l'aider à reprendre son calme et je précisai mon projet.

«Tes remarques sont très justes, ma chérie. Nous profiterons du moment où ta grand-mère sera seule pour nous accompagner à la toilette. Il nous faudra être plus solidaires que jamais et allier nos forces pour sortir de cette pièce maudite pour ensuite nous enfuir à toutes jambes. Qu'en dis-tu, ma belle Mélissa?

— J'ai encore peur, mais je te fais confiance. Je vous suivrai et je sais que je suis capable de courir très vite.

— Et toi, Norah, tu ne dis rien. Quel est ton avis?

— Je suis encore sous le choc de la surprise, car je croyais notre fuite impossible. Je suis frappée par la détermination de ta voix et...»

Elle s'interrompit quelques secondes et reprit:

«Comme nous n'avons rien à perdre et que ton plan me semble réalisable, tu peux compter sur moi.»

Je réalisai alors que le fait de prendre la décision de tenter le tout pour le tout m'avait apporté la force nécessaire pour concrétiser mon projet et convaincre mes filles.

«Préparez d'abord vos sacs d'école. Mélissa, n'oublie pas ton nounours porte-bonheur. Il a été ton fidèle compagnon de prison. Ensuite, penchons-nous sur les derniers détails de notre plan d'évasion.»

Notre fébrilité et notre surexcitation étaient palpables. Après plusieurs répétitions de notre fuite, nous étions prêtes à passer à l'action malgré les papillons d'incertitude qui nous étreignaient l'estomac. Le moment fatidique était venu. Je leur adressai un dernier rappel:

«Tenez-vous près de moi et soyez prêtes à me suivre!»

Nous étions sales et fatiguées, bref dans un piteux état. Les filles portaient les mêmes vêtements depuis un mois et, quant à moi, j'étais chauve en plus d'avoir, selon mes filles, une mine cadavérique. Heureusement que j'avais mon voile pour me cacher!

Après m'être voilée et nous être rassemblées près de la porte, je frappai pour aller aux toilettes. Aussitôt que ma mère a entrouvert la porte, je la poussai de toutes mes forces. Je pris Mélissa par la main et m'assurai que Norah suivait. Ma mère tenta de retenir cette dernière qui réussit à se dégager. Nous descendîmes l'escalier à toute vitesse pour gagner la rue. Nous courions comme trois évadées de prison, aveuglées par la lumière du jour et la poussière de la rue. Mélissa voulait ralentir, car elle ne sentait plus ses jambes.

«Ce n'est pas grave, Mélissa. C'est normal: nos jambes sont faibles, car elles ont manqué d'entraînement. Ne t'inquiète pas et continue! Il faut s'éloigner d'ici au plus vite.»

Les gens nous regardaient comme si nous étions des extraterrestres sortis de nulle part!

Peu nous importait le regard des autres; seule comptait la distance que nous gagnions à chaque pas pour nous éloigner à jamais de cette prison infernale, de ce cauchemar épouvantable.

«Où va-t-on? demanda Norah en continuant à courir.

— Nous allons chez Layla. Elle est la seule personne à qui je peux faire confiance. Encore un peu de courage et nous aurons réussi!»

Layla était la mère d'une amie de Mélissa que j'avais connue à l'école et qui m'avait déjà proposé son aide en cas de besoin. Dieu merci, il restait toujours des gens charitables sur lesquels on pouvait compter. Elle était mon unique ressource. Comme ma famille ne la connaissait pas, nous serions en sécurité chez elle. Dieu, faites qu'elle soit à la maison! Je sonnai. Ouf! La porte s'ouvrit!

«Samia, quelle surprise! s'exclama-t-elle en nous reconnaissant. Où étiez-vous? Bon Dieu! Pourquoi êtes-vous dans cet état? poursuivit-elle, horrifiée.

— Je te raconterai plus tard, car c'est une longue histoire. Layla, laisse-nous entrer. Personne ne doit nous voir! répondis-je en surveillant les alentours.»

Ayant compris la gravité de la situation, elle nous fit entrer.

«Asseyez-vous et reprenez votre souffle. Mélissa, viens près de moi, s'il te plaît.»

Mélissa était contente de revoir la mère de son amie. Se sentir accueillie de la sorte lui faisait plaisir.

«Layla, puis-je me regarder dans un miroir?

— Que s'est-il passé, Samia? Raconte-moi. J'avais remarqué que votre maison était vide et, comme Mélissa n'était pas à l'école, je suis allée chez tes parents pour en savoir plus. Selon la version de ta mère, vous étiez parties retrouver ton mari à l'étranger. J'étais déçue que tu ne m'aies pas saluée et j'étais triste d'être sans nouvelles, raconta-t-elle, les larmes aux yeux. »

Je la serrai dans mes bras et, touchée par tant d'attention, je me mis à pleurer.

«Si tu savais, Layla, ce que nous avons enduré, mais avant tout, j'ai besoin de savoir à quoi je ressemble! »

Layla m'indiqua la salle de bain. Le miroir me retournait une image méconnaissable avec une tête chauve et des sourcils fournis. Mes filles avaient bien raison. J'étais pâle, sale et j'avais l'air malade. Je devrais porter ce petit foulard encore longtemps avant d'être un tant soit peu présentable! Mon amie comprenait mon désespoir. Le regard mouillé, elle me caressa la joue.

«Raconte-moi ce qui s'est passé, Samia! Je veux tout savoir, m'encouragea-t-elle.

— Et j'ai tant besoin de parler! » répondis-je.

Et je débutai. Layla m'écoutait chaleureusement et les mots me venaient aisément, même si je n'arrêtais pas de pleurer. À la fin de mon récit, nous étions quatre à pleurer.

«Ta force physique et morale m'impressionne, m'encouragea mon amie. Je serais devenue folle à ta place. Pour le moment, le plus important serait de porter plainte. Il faut que tu récupères ta maison pour avoir un toit sur la tête. Tu ne vas quand même pas passer ta vie dans la rue!

— J'ai peur de déposer une plainte contre ma famille. Tu ne les connais pas, Layla. Ils sont connus, puissants et influents dans tout le pays.

— Ne t'inquiète pas, Samia! Moi aussi, j'ai de l'influence, et le commissaire fait partie de mes amis. Je t'accompagne pendant que tes filles resteront ici avec mes enfants. Elles seront en sécurité et, pour une fois, elles ne seront pas mêlées à une situation délicate d'adulte. Allons-y tout de suite», insista-t-elle en me prenant la main.

J'informai mes filles de ma démarche, mais en prenant soin de ne pas les inquiéter. Layla était révoltée par ce qui m'arrivait et elle était résolue à m'aider jusqu'au bout, jusqu'à la victoire, disait-elle.

**

À notre arrivée au commissariat, mon frère aîné Farid s'y trouvait déjà.

«C'est elle, la pute qui a attaqué ma mère, dit-il d'une voix haineuse! Aidez-moi à l'attraper. »

Mon amie s'interposa. Elle le repoussa de toutes ses forces.

«Entre putes, vous vous serrez les coudes! continua-t-il grossièrement.

— Ça suffit», gronda la voix imposante du commissaire qui nous avait entendus de son bureau.

Il me jeta un coup d'œil pour ensuite se tourner vers mon frère.

«Tous les deux, venez dans mon bureau. »

J'étais inquiète parce que mon frère m'avait affirmé qu'en Algérie, les hommes étaient solidaires les uns des autres et qu'ils dominaient leur entourage. Je me voyais déjà sous son emprise.

«Asseyez-vous! Monsieur, donnez-moi votre version et ensuite j'écouterai votre sœur.

— Monsieur le commissaire, ma sœur est une pute qui vit comme elle le faisait en France.

— Ça suffit! Un peu de respect! Si vous ne respectez pas votre sœur, je vous demande de me respecter et de ne pas être vulgaire. Votre sœur ne ressemble en rien à une pute, croyez-moi, car je peux en reconnaître une dès qu'elle franchit ma porte!

— Monsieur le commissaire, cette femme a divorcé et elle a mis son mari à la porte. Elle a poussé sa mère par terre pour sortir dans la rue avec ses deux filles! Une femme qu'on ne peut plus maîtriser, quel genre de femme est-ce donc, monsieur le commissaire?

— J'ai besoin d'en savoir davantage avant de me prononcer. Sortez, monsieur. J'ai changé d'avis; j'écouterai d'abord la version de madame, puis ce sera votre tour. »

Mécontent, mon frère ajouta :

« Monsieur le commissaire, ma sœur est une habile menteuse. Pour s'en sortir, elle pourrait vendre ses deux filles pour une bouchée de pain. En la gardant à la maison, nous voulions l'empêcher de prendre la route de la débauche. Elle s'est sauvée avec ses filles qu'elle entraînera à faire le mal. Madame veut vivre comme les Françaises! » termina-t-il en me regardant avec dégoût.

Il profita du fait que le commissaire cherchait un stylo pour faire le geste de m'égorger avec un couteau avant de sortir, l'air satisfait.

Le commissaire écouta attentivement mon histoire, jusqu'aux moindres détails. Il examina mon crâne rasé et brûlé. Une telle compassion chez un commissaire algérien me surprit agréablement.

« Il est en mon pouvoir de vous aider à récupérer votre maison en allant intercéder auprès de votre père. Vous en avez besoin pour être en sécurité avec vos filles, car la situation est dangereuse de nos jours pour les jeunes femmes. Vous devrez éviter de sortir de la maison et il serait important que vos filles fréquentent l'école.

— J'ai peur que mes frères mettent la main sur moi. Ils sont capables de tout.

— N'ayez crainte, madame! Je retiendrai votre frère

pendant que vous rentrerez à la maison avec votre amie. Une fois chez elle, rappelez-moi et je le laisserai partir. Et ne sortez plus!

— Je ne pensais plus rencontrer, dans ce pays, des gens tels que vous, prêts à nous aider! Je vous remercie infiniment!

— Vous me remercierez le jour où je vous apporterai les clés de votre maison! Pour l'instant, rentrez et n'oubliez pas de me rappeler.»

En sortant du bureau, j'évitai de croiser le regard chargé de haine et de vengeance de mon frère. J'entendis le commissaire convoquer mon frère. Sans attendre, nous sommes retournées chez ma copine et je téléphonai au commissaire. J'imagine aisément la fureur de mon frère en voyant que j'avais disparu et je pouvais entendre les noms obscènes proférés par ma famille à son retour à la maison! Mais j'étais en sécurité, pour le moment! Rien d'autre ne comptait.

C'est alors que mon amie me montra un article de journal qui avait été publié la semaine précédente. À ma grande surprise, une photo montrait mon ex-mari et son neveu, de pied en cap. L'article accompagnant la photo parlait abondamment de leurs activités terroristes.

«Mon Dieu, c'est incroyable! Je savais qu'Abdel avait des idées intégristes, mais de là à le soupçonner d'être un terroriste, il y a une marge!

— Tu l'as échappé belle! ajouta Layla. Dieu t'a épargnée en vous séparant au bon moment.

— Si ma famille était au courant, pourquoi insistait-elle pour que j'aille le rejoindre avec mes filles? C'était nous envoyer dans la gueule du loup!»

Ma famille me recherchait sûrement dans le quartier où j'habitais et dans les endroits où j'avais l'habitude d'aller. Ils avaient dû saccager ma maison pour me punir et se venger! Je chassai ces préoccupations. J'avais maintenant deux alliés importants : mon amie Layla et le commissaire compréhensif. Comme je n'avais plus de nouvelles de Hussein, j'étais portée à croire qu'il avait renoncé à moi, mais je voulus en être sûre.

J'étais très énervée en composant son numéro. J'avais tellement hâte d'entendre sa voix ! Il me reconnut instantanément.

« Samia, où étais-tu donc passée ? Pourquoi ne m'as-tu jamais donné de tes nouvelles ?

— C'est toi qui m'avais promis de venir chez mes parents ! Pourquoi ne l'as-tu pas fait ?

— Je l'ai fait ! Trois jours après ta rencontre, je suis allé les trouver. Ton frère m'a dit que tu étais partie avec tes filles rejoindre ton mari. J'ai beaucoup pensé à toi, Samia. J'étais très inquiet quand j'ai appris que ton mari était un terroriste très recherché. »

Je le mis rapidement au courant des récents évènements.

« Hussein, j'ai peur de rester seule. Ma famille veut ma mort et je me demande comment me protéger et protéger mes filles.

— Mes projets n'ont pas changé, me rassura Hussein. Je veux toujours t'épouser et vous protéger une fois que tu auras divorcé légalement.

— Comment retrouver Abdel ? Même si je réussissais, il exigerait la somme qu'il réclamait. N'oublions pas qu'il est recherché comme un dangereux terroriste. »

Un nouveau danger s'ajoutait à ceux qui menaçaient déjà : ma famille et mon ex-mari, et maintenant les groupes terroristes.

Encore une fois, je me retrouvais au centre d'un dilemme impossible. D'un côté, j'étais incapable d'assurer ma sécurité si je restais seule, et, de l'autre, la religion ne me permettait pas de vivre avec un homme sans être mariée. Quel casse-tête ! J'étais coincée. Je me retrouvais assise entre deux chaises. Je vous explique.

Comme vous le savez déjà, la femme, dans un pays musulman, n'a aucun statut par elle-même! Son identité dépend de l'homme qui en a la responsabilité, d'abord son père puis son mari. Quand celui-ci décède ou divorce, la femme peut conserver le statut de veuve ou de divorcée – autrement dit, conserver le droit de vivre seule et de gérer elle-même sa vie – seulement si sa famille le lui permet, et elle demeure sous leur surveillance. En Algérie, le statut de *femme séparée* n'existe pas et le terme *séparé* non plus.

***

La meilleure solution consistait à retrouver mon ex-mari et à chercher un terrain d'entente pour qu'il accepte de divorcer.

D'ici là et après avoir récupéré la maison, Hussein assurerait notre protection, mais toujours sans se faire remarquer, car je pouvais être accusée d'adultère si j'étais aperçue en sa compagnie. En Algérie, l'adultère est considéré comme un crime grave, passible de mort.

De temps à autre, Hussein nous rendait visite. Un soir, il me fit part d'informations concernant Abdel. Il avait appris qu'il s'était livré aux autorités en demandant la protection de la police. Selon sa version, il s'était joint aux terroristes parce que son neveu et son cousin l'avaient menacé de mort s'il ne le faisait pas. Je ne croyais pas un mot de son histoire! Je connaissais trop bien Abdel! C'était un fabulateur et un menteur, prêt à vendre sa mère pour sauver sa peau.

La police l'avait cru et elle assurait maintenant sa protection. J'étais scandalisée. En Algérie, un individu dangereux peut être protégé par la police, mais on ne voit pas l'intérêt d'assurer la sécurité d'une femme qui choisit de vivre seule avec ses enfants. Si elle prend cette décision, elle doit assurer elle-même sa protection!

Quelques jours plus tard, le commissaire me téléphona.

«Bonjour, madame Samia! J'ai récupéré les clés de votre maison! Je tiens à vous accompagner pour m'assurer que tout est en ordre!»

Je n'en finissais plus de le remercier. J'avais hâte de réintégrer notre maison, mais j'étais inquiète d'y séjourner seule avec mes filles. J'en fis part au commissaire.

«J'ai formellement averti votre famille de ne plus vous causer de problèmes, mais je vous demande de m'appeler si cela se produisait et j'interviendrai immédiatement. Je ferai tout ce qui est en mon pouvoir pour vous protéger, mais vous ne devez plus voir le militaire que vous fréquentez. Attendez d'être divorcée, car vous risquez de vous attirer de nouveaux ennuis! Vous connaissez la vie dans ce pays, n'est-ce pas?»

***

Un peu avant quinze heures, accompagnée de mon amie Layla, je partis retrouver le commissaire qui m'attendait près de ma maison. Les abords semblaient calmes, mais mon cœur s'affolait.

Après les salutations d'usage, le commissaire ouvrit la porte sur un spectacle désolant. La maison était sens dessus dessous et la majorité des meubles avaient disparu. Les fenêtres et les portes étaient brisées pour la plupart. Ma maison était devenue un taudis!

Ce fut plus fort que moi, j'éclatai en sanglots. Mon amie me consolait du mieux qu'elle pouvait. Toujours calme, le commissaire me demanda de ne pas entrer en m'assurant qu'il allait régler cette affaire à l'amiable avec ma famille.

«Ils ont intérêt à tout réparer et à vous rendre tous vos meubles! Je vais m'en assurer personnellement. Faites-moi confiance! Retournez chez Layla et je vous préviendrai quand tout sera réglé», ajouta-t-il en me touchant le bras d'un geste protecteur.

Lorsque nous nous sommes dirigés vers l'auto, j'aperçus mon jeune frère qui nous attendait, adossé au mur, une cigarette à la bouche. En me voyant, il passa son pouce sous son cou en guise de menace : *on va t'égorger*. Encore une fois, je fus prise de panique, mais Layla conserva son calme. À plusieurs reprises durant le trajet du retour, elle s'assura que personne ne nous suivait.

Une fois en sécurité chez Layla, j'appelai Hussein. Nous avons convenu d'éviter de nous rencontrer, mais de continuer à nous téléphoner.

***

Mes filles s'ennuyaient de l'école et de leurs amies. Depuis plus d'un mois, elles vivaient ma vie d'adulte et j'avais beaucoup compté sur leur soutien, en particulier celui de Norah. Il était plus que temps qu'elles retrouvent un mode de vie conforme à leur âge!

En apprenant qu'elles retourneraient à l'école et qu'elles pourraient inviter leurs copines, Mélissa était tout sourire, mais Norah ne partageait pas son enthousiasme.

«Maman, tu connais mon avis, n'est-ce pas? Nous devons quitter ce pays pour que ce cauchemar finisse! Je ne suis chez moi ni dans cette maison ni dans ce pays et je n'aime pas la façon de vivre des gens d'ici. Je veux vivre librement. Je ne veux plus avoir peur, ni de mon père, ni de mon grand-père, ni de mes oncles, ni des hommes de ce pays. Je veux qu'on retourne en France pour revoir mon chez-moi et mes vrais amis.

— Je te comprends, Norah, mais il ne faut pas brûler d'étapes. Chaque chose en son temps. Je te promets qu'un jour, nous partirons d'ici.

— Le plus tôt possible, car je ne veux pas que l'une de nous meure ici.

— Je ferai tout ce que je peux pour qu'il ne nous arrive rien de mal. »

Je serrai Norah dans mes bras pour lui montrer que je compatissais à sa peine et que nous étions trois femmes solidaires, décidées à s'en sortir.

***

Les quelques jours passés en cachette chez mon amie avaient été bénéfiques. Nous avions mangé à notre faim et dormi en paix. Layla nous avait prêté quelques vêtements. Même s'ils n'étaient pas à notre taille, ils nous avaient permis de laver ceux que nous portions.

J'étais préoccupée par notre survie. Je n'avais plus d'argent, je ne travaillais pas et je n'avais plus de famille... Comment payer notre nourriture? Qui pouvait m'aider? Layla m'aidait temporairement, mais, comme elle ne travaillait pas, elle vivait déjà pauvrement avec ses deux filles et son mari absent. Quant à Hussein, il subvenait déjà aux besoins de sa famille qui était très pauvre.

Comment une femme qui ne travaille pas peut-elle survivre, en Algérie, avec deux enfants? Je n'entrevoyais que deux façons : se prostituer ou demander l'aumône. Que Dieu nous vienne en aide! J'aurais voulu demeurer encore longtemps chez ma copine! Je profitais de chaque instant que je passais en sa compagnie...

***

Un matin, le commissaire m'annonça que mon père avait accepté l'entente qu'il lui avait proposée et que je pourrais retourner à la maison deux jours plus tard.

Cette nouvelle vie me stressait. Je me retrouvais seule à assurer la survie et la sécurité des filles. Je me demandais déjà si leur trajet vers l'école se passait sans danger... Là encore, mon amie me fut d'un grand secours en m'aidant à planifier notre future façon de vivre. Après l'école, les filles devraient revenir directement à la maison sans s'attarder si je voulais m'éviter d'être accusée de négligence par ma famille.

Deux jours après, nous rentrions chez nous. La maison était en désordre, car tous les meubles étaient encore démontés et éparpillés. Nous ne savions pas bricoler, mais nous étions capables de tout replacer en y mettant le temps nécessaire. Par où commencer? De nombreux objets avaient disparu, mais je chassai cette pensée, car il était plus important d'être chez nous vivantes et en santé.

Quelques heures plus tard, Mélissa se plaignit de la faim. Le frigidaire fonctionnait mais à vide. Que faire?

Le téléphone n'était pas relié à la centrale téléphonique et je ne pouvais pas voir Hussein. Je pouvais quêter de la nourriture à ma voisine, mais ma fierté en prenait un coup. Bien qu'humiliée, je n'avais aucun autre choix. Je lui expliquai ma situation afin qu'elle comprenne pourquoi j'en étais rendue à demander son aide. Je me souviens encore de ce qu'elle m'a offert: une assiette de pâtes et un généreux morceau de pain! Comme je la remerciais, elle ajouta qu'elle m'aiderait chaque fois qu'elle pourrait le faire.

J'étais chanceuse d'avoir une telle voisine! Dieu semblait s'organiser pour qu'une main charitable puisse me venir en aide quand j'en avais besoin! Ce soir-là, mes filles mangèrent à leur faim; pour ma part, je me contentai d'un morceau de pain en prétextant un manque d'appétit.

Au milieu de la soirée, la sonnette retentit. Instinctivement, mes deux filles vinrent me retrouver. Sans ouvrir la porte, je pris une voix forte pour qu'on m'entende.

«Qui est là?

— C'est Malika, votre voisine d'en face. J'ai quelque chose à vous dire.»

Je la fis entrer, non sans avoir jeté un rapide coup d'œil aux alentours.

«Vous semblez redouter un danger», remarqua-t-elle, perspicace.

Je lui fis un résumé de notre situation, car elle pouvait être une de nos alliées.

«Vous pouvez compter sur moi. Entre femmes, nous devons nous soutenir. Vous pouvez utiliser mon téléphone si vous en avez besoin. Cela me fera plaisir.»

En voyant mes meubles non assemblés, elle me suggéra l'aide d'un voisin bricoleur.

«Je veux bien, mais je n'ai pas d'argent pour le dédommager.

— Comme je le connais, il vous rendra service gratuitement.

— J'apprécierais beaucoup, car nous sommes incapables de nous en tirer seules. J'aimerais téléphoner, si cela ne vous dérange pas.

— Pas du tout! Suivez-moi!»

Je demandai à Hussein de nous apporter à manger pour le lendemain matin. En m'entendant, ma voisine me mit en garde.

«Je peux te donner à manger demain, car ton amoureux ne doit pas s'aventurer jusqu'ici!»

Je remerciai Malika. Grâce à elle, nous pouvions manger sans risquer notre sécurité. Malika comptait parmi les bonnes personnes que Dieu plaçait sur mon chemin!

Le lendemain matin, elle nous apporta trois croissants et trois cafés au lait. Mes filles seraient en forme pour commencer l'école!

J'appréhendais le moment où je serais séparée d'elles. Le fait d'être restées ensemble jour et nuit et d'avoir vécu des épreuves difficiles avait resserré nos liens. J'étais angoissée à l'idée qu'elles s'éloignent, mais les garder plus longtemps près de moi aurait été égoïste! J'embrassai Norah en lui rappelant d'être très prudente et j'accompagnai Mélissa à son école.

***

Comment nourrir mes enfants dans les jours à venir? Malika, ma généreuse voisine, était veuve et subsistait grâce à la maigre pension de son mari. Comme les temps étaient durs en Algérie et le coût de la nourriture élevé, elle ne pouvait m'aider qu'à l'occasion. Je devais trouver une autre solution de survie.

Tout à coup, le téléphone sonna. L'agent des télécommunications m'apprit que mon mari avait payé les frais d'installation. Je ne comprenais pas. Qui était donc ce mari? Je crus à une mauvaise plaisanterie jusqu'à ce que Hussein me téléphone dix minutes plus tard.

«Bonjour, Samia! Es-tu contente de ma surprise? Je voulais pouvoir te parler sans intermédiaire.»

Quelle belle attention! J'étais rassurée en sachant que je pouvais contacter quelqu'un en cas de besoin.

***

J'étais loin de me douter que ce cher téléphone pourrait représenter une source intarissable de tracas. Quelques jours plus tard, Abdel me téléphona pour exiger une grosse somme en échange de son accord pour le divorce. J'eus beau lui jurer que je n'avais pas d'argent, il ne me croyait pas. C'est alors que commencèrent les appels d'injures et de menaces.

«Sale pute, si tu veux ta liberté, il faudra la payer! Sinon, je te ferai égorger, toi et tes bâtardes; j'ai des contacts qui peuvent s'en charger. Quand tu seras morte, tout ce qui t'appartient me reviendra parce que je suis encore ton mari! »

Je raccrochai le plus vite possible. Je frissonnais de peur! Ses appels devinrent quotidiens, mais chaque fois j'étais paniquée. Abdel me terrorisait au bout du fil. Je le savais capable du pire. Je n'en parlai pas aux filles pour ne pas les traumatiser davantage.

Environ une semaine après notre retour à la maison, le voisin dont Layla m'avait parlé vint nous offrir son aide pour assembler nos meubles. Ce fut un plaisir pour nous trois de lui donner un coup de main à la mesure de nos capacités. Une fois le travail terminé, nous étions fatiguées, mais nous pouvions enfin nous installer. Merci à ce bon Samaritain!

Au milieu de la nuit suivante, le téléphone nous réveilla en sursaut. Quand j'arrivai au salon, Mélissa avait déjà saisi le combiné. Mon Dieu, faites que ce ne soit pas lui! En voyant l'expression de ma fille, j'ai su que mon désir n'avait pas été exaucé.

« Oui, papa, c'est moi », répondit-elle d'une voix tremblante.

Ses yeux s'agrandirent d'horreur et elle semblait pétrifiée jusqu'à ce qu'elle lance l'appareil et vienne me trouver. Elle frissonnait comme un oisillon mouillé sous la pluie.

« Il est là! Maman, il est sous mon lit! cria-t-elle encore sous le choc.

— N'aie pas peur! Ton père n'est pas là! Que t'a-t-il dit pour que tu aies si peur?

— Je vais te répéter ce dont je me souviens. Il a dit: "Je serai toujours dans cette maison; partout où tu regarderas, je serai là. En ce moment, je suis sous ton lit avec un gros couteau, prêt à vous égorger toutes les trois! Dieu m'ordonne de me purifier avec votre sang!" »

Je calmai Mélissa tout en m'assurant qu'il avait raccroché.

« Il ne faut pas le croire, ma chérie. Il ne peut pas être là. Ce ne sont que des menaces pour te faire peur. Ne le crois surtout pas, ma puce.

— Je sais qu'il est sous mon lit. Il veut nous égorger, il me l'a dit », répétait-elle sans cesse.

Elle ne m'entendait plus. Norah, qui s'était réveillée entre-temps, vint se joindre à nous.

« Que se passe-t-il?

— Ton père a téléphoné. »

Sans me laisser terminer mon explication, elle m'interrompit avec véhémence :

« Ne l'appelle plus jamais *père*. Maman, je n'ai plus de père. Mon père est mort! »

Avec Mélissa, je regardai sous le lit pour lui prouver que son père ne s'y cachait pas et je lui permis de passer la nuit avec moi. Malgré toutes ces précautions, elle dormit d'un sommeil agité.

Abdel avait dépassé les bornes. Me menacer était déjà inacceptable, mais je ne lui pardonnerais jamais d'avoir menacé Mélissa qu'il savait si impressionnable.

Le lendemain étant jour de congé, je croyais que nous allions pouvoir reprendre nos esprits, mais ce ne fut pas le cas.

Ce matin-là, mon père m'envoya un avertissement par l'intermédiaire de mon fils.

« Voici le message de ton père : s'il voit encore un gars de plus de cinq ans chez toi, il te tuera.

— Aucun homme n'est venu ici!

— Un de tes voisins est entré chez toi, précisa-t-il.

— C'est vrai! C'est un voisin qui est venu m'aider à assembler les meubles que vous aviez défaits! Il m'a rendu service.

— Service ou pas, aucun homme ne doit pénétrer chez toi. Fais attention, car tu pourrais le regretter. »

Il repartit aussi froidement qu'il était arrivé. Je n'avançais pas, je reculais... Je perdais tout espoir de m'en sortir un jour!

Arriva l'heure du dîner et Mélissa avait faim. Mes voisines étaient absentes et Hussein était parti en mission. Elle se changea les idées en regardant la télévision, mais, vers quinze heures, n'en pouvant plus, elle se mit à pleurer. L'odeur suave d'un plat mijoté parvenait à nos narines, mais je n'avais plus le courage d'aller quêter de la nourriture une fois encore.

« C'est à mon tour, proposa Norah. Il faut que j'aide ma petite sœur. »

D'un pas décidé, elle se dirigea vers l'endroit prometteur. Quelques instants plus tard, le sourire fendu jusqu'aux oreilles, elle nous rapporta une immense assiette remplie de couscous. Par l'odeur alléchée, Mélissa alla à sa rencontre sans se faire prier.

« Doucement, Mélissa, nous n'en mangerons que la moitié et garderons l'autre pour ce soir. C'est plus sage! »

Mes enfants mangèrent à leur faim et, quant à moi, je pris soin d'en garder le maximum pour le soir, ce qui s'avéra une bonne idée, car nous avons soupé des restes du couscous. J'étais contente d'avoir été prévoyante.

Ce jour-là, j'avais connu la faim et mes filles aussi! J'étais rendue bien bas! Jamais il ne me serait venu à l'esprit qu'un jour mes filles auraient à connaître la faim. J'étais une mauvaise mère, impuissante à combler les besoins de ses enfants! Je n'avais aucun contrôle sur la situation. J'observais sans pouvoir faire quoi que ce soit!

Le lendemain matin, je fis la connaissance de la *dame au couscous*, qui nous gâta avec ses galettes au beurre, servies avec lait et café. En voyant le plateau de nourriture, Mélissa se précipita comme si elle en avait été privée depuis plus d'un mois. Ce comportement commençait à m'inquiéter, car ce n'était pas la première fois que je l'observais.

Quelle gentillesse! Je remerciai la dame de tout mon cœur! Dieu, en nous l'envoyant, nous faisait savoir qu'il veillait sur nous!

Ce vendredi-là – le vendredi est jour férié en Algérie –, alors que nous regardions la télévision, j'entendis un homme hurler dans la rue. Je reconnus la voix de mon frère aîné qui criait, à tous ceux qui voulaient l'entendre:

« Écoutez-moi, vous tous, voisins de Samia, de celle qui n'est plus ma sœur devant Dieu et les hommes! C'est une femme du mal! Arrêtez de les nourrir, elle et ses filles. Si vous continuez à aider cette femme sale, elle couchera un jour avec vos maris. Elle ne mérite aucun respect, ni aucune pitié de votre part. Éloignez-vous de son chemin et Dieu vous en saura gré. Libre à quiconque de la tuer pour se purifier et nous purifier en même temps. Son sang conduira directement au paradis celui qui la tuera. »

Quelques voisins, surtout des hommes, l'entouraient et l'écoutaient attentivement. Je pouvais deviner les ignominies qu'il inventait à mon sujet. J'éloignai mes filles afin qu'elles n'entendent pas ses paroles blessantes.

Je devenais une proie pour celui qui voulait se garantir une place au paradis. Quelqu'un pouvait me tuer, pour faire plaisir à ma famille ou pour se purifier, en étant convaincu que j'étais malsaine et impure. J'étais une garantie de paradis pour ceux qui avaient quelque chose à se reprocher devant Dieu!

Si j'étais maintenant celle qui était à abattre, je devais éviter de sortir à tout prix et ne pas rester seule... Mais j'avais besoin d'aide. Cette nuit-là, il me vint une idée, idée que je mettrais en pratique dès le lendemain matin.

Norah restait à la maison, car c'était journée pédagogique pour elle. J'accompagnai Mélissa à l'école puis je me rendis chez le meilleur ami de mon père en qui j'avais toujours eu confiance. Peut-être intercéderait-il auprès de mon père pour obtenir un peu d'argent pour notre survie. Il écouta attentivement mon histoire et promit de réfléchir. Il me contacterait bientôt... J'ignorais si ma démarche serait fructueuse, mais j'avais au moins tenté quelque chose!

J'avais hâte d'en parler avec Norah, mais... une mauvaise surprise m'attendait à la maison. Norah était dans tous ses états.

«Que se passe-t-il? C'est Abdel, n'est-ce pas? Il a téléphoné! Raconte-moi vite!»

Je la voyais tendue, mais elle avait une ébauche de sourire aux lèvres; je ne comprenais pas l'expression de son visage.

«Parle donc! Que se passe-t-il? répétai-je.

— Ne t'inquiète plus, maman, il ne nous menacera plus jamais! Sois tranquille maintenant. Il te contactera bientôt pour te donner la date de l'audience pour le divorce.»

Je restai pétrifiée. Je n'en croyais pas mes oreilles. Je ne savais plus quoi penser! Était-ce possible qu'Abdel ait changé d'avis? Soudain, Norah se jeta dans mes bras pour me serrer très fort.

«Norah, dis-moi tout, ne me laisse pas ainsi, s'il te plaît! insistai-je.

— Il nous laissera la paix dorénavant; nous serons bientôt débarrassées de lui à tout jamais! Pour le moment, je t'accompagne jusqu'à l'école de Mélissa!»

Et elle m'emboîta le pas en se dirigeant vers la porte.

Que s'était-il passé pour qu'Abdel change subitement sa décision? Est-ce que ce changement pouvait avoir quelque rapport avec l'échange qu'il venait d'avoir avec sa fille? J'avais tant souhaité qu'il accepte le divorce que je n'arrivais pas à croire qu'il l'ait fait.

Le lendemain très tôt, ma voisine Malika nous

apporta à déjeuner. J'étais ravie de la voir, mais j'étais un peu surprise qu'elle se soit présentée après les propos diffamants de mon frère. J'abordai la question avec elle.

« La voisine d'à côté m'a tout raconté, précisa-t-elle tout naturellement. Les gens d'ici ont la langue bien pendue et adorent les commérages de nature méchante, surtout ceux qui visent de pauvres femmes comme nous. Comme je suis veuve, je n'ai pas peur que tu couches avec mon mari! »

Et nous avons éclaté de rire toutes les deux, ce qui ne m'était pas arrivé depuis longtemps.

« Je sais à quel point peut souffrir une femme seule entourée de mâles dominateurs à tête dure! Je serai toujours à tes côtés; aucun membre de ta famille ou qui que ce soit d'autre ne réussira à m'impressionner. »

Le soir venu, Hussein me téléphona. Je lui racontai, pêle-mêle, l'acceptation d'Abdel, les paroles blessantes de mon frère, ainsi que ma visite à l'ami de mon père.

« Maintenant, le plus important est d'enclencher les démarches en vue du divorce. Plus tôt tu l'obtiendras, plus tôt je pourrai vivre auprès de vous et assurer votre protection.

— J'espère qu'Abdel tiendra parole et que les formalités pour le divorce se dérouleront rapidement. Qu'adviendrait-il à mes filles si un malheur m'arrivait maintenant? Une telle pensée me terrorise! J'ai besoin de toi, Hussein. »

L'appel d'Abdel marqua un tournant dans la suite des évènements. Il m'annonçait que l'audience pour le divorce était fixée au 7 octobre à dix heures du matin. Fidèle à lui-même, il en profita pour m'indiquer qu'il réclamerait tous les meubles achetés à son nom. Aucune importance! Ma liberté n'avait pas de prix!

Pouvoir enfin divorcer et me remarier avec Hussein signifiait pour moi que la vie me donnait une seconde chance, que Dieu m'envoyait un protecteur. En écrivant ces lignes, je réalise à quel point mes idées étaient marquées par la culture musulmane. Je cherchais un protecteur, et j'étais loin de penser à gérer ma vie de façon autonome. J'ai cheminé depuis...

Le climat d'insécurité qui régnait alors dans la ville d'Alger m'affectait de plus en plus. Tous les matins, j'étais anxieuse quand mes filles partaient pour l'école et je paniquais à la première minute de retard.

Un soir, Norah revint tout essoufflée. Elle avait été suivie par un homme à l'allure bizarre.

«Je me suis mise à marcher rapidement et il a fait de même. Quand j'ai commencé à courir, il a couru aussi. J'ai cru qu'il allait m'enlever pour me livrer aux terroristes cachés dans les montagnes. J'étais contente que la maison soit à proximité!

— Je crois qu'il serait plus prudent de rester à la maison jusqu'à ce que Hussein vive avec nous et puisse t'accompagner à l'école. Qu'en penses-tu?

— Je veux quitter ce pays, j'ai trop peur!

— Pour le moment, ce n'est pas possible, Norah. Tu as pu le constater, souviens-toi! Quand l'occasion se présentera, nous le ferons sans hésitation, crois-moi!»

Nous nous sommes serrées l'une l'autre pendant de longues minutes, pour nous réconforter mutuellement.

J'avais hâte que le 7 octobre arrive pour me libérer et libérer mes filles d'une partie de mon misérable passé! Je voulais tourner la page sur ce mariage raté, ces années remplies de haine et de peur, de coups et de violence. Je voulais me délivrer à tout jamais de cet homme qui m'avait, en partie, détruite et qui m'avait volé les plus belles années de ma jeunesse.

CHAPITRE XII

Divorce souhaité

Arriva enfin le jour béni du 7 octobre 1994. Mes filles et moi étions dans la salle d'attente quand Abdel entra en traînant avec lui tous les horribles souvenirs qu'il représentait. Par ses regards haineux, il cherchait à nous intimider, mais il ne réussit pas à atteindre son but. Je contrôlais à peine la rage et le dégoût qu'il m'inspirait.

Norah gardait les yeux baissés tandis que Mélissa, toujours aussi anxieuse, s'accrochait fermement à mon bras. Hussein était absent, car nous avions jugé que sa présence aurait pu nous être préjudiciable.

Notre audience était fixée à dix heures. Je voulais en finir au plus vite pour le chasser de ma vie! Enfin, ce fut notre tour.

Devant le juge, Abdel proféra une multitude d'obscénités sur mon compte et sur celui de ma famille.

«Je veux tous les meubles, monsieur le juge, car c'est moi qui les ai payés en France. Voici les factures.»

L'espace d'une seconde, son regard croisa celui de Norah.

«Excusez-moi, monsieur le juge, j'ai changé d'avis. Je ne veux garder que ma voiture. Je lui laisse le reste, y compris les enfants.»

J'étais sidérée. Je ne comprenais pas son comportement! Que signifiait ce brusque changement après avoir croisé le regard de Norah? Ce n'était jamais dans ses habitudes de renoncer à ce qu'il pouvait obtenir. Craignait-il quelque chose? Ou était-ce par un sursaut de culpabilité?... Au fond de moi, je savais qu'Abdel n'avait aucune conscience et que son geste cachait autre chose. Je l'apprendrais tôt ou tard en questionnant Norah.

Pour l'instant, la procédure se terminait et le papier était signé. Je me sentais revivre et mes deux filles partageaient ma joie. Abdel – dorénavant mon ex-mari – quittait la salle. Plus il s'éloignait, plus je réalisais qu'il ne faisait plus partie de notre univers. Soudain, il se retourna en faisant le geste de l'égorgement. Sa menace me laissa indifférente, car mon immense bonheur me servait de bouclier contre ses attaques.

J'étais officiellement divorcée et j'avais la garde totale et entière de mes filles. Il avait signé un papier attestant qu'il renonçait à son droit de visite. Je croyais naïvement que ce papier permettrait à mes filles de quitter le pays... mais j'appris un peu plus tard qu'elles demeuraient filles de leur père toute leur vie durant, même s'il renonçait à son droit. Quel pays!

Je volai jusqu'à la maison tant j'avais hâte de partager ma liberté toute récente avec Hussein.

«Je suis si heureux, Samia! Enfin, tu peux respirer! Plus rien ne pourra nous empêcher de nous marier.

— Le plus tôt sera le mieux! répondis-je, plus amoureuse que jamais.

— Et si on se mariait cette fin de semaine, qu'en penses-tu?

— Je suis déjà prête, Hussein. J'ai tellement besoin de te sentir auprès de moi!»

***

Nous avons décidé de nous unir religieusement le vendredi suivant et, civilement, une semaine plus tard à la mairie.

Dans mon pays, il était courant de se marier religieusement et civilement. Les deux cérémonies pouvaient se dérouler conjointement ou en deux temps distincts. Le mariage religieux était célébré par un imam[7], soit à la maison des mariés ou chez l'officiant, en présence d'un témoin, en l'occurrence un homme d'un certain âge. Le mariage civil se déroulait à la mairie et représentait l'enregistrement légal qui permettait d'inscrire les enfants dans le livret de famille. La femme devait avoir comme témoin un homme portant le même nom qu'elle ou, sinon, elle devait avoir l'autorisation paternelle.

Le vendredi, Hussein arriva en compagnie d'un imam et de trois de ses amis. Le plus âgé d'entre eux représenterait mon père et accorderait ma main à sa place.

J'attendais le début de la cérémonie dans la pièce attenante, en présence de mes filles et de ma voisine. Seul le moment de la bénédiction put me faire croire en mon bonheur. Après avoir lu les versets du Coran, l'imam réunit la main de Hussein et la main de mon témoin. J'étais désormais unie à Hussein, devant Dieu et les hommes! Je n'étais plus seule, nous étions deux pour affronter la vie et ses problèmes.

Cette nuit-là, j'ai connu ma première nuit d'amour! Pour la première fois de ma vie, la présence d'un homme à mes côtés me comblait de tendresse et de plaisir sensuel. J'avais à réapprendre, au fil des jours, à aimer et à être aimée par un homme que je n'aurais jamais à craindre. Quel plaisir de pouvoir s'endormir et se réveiller langoureusement aux côtés d'un homme digne de notre amour et de notre confiance!

Durant la semaine qui suivit, ma qualité de vie s'était déjà grandement améliorée. J'avais hâte que Hussein revienne du travail et je n'étais plus hantée par le bruit de la clef dans la serrure. Mon niveau d'anxiété avait baissé parce que Hussein était là quand

---

7. Chef religieux musulman.

j'en avais besoin et aussi parce qu'il accompagnait Norah à l'école.

Le vendredi suivant, Hussein m'amena à la mairie pour le mariage civil, mais l'agent responsable refusa de nous marier.

«Madame, votre père doit vous accompagner ou vous devez avoir une procuration signée de sa main vous autorisant à vous marier.

— Comment ça! rétorqua Hussein. Elle a plus de trente ans et elle est officiellement divorcée.»

Indifférent à notre situation, l'agent continuait à lire son journal.

«Une femme ne peut jamais être son propre tuteur même à soixante ans! Madame, vous avez besoin de votre tuteur pour vous marier. Allez chercher votre père et revenez avec lui!»

Hussein me prit la main.

«Partons, car je vais perdre patience. Quittons cet endroit maudit», ajouta-t-il avec colère.

Cette loi empêchait l'autonomie des femmes, mais elle affectait également les hommes. Hussein ne pouvait pas se marier avec celle qu'il aimait! Il prenait conscience de la pénible condition de la femme en Algérie. Même si la femme n'était plus jeune, elle ne pouvait jamais prendre ses propres décisions! Naître femme et subir sa condition de femme durant toute une vie!

«Commences-tu à comprendre comment une femme peut se sentir dans ce pays?

— J'en prends de plus en plus conscience. Comment allons-nous faire pour nous marier?

— As-tu des contacts dans ton milieu? Un haut gradé pourrait-il se substituer à l'agent de la mairie?

— Justement, j'ai un ami qui travaille à la mairie d'une localité située à cent kilomètres d'ici. Peu importe la distance, nous nous déplacerons.

— Nous irons à l'étranger s'il le faut, ajoutai-je en souriant.

— Jusqu'aux Indes pour t'épouser!» reprit-il en jouant le jeu.

L'ami de Hussein nous confirma qu'il pouvait officialiser notre union. Il nous attendait le lendemain.

Mélissa et Norah nous accompagnèrent pour la circonstance, et l'ambiance était à la fête pendant le trajet.

C'est ainsi que je devins officiellement madame Rafik. Ce mariage me comblait. J'existais à nouveau aux yeux de la loi, et mes filles aussi par le fait même!

Mais ce beau ciel bleu ne pouvait rester limpide très longtemps; des nuages se pointaient à l'horizon. Je ne fus pas surprise quand les difficultés réapparurent. Je restais l'enfant maudite et j'étais convaincue de le demeurer, du moins tant que je vivrais dans ce pays, entourée de ces fanatiques.

Les appels de menaces recommençaient, mais, cette fois, les voix m'étaient inconnues. En voici quelques exemples:

«Sale pute, tu as renié ta famille. Tu as chassé l'homme pur pour le remplacer par un impur. Tu seras maudite à jamais! Nous nous occuperons de toi et de tes filles! Et gare au traître qui t'a épousée.

— Tu crèveras, la maudite! Nous t'égorgerons puis nous boirons ton sang. Ce sera ton sang qui nous guidera droit au paradis.

— Grâce à nous, ce pays sera nettoyé des femmes impures comme toi et tes filles. Nous te tuerons! Avant de tuer tes filles, nous nous amuserons avec elles dans les montagnes! Elles sont si jeunes et si belles!»

Les voix ricanaient vulgairement. Je raccrochais, mais on recommençait. Nous avons changé plusieurs fois de numéro de téléphone; l'effet était de courte durée et les appels reprenaient de plus belle.

***

À cette époque, l'intégrisme radical était très présent en Algérie. Avant, l'Islam permettait aux femmes de travailler et plusieurs d'entre elles étaient coiffeuses. Avec la montée de l'intégrisme, elles n'avaient plus le droit de pratiquer leur métier. Un soir, les informations télévisées montrèrent une coiffeuse qui avait été égorgée par des terroristes parce qu'elle leur avait tenu tête en gardant son salon ouvert. Sa bouche était cousue de fil barbelé. C'était une façon de signifier aux femmes qu'elles seraient punies si elles avaient une *grande gueule*, c'est-à-dire, si elles répliquaient. Ces images étaient monstrueuses et dérangeantes et nous donnaient froid dans le dos.

Ce pays n'était plus le mien; je pensais de plus en plus sérieusement à m'en éloigner avec mes filles. J'étais inquiète dès que l'une d'elles franchissait la porte. Je respirais en paix seulement quand elles étaient toutes les deux à la maison.

Le jour suivant la présentation de ces images, je reçus un appel de menaces par une nouvelle voix inconnue.

«As-tu vu les belles images à la télévision hier soir?

— Je n'ai pas peur de vous et je vous emmerderai jusqu'à la fin de mes jours! répliquai-je.

— Tu n'as pas peur, grande gueule! Sais-tu ce qui arrive aux grandes gueules comme toi? On coud leurs mâchoires au moyen de fil barbelé, puis on les égorge.»

Je raccrochai, horrifiée. Je prenais de plus en plus la menace au sérieux et j'en discutai avec Hussein. Pour lui, contrairement à moi, ces paroles n'étaient que des menaces gratuites et ne représentaient aucun risque. Il m'incitait à raccrocher le plus rapidement possible sans leur prêter attention.

***

Malgré le soutien et l'assurance de mon mari, je vivais dans un climat d'insécurité constante. J'étais terrorisée dès que Norah quittait la maison. Avec du recul, je peux qualifier cette peur d'obsession.

Un soir que Hussein était allé la chercher à l'école et qu'elle n'était pas au rendez-vous, le directeur l'avisa de ses nombreuses absences non motivées. En sillonnant les rues à sa recherche, il l'aperçut au milieu d'un groupe d'amies. Il la ramena à la maison et me mit au courant des faits.

Ainsi, Norah, toujours si sérieuse, faisait l'école buissonnière! Et en cachette alors qu'elle était entourée de dangers. Quelle inconsciente! Je ne comprenais pas son comportement et surtout je ne l'acceptais pas! Norah me devait une explication.

«Qu'as-tu pensé? demandai-je sur un ton colérique. Pourquoi agis-tu ainsi? Je prends le risque de t'envoyer à l'école et Hussein se donne la peine de t'accompagner pour que le trajet soit sécuritaire et toi, tête légère, tu mets ta vie en danger, tu batifoles avec tes amies. Donne-moi une seule raison valable pour agir ainsi quand moi, je me morfonds à t'attendre. Allez, je t'écoute.

— Maman, c'était plus fort que moi! Faire l'école buissonnière est la seule façon d'être avec mes nouvelles amies algériennes. J'ai besoin de liberté et j'aime m'amuser. Je te fais remarquer que je n'ai pas ton âge! Toi, tu partages l'amour de ton mari, mais moi, je n'ai pas d'amoureux et je me sens tellement seule.»

Norah reprit son souffle. Elle me regarda agressivement et reprit sur un ton tranchant et colérique:

«C'est ta faute si je suis coincée en Algérie alors que j'aimerais tant être en France avec mes amies. Et tu me tiens prisonnière avec tes peurs déraisonnables.»

Ses attaques répétitives augmentèrent ma fureur et je

perdis le contrôle. Sous l'effet de la colère, mes paroles dépassèrent ma pensée, comme il arrive souvent...

«Tu me fais des cachettes; je ne peux plus te faire confiance. Tu manques l'école et je ne sais pas où tu vas! Je ne suis pas capable d'envisager l'idée qu'il peut t'arriver un malheur! Si tu trouves mes peurs déraisonnables, peut-être ton père sera-t-il plus adéquat que moi. Il sera sûrement capable de te laisser la liberté à laquelle tu aspires tant! Je vais faire des recherches pour le retrouver et tu iras le rejoindre.»

Norah éclata soudainement en sanglots. Elle continuait à hurler, mais des notes de détresse perçaient dans sa voix. Encore subjuguée par la colère, je demeurai insensible.

«Non, maman, ne me renvoie pas chez lui sinon je vais me suicider! Je ne veux plus endurer ce qu'il m'a fait subir pendant des années.

— Il s'en prenait à moi, Norah, ne l'oublie pas. Pas à toi! répliquai-je, sans comprendre encore.

— Maman, ce n'est pas toi qui as enduré ce qu'il me faisait; ce n'est pas toi qui as été victime d'inceste de la part de ton père pendant des années!» cria-t-elle désespérément.

Ma colère tomba brusquement. J'étais secouée et choquée par les révélations de ma fille. Comment ces actes avaient-ils pu se dérouler sous mon nez sans que je m'en rende compte? Je savais qu'Abdel était un monstre, mais je n'avais jamais imaginé qu'il le fût à ce point. En aucun moment, je ne doutai de la véracité des révélations de ma fille. J'avais mal pour elle, tellement mal que j'aurais voulu mourir. J'aurais voulu être à sa place pour la soulager de cette atrocité et des traces laissées par ces gestes.

Je pris Norah dans mes bras et la serrai sur mon cœur. Après un certain temps, nous nous assîmes côte à côte. Je lui demandai de tout me raconter.

Abdel avait abusé d'elle pendant des années, de l'âge de cinq ans jusqu'à ce qu'elle en ait treize, au moment de notre séparation. Norah parlait de façon saccadée, avec une toute petite voix filtrée par l'émotion, une voix de petite fille apeurée qui me faisait peine à entendre.

Elle partagea ses malaises, ses peurs, sans oublier ses souffrances et surtout son impuissance. Il la menaçait de me tuer si elle m'en parlait. Pendant toutes ces années, elle avait caché son secret honteux pour m'éviter plus de souffrances encore. Elle s'était long-temps sentie coupable, sans trop savoir pourquoi. Je fus soulagée d'entendre que maintenant, elle en attribuait l'entière responsabilité à son père. Il était allé jusqu'à lui dire que toutes les bonnes petites filles sages et obéissantes étaient obligées de faire ces gestes avec leur père pour mériter son amour!

Elle se sentait encore souillée et mal à l'aise quand ses amies parlaient de leur amoureux. Elle avait long-temps fait des cauchemars, mais ils s'étaient estompés graduellement.

Que j'avais honte! Ma petite fille avait été sexuel-lement agressée sous mon toit pendant huit ans et moi, je ne voyais rien, je ne soupçonnais rien! Quelle mère indigne j'étais! Elle m'a protégée, mais qui l'a protégée, elle? J'étais centrée sur mes problèmes et j'ignorais les obscénités qu'il lui faisait endurer.

Abuser de sa propre fille innocente m'apparaissait comme un crime qu'aucune peine ne pouvait racheter. Abuser de sa femme était d'un autre ordre : je pouvais culturellement le comprendre même si je ne l'accep-tais pas.

Le blâme que je m'adressais se transforma en une violente colère contre cet être abject et pervers. S'il avait été en face de moi, je l'aurais tué de mes propres mains pour avoir terrorisé ma fille durant toutes ces années. J'aurais voulu qu'un tel monstre n'ait jamais vécu et qu'il meure immédiatement. Je voulais venger ma fille et me venger par la même occasion.

Ma pauvre petite Norah! J'en avais mis du temps à comprendre que, sous l'image de fille forte, mature et réfléchie qu'elle projetait, se cachait une enfant sensible et meurtrie.

Norah a profité de l'occasion pour m'apprendre que j'avais obtenu mon divorce grâce à une négociation entre elle et son père. Le fameux soir où ils s'étaient parlé au téléphone, Norah l'avait menacé de lever le voile sur ce qu'il lui avait fait subir s'il n'acceptait pas de divorcer et de disparaître de nos vies.

J'étais encore abasourdie par toutes ces confidences. Pendant de longues et pénibles années, ma petite fille avait gardé secrets les agissements ignobles de son père. Elle avait souffert en silence toute seule. Je lui fis promettre de venir me confier ses difficultés; je lui répétai que je serais toujours là pour l'aider à trouver des solutions à ses problèmes et la protéger. Même si ma vie était remplie d'embûches, elle n'avait plus à me protéger parce que j'étais une adulte et que j'avais plus d'expérience qu'elle. Elle pouvait me faire confiance et partager ses peines.

Après m'avoir écoutée avec attention, elle me gratifia d'un sourire radieux et me sauta au cou. Son geste atténua mon sentiment d'avoir été une mauvaise mère, une mère coupable de ce qui était arrivé à sa fille!

Comment me racheter? Je ne pouvais pas effacer le mal qu'il lui avait infligé; je ne pouvais que l'atténuer. Ce jour-là, je décidai d'être plus attentive à ma fille, à ses besoins et à ses sentiments. Je dépasserais l'image de fille forte qu'elle projetait pour me soucier de la petite fille sensible qui avait longtemps souffert en silence.

Après s'être soulagée de son secret, Norah sembla plus détendue et plus gaie. Elle ne fit plus l'école buissonnière et je m'efforçai d'être moins anxieuse quand elle avait à sortir de la maison. Son beau-père faisait attention à elle dans la mesure de ses disponibilités. Quand son travail le lui permettait, il l'accompagnait dans ses allers et retours à l'école. Norah semblait en confiance avec mon nouveau mari.

***

Durant la même période, je remarquai des signes qui m'étaient familiers : maux de cœur, fatigue, sommeil. J'étais sûrement de nouveau enceinte. Alors que Hussein était tout heureux de sa première paternité, je souhaitais, quant à moi, que ce fût la dernière.

Mon amie gynécologue me fit subir une échographie.

« Chère Samia, m'annonça-t-elle en souriant, tu seras doublement contente : tu donneras naissance à deux garçons !

— En es-tu certaine ? »

Hussein était très fier de sa double paternité.

« Père de deux garçons, en même temps ! Grâce à toi, je peux porter la tête haute devant ma famille et mes amis ! Je te remercie, Samia. »

Décidément, tous les hommes de ce pays sont du même avis. C'est un honneur, pour un homme, d'avoir un aîné de sexe mâle. Un jour où nous parlions ensemble d'enfants à venir, il m'avait assuré qu'il souhaitait deux enfants, un garçon et une fille. Moi qui croyais que Hussein était différent des autres hommes de ce pays !

Mes deux filles furent heureuses d'apprendre la nouvelle, mais Norah me fit part de sa réticence.

« Comment fuir le pays avec deux bébés dans les bras ? Tout se complique à présent !

— Ta remarque est très pertinente, mais, même avant ma grossesse, c'était déjà compliqué de quitter le pays. Avec ou sans bébés, les problèmes seront les mêmes. Nous trouverons une solution et nous quitterons ce pays, un jour ou l'autre, c'est promis!»

J'avais répondu avec assurance tout en sachant au fond de moi qu'elle avait raison. Avec quatre enfants, dont deux bébés, je me voyais difficilement voyager par monts et par vaux. Je fis comme chaque fois qu'un problème m'apparaissait difficile à résoudre. Je préférai ne plus y penser. J'y ferais face en temps opportun. Chaque chose en son temps!

***

Les jours passaient et les dangers persistaient. Plusieurs fois, Norah s'était fait suivre quand Hussein n'avait pu l'accompagner à l'école. Quand cela se produisait, elle s'absentait de ses cours pendant les jours suivants. Ses professeurs jugeant ses absences injustifiées, Norah fut expulsée de l'école.

D'une façon, j'étais déçue qu'elle ne puisse poursuivre sa scolarité, mais, par ailleurs, j'étais tellement plus rassurée de la savoir près de moi. Égoïsme peut-être! Mais sécurité avant tout! Mélissa fréquentait toujours son école, située à quelques mètres à peine de la maison. En regardant par la fenêtre, je pouvais la voir entrer et sortir de l'établissement.

Les mois passèrent et ma grossesse gémellaire me fatiguait de plus en plus. J'étais énorme, épuisée et anémiée. J'essayais de contrôler mon stress comme me l'avait conseillé mon médecin, mais je n'y parvenais pas. Je devais accoucher par césarienne parce que mes jumeaux étaient mal placés pour un accouchement par voie naturelle. L'idée d'avoir à subir une telle intervention m'énervait, car je me voyais mourir sur la table d'opération. J'implorai mon médecin de ne pas m'anesthésier, mais il ne pouvait faire autrement, car la péridurale n'était pas pratiquée en Algérie à cette époque.

J'ai pensé accoucher en France en laissant les filles avec Hussein. Ma grossesse était trop avancée et les compagnies aériennes refusaient de prendre le risque d'un accouchement en plein vol. J'étais du même avis d'ailleurs!

Durant mon dernier mois de grossesse, je proposai à Norah de m'accompagner pour me changer les idées.

«J'ai besoin de sortir, car j'étouffe entre les quatre murs de la maison. Viens-tu avec moi?

— Certainement. Si tu savais comme j'ai l'impression de mourir à petit feu, ici!

— Ne t'inquiète pas, tu ne mourras pas ici. N'oublie pas qu'un jour nous partirons, mais, pour le moment, toi et moi nous sortons!»

Après m'être voilée, nous sortîmes dans la rue. Je me sentais si lourde que je me traînais les pieds. J'étais peu entraînée, car j'avais l'habitude de me déplacer en auto avec Hussein.

«Que c'est bon de pouvoir marcher et sortir dans la rue!

— Tu appelles ça, marcher et sortir! On respire un peu d'air, sans plus, répondit Norah, excédée.

— Je sais que ce n'est pas la liberté que tu souhaites! C'est un avant-goût que Dieu nous offre aujourd'hui. Un jour, nous serons libres et nous irons où nous déciderons d'aller.

— Je ne crois plus à ce fameux jour qui semble s'éloigner alors qu'il devrait se rapprocher. Je suis sûre que nous allons mourir dans ce foutu pays!» ajouta-t-elle, les larmes aux yeux.

Soudain, en arrivant à notre hauteur, un homme s'arrêta et nous regarda avec mépris. Il cracha devant nous et nous cria, avant de disparaître:

«Au diable les impures!»

Il n'en fallait pas davantage à Norah : elle revint immédiatement à la maison pour retrouver son calme.

La situation politique n'avait pas changé et l'atmosphère de peur et de terreur perdurait. Pendant combien de temps pourrais-je continuer à vivre ainsi?

Pour une fois, Mélissa avait échappé à cet affront; j'en étais contente d'autant plus qu'elle commençait à s'adapter à son mode de vie, contrairement à sa sœur aînée.

Tard dans la soirée, le téléphone retentit. Je croyais que c'était Hussein qui me prévenait de son retard, mais il s'agissait de l'*homme aux menaces*.

«Comme ça, tu attends un heureux évènement! Sais-tu ce qui va t'arriver bientôt? On va t'ouvrir le ventre, t'enlever ton petit bâtard et le tuer. On mettra la tête de ton mari à la place.»

Et j'entendis son rire démoniaque. Je raccrochai précipitamment.

J'étais trop tendue pour dormir, d'autant plus que Hussein tardait à rentrer. Je priais Dieu qu'il ne lui soit rien arrivé. Étant incapable de rester en place, je faisais des va-et-vient entre ma chambre et celle des jeunes.

«Qui a téléphoné, maman? demanda Mélissa.

— C'était Hussein. Il voulait me dire qu'il était retardé. Endors-toi, ma chérie!» mentis-je pour la rassurer.

Hussein rentra très tard cette nuit-là. À peine avait-il posé le pied sur le seuil que ma colère éclatait comme un ouragan destructeur. J'allai jusqu'à le tenir responsable de tout ce qui nous arrivait. Je savais que j'étais injuste, mais je n'arrivais plus à me maîtriser. Toujours calme, Hussein tenta de m'apaiser, mais ce fut sans succès.

Et c'est alors que... je sentis un liquide chaud entre mes cuisses, je perdais mes eaux... Ce n'était pas le moment! L'accouchement était prévu trois semaines plus tard... Et je ne voulais pas de césarienne! Je refusais d'accoucher parce que j'étais convaincue que l'anesthésiste en profiterait pour me tuer! J'étais vraiment devenue paranoïaque. Bref, je pris panique.

Toujours en conservant son sang-froid, Hussein partit chercher la voiture. Je réussis à reprendre mes esprits. Mes filles dormaient et je réfléchissais à toute vitesse. Elles ne pouvaient rester seules en attendant le retour de Hussein. Ma voisine Malika pourrait sûrement me dépanner! Je décidai de l'appeler.

«Malika, excuse-moi de te réveiller. Je suis sur le point d'accoucher. Peux-tu venir garder les filles pendant l'absence de mon mari?

— Je m'habille en vitesse et j'arrive, Samia.»

Ouf! Voilà un problème réglé!

Des pas dans le couloir; j'aperçus Norah.

«Que se passe-t-il?

— Je viens de perdre mes eaux et je dois me rendre à l'hôpital le plus rapidement possible. Tes frères s'annoncent! Notre voisine traverse à l'instant. S'il devait m'arriver quelque chose, promets-moi de toujours prendre soin de ta petite sœur. N'accepte jamais qu'on vous sépare. Je veux que vous restiez toujours ensemble. N'oublie jamais que je vous aime fort toutes les deux.

— Pourquoi parles-tu ainsi, maman? On dirait que tu nous quittes pour toujours!

— Je vais tout faire pour revenir ici, rassure-toi. Je t'ai dit cela au cas où il m'arriverait quelque chose durant l'accouchement.»

Hussein et Malika entrèrent en même temps. Je confiai la responsabilité de la maison à ma grande et je la serrai fort dans mes bras. Hussein se chargea de ma valise et me tendit le bras en guise d'appui.

Et, le cœur serré, je quittai ma famille.

***

L'équipe de la maternité avait été prévenue de notre arrivée. On m'installa sur la table d'opération en vue d'une césarienne, tel que le docteur l'avait recommandé.

« Ai-je vraiment besoin d'une césarienne? insistai-je. Je préfère accoucher naturellement.

— Il le faut, madame. Sinon nous risquons la mort de vos bébés. »

Pendant qu'on poursuivait les préparatifs, je vis Hussein s'éloigner.

« Où vas-tu, Hussein? criai-je. Reviens, j'ai besoin de toi!

— Je reviens dans une minute, Samia. J'ai un appel important à faire pour le travail. Je t'expliquerai plus tard. »

Peu après, une infirmière vint me prévenir que mon mari avait dû s'absenter d'urgence pour son travail et qu'il reviendrait dès qu'il le pourrait. L'anesthésiste était sur le point de procéder.

« Je refuse d'être endormie en l'absence de mon mari, répétai-je sans arrêt, de plus en plus affolée.

— Madame, calmez-vous! La vie de vos bébés en dépend! »

Le médecin tenta de me raisonner, mais lui aussi s'impatientait.

Il fallut qu'on m'attache les mains et les pieds pour m'endormir. Je n'avais confiance en personne. J'imaginais que des terroristes avaient infiltré le personnel pour me faire du mal. Malgré moi, le produit anesthésiant fit effet et je me sentis partir.

J'étais incapable de réagir tout en étant à demi consciente. Je souffrais tout en ayant l'impression de flotter entre deux eaux sans pouvoir faire quoi que ce soit. Le docteur et l'anesthésiste se faisaient la conversation comme si je n'existais pas. Puis l'un des deux annonça la naissance du premier bébé :

« Deux kilos quatre cents grammes ! »

J'avais de plus en plus mal. Je devais leur faire savoir que j'étais, en partie, éveillée. Je me concentrai sur mon index et je réussis à le faire bouger pour alerter le médecin. L'anesthésiste s'en rendit compte et prévint son collègue.

« Je vais la rendormir au plus vite. Pourtant, dans l'état où elle était, je lui avais administré une dose capable d'endormir un cheval. À ma connaissance, c'est la première fois qu'un tel phénomène se produit. »

Après la seconde dose, je me sentis partir à nouveau, mais l'effet fut une fois de plus de courte durée. Je repris à moitié conscience au moment où les médecins sortaient mon deuxième bébé. Je souffrais, mais, d'une certaine façon, j'étais contente, car je pouvais me rendre compte de ce qui se passait.

« Bon Dieu, elle est encore éveillée ! Es-tu sûr de lui avoir injecté une seconde dose ?

— Je vais y remédier, ne nous affolons pas ! Elle refuse vraiment de dormir ! » répondit l'anesthésiste au médecin inquiet.

Encore une fois, je me sentis partir pour me réveiller au moment où le médecin refermait la plaie.

« Ne vous inquiétez pas, madame ! Il ne nous reste qu'une agrafe à poser ! Je sais que vous avez souffert et que vous souffrez encore ! Voilà, c'est fini ! »

La main de l'anesthésiste me caressait le front doucement.

« Je suis anesthésiste depuis vingt-sept ans. C'est la première fois que je vois une patiente demeurer réveillée malgré les doses que je lui injecte. Madame, vous êtes tenace ! Quand vous dites que vous ne voulez pas dormir, eh bien, vous ne dormez pas ! dit-il en riant.

« — Les bébés sont en bonne santé! » annonça gentiment le médecin.

Maintenant que je savais que le personnel était digne de confiance, je pouvais lâcher prise. Après trois heures de sommeil profond, j'entendis la voix de Hussein. Je détournai les yeux, car je lui en voulais de m'avoir laissée seule dans un moment aussi crucial.

« J'obéissais aux ordres de mes supérieurs, s'excusa-t-il. Je ne pouvais pas faire autrement!

— Tu aurais pu si tu l'avais réellement voulu. Tu savais pourtant que je me méfiais du personnel hospitalier. Malgré cela, tu as osé me laisser seule! Je ne te pardonnerai jamais. »

L'air désolé, Hussein me prit la main.

« Je te savais en bonnes mains dans cet hôpital militaire. Je te savais en sécurité.

— Militaire ou pas, on aurait pu me tuer si on avait voulu. J'ai peur de mourir et de laisser mes enfants seuls. »

Cette phrase était devenue une litanie bien connue de mon mari.

« Je sais, Samia. Rappelle-toi ma promesse. Je veillerai sur toi et sur les enfants. Je te le jure à nouveau! »

Hussein était impatient d'aller voir ses jumeaux à la pouponnière. À son retour, il était intarissable d'éloges à leur égard.

« Si tu voyais comme ils sont beaux tous les deux! Ils sont couchés côte à côte et le plus grand, Ryan – comme nous avions convenu de l'appeler –, avait placé sa main sur la joue de son frère, Elias! Ils sont adorables. Merci, Samia! Tu m'as comblé! »

Il m'embrassa sur le front.

« Tu n'as pas besoin de me remercier, Hussein, car ces garçons sont un don de Dieu. Je n'y suis pour rien! »

En prononçant ces mots venus d'un passé lointain, mes souvenirs de petite fille rejetée refirent surface. Pour ma mère, parce que j'étais une fille, je représentais un cadeau empoisonné donné par le diable! J'aurais voulu expliquer mon désarroi à mon mari, mais ce n'était pas le moment et Hussein n'était en rien responsable de mon enfance malheureuse.

Mon mari resplendissait de bonheur. Après nous être entendus sur une visite des filles le lendemain, Hussein retourna à la maison et me laissa me reposer.

J'avais été dure à son endroit, mais je devais lui faire comprendre le désarroi dans lequel il m'avait laissée. Je n'aurais jamais été capable d'oublier son geste si j'avais conservé ma rancœur secrète!

Avant de m'endormir, j'éprouvai un vague sentiment d'impuissance: serais-je capable de protéger quatre enfants et de les faire sortir de ce pays un jour? La fatigue l'emporta sur mes préoccupations...

Le lendemain matin, Norah et Mélissa vinrent avec Hussein me rendre visite et faire la connaissance de leurs petits frères.

«Qu'ils sont mignons! Qu'ils sont fragiles! s'exclama Norah.

— Voici Ryan et celui-là, Élias, n'est-ce pas? devina Mélissa.

— C'est exact! On dirait que tu les connais depuis toujours!»

Puis, je demandai à Norah:

«Est-ce que tout va bien à la maison?»

Je surpris le bref coup d'œil que Norah avait jeté à mon mari. J'insistai pour qu'elle réponde à ma question.

«Nous avons encore reçu des coups de fil de menaces d'un homme qui disait des obscénités.

— Qu'a-t-il dit exactement?

— Que ton bonheur avec ton bébé ne durerait pas longtemps! J'ai répliqué que ton bonheur était double parce que tu avais eu deux bébés et que tu serais toujours heureuse. Il a ajouté que ton bonheur serait très court, car ta vie serait brève.»

Je pris sa main et la caressai doucement.

« Ne te laisse pas atteindre par les paroles de ce déséquilibré. Depuis le temps qu'on est menacées, nous n'avons jamais été victimes d'un acte violent. C'est la preuve que ce ne sont que des paroles en l'air pour nous faire peur. Ils sont agressifs en paroles parce qu'ils ne peuvent rien contre nous!

— Je n'aurais pas dû te raconter cela, maman. Je ne voulais pas assombrir ta joie.

— Cela ne m'affecte pas, Norah, du moins, cela m'affecte de moins en moins. Ma carapace s'épaissit jour après jour. Hussein, pourrais-tu demander mon droit de sortie au médecin? Je préférerais retourner à la maison avec vous tous.

— N'est-ce pas trop tôt? Qui t'aidera et qui s'occupera des bébés si tu sors de l'hôpital maintenant?

— Norah pourra me seconder et la voisine viendra quand elle le pourra. Je veux sortir, s'il te plaît... »

J'allaitai mes bébés à tour de rôle pendant que mon mari partait à la recherche du médecin.

On me permit de sortir à la condition de revenir trois jours plus tard pour enlever les points de suture.

Mes filles et mon mari m'aidèrent à rassembler mes affaires. J'étais heureuse de rentrer à la maison. Je me sentais plus légère, tant dans mon corps – deux bébés en moins! – que dans ma tête. Je me sentais prête à faire face aux problèmes éventuels. Je me préparais à passer à l'action!

***

Pendant les mois qui suivirent, en cette année 1996, je consacrai tout mon temps aux jumeaux et à ma famille. Heureusement, mes grandes m'assistaient quand elles étaient disponibles; quand je m'occupais de Ryan et qu'Elias réclamait, elles s'empressaient auprès de lui sans que j'aie à le leur demander. Grâce à elles, et avec mon nouveau mari, prendre soin de deux bébés me fut plus facile que de relever de mes accouchements précédents. Même si j'étais encore en Algérie, la violence avait été éliminée de la maison!

Je ne sortais plus et je m'en portais bien.

Un jour, je reçus la visite de ma jeune sœur, Amal. Quelle surprise!

Mes parents n'étaient pas au courant et ne devaient surtout pas l'apprendre, car elle aurait à le regretter! Nous lui manquions! Cette marque de tendresse m'émut. Elle avait appris la naissance des jumeaux. Je voulus en savoir davantage sur le reste de ma famille.

« Maman est-elle au courant de la naissance des jumeaux?

— Oui. C'est moi qui lui ai appris la nouvelle.

— Comment a-t-elle réagi? Elle devait être contente : deux garçons d'un coup?

— Désolée de te l'apprendre, mais, pour elle, ils ne sont pas ses petits-enfants, mais deux bâtards. Tu connais maman, ses paroles dépassent souvent sa pensée.

— Justement, je la connais bien! Son opinion m'importe peu et je suis contente que mes enfants n'aient plus affaire à elle. Je ne veux plus rien savoir de mes parents, ils m'ont trop fait de mal! Mes filles, mes jumeaux et Hussein sont ma seule et unique famille. Je ne pense qu'à quitter ce pays avec ma famille pour pouvoir vivre paisiblement.

— Je t'aime, me confia Amal, les larmes aux yeux avant de me quitter. Prends soin de toi! »

Cette dernière visite de ma sœur m'avait ébranlée parce qu'elle avait acquis une valeur symbolique à mes yeux. J'avais annoncé à voix haute que je coupais les ponts avec ma famille et je m'étais sentie capable d'en affronter les conséquences. Même si le lien affectif avec ma famille avait toujours été très insatisfaisant, c'était celui que j'avais connu.

Maintenant, je tissais un lien solide et vital avec mes enfants, et ma nouvelle famille était devenue essentielle à mes yeux! Nous avions une vie à bâtir ensemble. J'avais enfin grandi!

***

Norah ne fréquentait plus l'école depuis plusieurs mois et consacrait désormais son temps à ses petits frères. Elle était leur deuxième maman. Plus les jours passaient et plus elle devenait abattue et apathique! Elle négligeait même son apparence. Je lui étais reconnaissante de son aide, mais je n'aimais pas la voir malheureuse. Ce n'était pas une vie pour une jeune fille de son âge.

Un matin, on frappa à la porte, des coups brefs, mais insistants. C'était la voisine, totalement paniquée.

« Samia, va chercher ton mari, vite! »

Ce que je fis immédiatement!

Hussein accourut en sentant l'urgence, car Malika ne lui avait jamais adressé la parole auparavant.

« Venez avec moi, monsieur Rafik. On a écrit à la peinture rouge sur les murs de votre maison. »

Hussein sortit pour vérifier. Il revint prendre de la peinture pour cacher les obscénités et nous demanda de ne pas sortir avant d'en avoir terminé. Malgré ses avertissements, j'enfilai mon voile.

« Ne sors pas! S'il te plaît, maman! » m'implorèrent Norah et Mélissa.

C'était plus fort que moi! Je devais savoir ce que ces infâmes avaient osé écrire!

J'ai lu: *TUEZ-LA ET PURIFIEZ-VOUS DE SON SANG.*

Ces mots, écrits à la peinture rouge sang, m'ébranlèrent. Je m'étais habituée à entendre cette menace, mais la voir sur les murs de ma propre maison était cent fois plus terrible.

Certains voisins stupéfaits se contentèrent de m'observer tandis qu'un homme barbu, au loin, crachait par terre en marmonnant. Je fixai tout ce beau monde sans détourner le regard. Au fond de moi, j'étais terrorisée, mais je voulais leur montrer que j'étais forte. Après leur avoir tourné le dos, je rentrai chez moi la tête haute.

Alors que Hussein effaçait ces horreurs, l'homme barbu s'approcha de lui.

« Comment peux-tu vivre avec une traînée, une damnée de Dieu?

— C'est toi, le damné de Dieu! » cria Hussein, offusqué.

Quand il nous répéta ce qui s'était passé, la colère de Norah éclata :

« On va tous crever dans ce pays de fous! »

Je restais là, désemparée! Partir maintenant avec quatre enfants... Cela paraissait difficile... Ne valait-il pas mieux attendre un peu?

Et ce que je redoutais se produisit.

***

Ma cinquième grossesse me prit par surprise, car mes menstruations continuaient à être régulières. Quand les signes familiers firent leur apparition, j'eus beaucoup de difficulté à me résigner à l'évidence. Après avoir pleuré, je me repliai sur moi-même. Je ne voulais plus parler à Hussein que je tenais responsable de ce qui m'arrivait. Après l'avoir accusé, j'avais tourné ma colère contre moi : « Si j'avais fait attention... si... si... » Ces reproches me tuaient à petit feu et mon humeur affectait les enfants.

Après avoir beaucoup pleuré, Norah s'isolait de

plus en plus souvent dans son coin. Elle parlait rarement à ses petits frères qu'elle adorait pourtant.

Un climat de morosité s'était installé dans la maison. Chaque matin, je devais me raisonner sérieusement pour affronter la journée. Mes premiers mois de grossesse se sont déroulés dans cette monotonie. À part Hussein, Mélissa, qui devait se rendre à l'école, était la seule à sortir. Norah s'emmurait dans la routine et l'isolement.

J'en étais au neuvième mois et mon ventre était plus petit qu'à mes grossesses précédentes. Le médecin m'avait cependant assuré que le bébé était de grosseur normale!

Je ne voulais pas accoucher ici, d'autant moins que je devais subir à nouveau une césarienne. Je ne voulais pas revivre le cauchemar de mon dernier accouchement. Hussein et moi avions décidé que j'irais accoucher en France. J'irais seule et je reviendrais avec mon bébé pendant que Hussein prendrait des vacances pour rester avec les enfants.

Le jour du départ, à quelques semaines de la date prévue, je me sentais très lasse. Et si j'accouchais maintenant? Pas tout de suite et surtout pas en avion! Je revêtis un chandail très ample et j'informai le personnel de l'avion que j'étais à mon cinquième mois de grossesse. Une fois dans l'avion, je fis le vœu de m'envoler un jour, avec tous mes enfants, vers la France!

Après ces moments de rêverie, j'en revins à des préoccupations beaucoup plus terre à terre. Où irais-je, en débarquant en France? J'avais quitté ce pays depuis des années et je ne voulais plus compter sur aucun membre de ma famille! Restaient mes amies, mais j'ignorais leur adresse actuelle parce que je n'avais communiqué avec aucune d'elles depuis belle lurette.

Autre problème: comme je n'étais plus assurée en France, comment me faire hospitaliser et en payer les frais? Je n'avais d'ailleurs que quelques francs en poche.

Je réalisais maintenant mon inconscience. Je me lançais dans le vide absolu sans planification, ni moyen financier et humain! Je n'avais pensé à rien d'autre qu'à fuir les hôpitaux d'Alger. J'étais tellement sûre que la France m'accueillerait à bras ouverts tel un nid chaud et douillet que j'en avais oublié la prudence élémentaire. Comment me sortir de ce pétrin?

***

Comme l'avion se préparait à atterrir, mes contractions débutèrent de façon si intensive qu'on m'emmena directement en ambulance à l'hôpital. La première question qu'on me posa à l'urgence fut précisément celle que je redoutais.

«Madame, votre carte d'assurance maladie, s'il vous plaît!

— Je n'en ai aucune depuis des années, répondis-je sincèrement.

— Pas de carte! Vous avez sûrement eu un suivi médical pendant votre grossesse! m'interrogea l'infirmière, sans comprendre.

— Oui, j'ai vu un médecin une fois en Algérie. J'ai quitté la France il y a cinq ans.

— Attendez-moi. Je reviens. »

Les gens me regardaient le sourire aux lèvres tout en se déplaçant calmement. Que la vie semblait paisible ici!

Quelques minutes plus tard, l'infirmière revint accompagnée d'un médecin qui m'examina avant de repartir aussitôt. L'infirmière poursuivait l'étude de mon dossier.

«Vous n'avez pas pris suffisamment de poids pendant votre grossesse et vous semblez affaiblie. Mangiez-vous à votre faim? Quelle était votre vie en Algérie?

— Je mangeais toujours à ma faim, mais depuis

mon arrivée, c'est-à-dire depuis cinq ans, je n'ai jamais pris de repos et je vis continuellement sous tension.

— Avez-vous d'autres enfants?

— C'est mon sixième, répondis-je fièrement.

— Où sont-ils?

— C'est une longue histoire. Quatre demeurent avec mon mari et le plus vieux a grandi chez sa grand-mère.»

L'infirmière semblait dépassée et ce n'était que le début de mon histoire! J'osai lui faire part de ce qui me tracassait.

«Devrais-je repartir si je n'ai pas d'assurance?

— Non, ne vous en faites pas. Vous resterez ici, car vous êtes trop faible et votre taux d'hémoglobine est trop bas. Vous risqueriez de perdre connaissance n'importe où. En attendant le résultat de vos examens, vous pourrez rencontrer l'assistante sociale qui vous aidera à trouver une solution.»

Je me sentais en bonnes mains. J'aurais voulu partager avec mes enfants cette sensation de liberté et de confiance que j'éprouvais ici. Malgré le fait que j'étais entourée d'étrangers, je n'éprouvais pas la peur qui me hantait là-bas. J'acceptais sans aucune inquiétude d'être anesthésiée et de subir une césarienne.

Je vis arriver une femme d'âge moyen, toute menue et qui se déplaçait à l'aide d'une canne: c'était l'assistante sociale. Je me souviendrai toute ma vie de cette femme. Autant son physique était délicat, autant sa gentillesse et son efficacité étaient impressionnantes. Elle alla droit au but.

«Depuis quand, Samia, avez-vous quitté la France?

— Depuis cinq ans, madame.

— Donc, vous n'êtes plus résidente depuis cinq ans. Je ne sais pas encore comment procéder, mais je trouverai une solution. Je réussirai à vous obtenir une assurance. Chose certaine, le médecin refuse que vous quittiez l'hôpital. C'est une chance pour nous!»

Cette impressionnante petite dame s'éloigna, après m'avoir lancé un regard espiègle au-dessus de ses lunettes de lecture. Elle irradiait la joie de vivre.

Seule dans ma chambre, j'eus une brève pensée pour les miens. C'était ma façon de les faire participer à mon accouchement!

Les contractions reprirent de plus belle. Très professionnelle, l'infirmière m'informa de la suite des évènements.

«Comme vous êtes trop faible pour une chirurgie, nous vous ferons une perfusion et vous accoucherez sous épidurale.»

Cette décision me convenait tout à fait.

Quel contraste avec mon dernier accouchement! Être consciente pendant l'opération et assister à la naissance de mon bébé! Quel bonheur!

Dieu que ce fut facile: sans dormir et sans souffrir.

Quel beau petit garçon et quel plaisir de le prendre dans mes bras quelques secondes après sa naissance!

Ce fut le moment que choisit l'assistante sociale pour m'apporter un sac rempli de vêtements et de jouets. Moi qui croyais avoir le temps de tout acheter avant mon accouchement... La vie en avait décidé autrement.

***

Je ne manquais de rien ici, si ce n'est la présence de mes enfants. J'étais traitée comme une reine et mon bébé comme un prince. De plus, l'assistante sociale avait réussi à m'obtenir une assurance-maladie valable pendant six mois.

Mon séjour à l'hôpital dura deux semaines. Le repos et les soins attentifs du personnel m'avaient redonné des couleurs et même quelques kilos. Je me sentais revivre.

Je préparais ma valise en ayant le cœur serré à l'idée de laisser derrière moi tout ce bien-être et cette attention, mais, en même temps, j'avais hâte de retrouver mes enfants qui me manquaient terriblement. Je partais en me promettant de revenir bientôt avec les miens.

La majorité du personnel me souhaita bonne chance. J'embrassai chaleureusement l'assistante sociale en la remerciant de m'avoir permis d'être aussi heureuse. On mit mon fils dans le porte-bébé et on me reconduisit en ambulance jusqu'à l'aéroport. C'était vraiment du service!

Le trajet de retour se déroula agréablement et le personnel était tout sourire. Quand l'avion se posa, je sentis à nouveau mon cœur serré dans un étau. Le climat de tension avait effacé mon bien-être français. Je reconnaissais les visages sévères et crispés du peuple algérien. J'eus de la difficulté à revêtir le voile. Je crus, pendant un moment, que c'était à cause de la césarienne, mais je réalisai que c'était une façon de refuser tout ce qu'il représentait pour moi!

Dieu merci, mon mari m'attendait. Dès qu'il nous aperçut, il vint à ma rencontre et, tout fier, il prit son fils dans ses bras.

«Bonjour, Zacharie! Mais tu es le plus beau de tous!»

Hussein me semblait plus distant et c'est à peine si son baiser m'avait effleuré le front.

Sur le trajet du retour, je reconnus les paysages pittoresques de mon beau pays. La vie aurait pu être agréable en Algérie, mais à cause de ses habitants, elle était devenue compliquée et insupportable. Ils avaient réussi à semer la peur, la haine et la confusion dans nos cœurs.

Ceux qui ne partageaient pas l'idéologie actuelle et qui avaient pu émigrer avaient quitté le pays tandis que ceux qui ne le pouvaient pas tentaient de survivre par tous les moyens possibles.

J'avais hâte de revoir mes enfants et de pouvoir parler avec mes filles de la France et des gens merveilleux que j'avais connus.

Mélissa fut la première à m'apercevoir et elle annonça notre arrivée. Elle se précipita dans mes bras.

« Maman, tu nous as manqué! Je ne veux plus qu'on se quitte; j'ai trouvé le temps trop long!

— Promis, on ne se quittera plus! Comment allez-vous?

— Tout le monde va très bien. Juste ce maudit téléphone qui n'arrête pas de sonner! À part ça, tout va bien! »

Elle sautait d'une jambe à l'autre comme un chiot devant un os! Elle s'extasia devant son nouveau frère:

« Comme il est beau! Il est magnifique avec ses grands yeux. »

Pendant qu'elle monopolisait le bébé, je retrouvai les autres. Norah m'attendait près de la porte avec les jumeaux.

Je serrai tous les miens sur mon cœur. J'étais une maman comblée. Rien au monde ne peut égaler le bonheur d'être avec ses enfants. Ma famille a toujours été et demeure encore aujourd'hui ma plus grande richesse!

La joie de retrouver mon chez-moi me fit oublier pendant quelques heures toutes les difficultés du pays.

Ce soir-là, mon mari, Norah et moi avons discuté sérieusement de la possibilité de retourner en France. Il n'était pas question pour Hussein de quitter ce pays auquel il était attaché et qu'il aimait servir à titre de militaire. Comme il avait pu se rendre compte de la façon dont nous étions traitées, il promit de faire son possible pour nous aider à partir. Le fait que Mélissa n'ait que douze ans et qu'elle soit mineure constituait notre plus grosse embûche, car elle avait besoin de l'autorisation de son père... En Algérie, quand une jeune fille devient majeure, c'est-à-dire à dix-neuf ans, et qu'elle n'est pas mariée, elle peut quitter le pays sans l'autorisation de son père. Norah pouvait sortir du pays, mais Mélissa ne pouvait pas.

N'entrevoyant pas de solution, nous mîmes notre projet de côté une fois encore. La routine se réinstalla et des mois passèrent.

Un jour, Norah m'annonça qu'avec l'aide de la voisine, elle s'était trouvé un travail d'hôtesse dans un hôtel de luxe en banlieue d'Alger. J'étais contente pour elle, mais inquiète parce qu'elle aurait parfois à travailler le soir. Même si elle était transportée à l'aller et au retour, les routes étaient tellement peu sûres!

Je ne pouvais retenir ma fille plus longtemps. Elle m'avait beaucoup aidée en s'occupant de la maison et de ses petits frères et elle devait vivre sa vie ou du moins s'y préparer! Je l'encourageai en sachant que j'en paierais le prix en anxiété et en minutes de sommeil perdues.

Je redoutais les faux barrages. Les terroristes se déguisaient en militaires et arrêtaient les voitures. Ils égorgeaient les passagers et kidnappaient les jeunes filles.

Tous les soirs, la peur au ventre, j'attendais le retour de mon aînée. Quand je la revoyais saine et sauve, je remerciais Dieu et je prenais plaisir à l'écouter raconter sa journée. Norah retrouvait sa joie de vivre en sortant du cocon familial.

Quant à moi, je veillais sur mes enfants et ne quittais jamais la maison. Un soir, alors que j'attendais Norah, Hussein revint en empestant le parfum de femme, une trace de rouge à lèvres sur son col de chemise. Je fis une colère monstrueuse. Je comprenais maintenant ses retards quotidiens, toujours plus ou moins justifiés! Je repensai au soir où il m'avait laissée seule en train d'accoucher. Était-il vraiment au travail ou dans les bras d'une autre? Je ne le saurai jamais. Il m'avoua qu'il avait une maîtresse qui lui était chère et dont il ne voulait pas se séparer. Cette soirée marqua le début de la fin de notre relation. Petit à petit, au fil des jours, je m'éloignai de lui.

Après l'avoir accusé d'infidélité, j'en vins rapidement à reporter le blâme sur moi. Je m'en voulais de n'avoir pas su garder mon mari. Je me reprochais mon manque de stabilité et ma trop grande émotivité. Il était allé voir ailleurs parce qu'il en avait assez de mon anxiété et de mes éternelles peurs. Je n'osai jamais lui demander les raisons de son geste. Je préférais continuer à douter, à inventer mille motifs... et ainsi à me flageller moi-même.

***

Un soir, alors que j'attendais le retour de Norah et que Hussein était allé se coucher, le téléphone sonna.

«Une putain ne peut qu'engendrer une autre putain. Ta bâtarde sera interceptée par un faux barrage et tu ne la reverras plus jamais!»

Je raccrochai en ayant l'impression que l'appareil m'avait brûlé les mains. Comme Norah retardait, mon angoisse monta d'un cran. Je fis les cent pas en arpentant la maison, puis je tentai de regarder la télévision. Mais j'étais incapable de me concentrer. J'étais assise sur la terrasse quand j'entendis la porte s'ouvrir. Dieu merci, Norah était devant moi, saine et sauve. Elle éclata en sanglots. Je la pris dans mes bras et je la berçai doucement. J'étais impatiente et anxieuse, mais je ne voulais pas la brusquer.

«Maman, j'ai eu la peur de ma vie!

— Calme-toi et quand tu te sentiras mieux, tu me raconteras ce qui s'est passé.»

Elle prit de grandes respirations et je fis de même. Je me sentais prête à entendre son récit.

« Le chauffeur d'autobus m'a sauvé la vie, maman! Plusieurs mètres avant d'arriver au barrage, il a deviné que c'était un faux barrage érigé par des terroristes. Tout de suite, il m'a dit de me cacher sous les sièges en demandant à Samir et à Amine de se rapprocher et de placer leur veste sur leurs genoux pour me camoufler. En moins d'une minute, je me suis retrouvée allongée sur le plancher, dans l'espace restreint sous les sièges; le cœur me débattait. Même si mes deux amis protégeaient l'entrée de ma cachette, j'avais peur, car j'avais conscience du danger qui me guettait. L'autobus ralentit jusqu'à s'immobiliser complètement. J'avais cessé de respirer afin de mieux percevoir les bruits qui m'entouraient, car je ne pouvais plus rien voir de ma cachette. Soudain, une voix surexcitée demanda s'il y avait des filles dans l'autobus. J'eus l'impression que le temps s'était suspendu; j'en profitai pour demander à Dieu de venir à mon secours. On s'agitait autour de l'autobus, mais j'en ignorais la cause; j'avais chaud et froid en même temps, car j'imaginais le pire. Soudain, je discernai, dans le brouhaha qui nous entourait, une sirène de voiture de police qui se rapprochait: Dieu m'exauçait. Les terroristes ont pris la fuite en vitesse pour échapper aux policiers. Je pouvais respirer, mais je n'osais pas sortir de ma cachette. Je l'avais échappé belle. J'ai remercié Dieu, mon chauffeur et mes amis. »

Une fois son récit terminé, elle se jeta à nouveau dans mes bras à nouveau en sanglotant. Ce faux barrage confirmait le danger réel qui la guettait sur les routes; mes peurs s'en trouvaient décuplées. Cette situation ne pouvait plus durer!

Norah sanglotait toujours, mais les tremblements de son corps s'apaisaient.

«Comme tu as dû avoir peur! Tu vois, le danger est très présent. J'aimerais que tu n'ailles plus travailler. Dès que tu auras une minute de retard, je vais m'imaginer que des terroristes t'ont enlevée.

— J'ai besoin de travailler et tu sais très bien que je ne veux plus rester à la maison. Par contre, je demanderai à changer mon horaire, car les routes sont mieux surveillées pendant la journée. Ce sera mieux pour nous deux. »

Le lendemain matin, Norah demeura à la maison. L'incident semblait l'avoir affectée plus qu'elle ne l'avait laissé paraître. En téléphonant pour avertir de son absence, elle demanda à travailler durant la journée et elle obtint satisfaction.

Elle reparla de son aventure de la veille. Je pris le temps de l'écouter calmement, car je sentais que c'était une façon d'évacuer l'important stress qu'elle avait subi. Je lui mentionnai le téléphone de menaces que j'avais reçu.

«Un peu avant ton arrivée, j'avais reçu un appel de menaces qui me prévenait du faux barrage dont tu serais victime. Je ne devais plus te revoir!

— Je suis désolée pour les inquiétudes que je t'occasionne tous les soirs, mais j'ai besoin de travailler, car mon emploi est ma seule distraction et il m'aide à oublier ce fichu pays.

— Je te comprends, ma chérie, et je ne t'en veux pas. »

Les jours passaient et la tension politique devenait palpable. Elle nous enlaçait de toutes parts telle une pieuvre autour de sa proie. Les horaires de mon mari étaient irréguliers et il ne travaillait jamais au même endroit. Il pouvait aller et venir, toujours à sa guise, entre son travail, sa famille, sa maîtresse, tandis que moi, je restais à la maison, seule avec les plus jeunes, toujours à m'inquiéter...

Quelque temps plus tard, un second incident devait confirmer mes appréhensions. Il se produisit avant le lever du soleil, vers cinq heures du matin. Norah venait à peine de sortir prendre son transport à deux cents mètres de la maison alors que je somnolais avec Ryan qui s'était réfugié dans mon lit après avoir fait un cauchemar.

Soudain, la porte d'entrée claqua et me réveilla en sursaut. Norah criait désespérément mon nom. Instantanément, je compris qu'un incident grave s'était produit. D'un bond, je sautai hors du lit pour aller la trouver.

Elle pleurait à chaudes larmes. Je lui ouvris les bras et elle s'y précipita. Elle répétait en hoquetant:

«J'ai eu si peur, maman, si tu savais. J'ai cru que je ne te reverrais jamais. J'ai cru que j'allais mourir. Maman, serre-moi fort.

— Que s'est-il passé pour que tu sois dans cet état? Que t'ont-ils fait? Par qui as-tu été agressée? Es-tu blessée?»

Les questions se bousculaient dans ma tête, mais je ne devais pas céder à la panique même si j'imaginais le pire: ma fille avait besoin de mon calme. Je modifiai mon attitude. Je respirai profondément et elle fit de même. Je me répétais qu'elle était saine et sauve.

Les larmes de Norah coulaient à flot. Elle avait l'air hagard avec ses vêtements froissés, ses cheveux défaits et les joues rougies par l'émotion. Elle mit un certain temps à reprendre son souffle.

«Maman, ils ont failli m'avoir! Ils ont failli m'avoir!

— Raconte-moi, ma chérie! Que s'est-il passé?

— J'attendais mon transport quand une voiture s'est arrêtée devant moi. Deux hommes se trouvaient à l'intérieur. Le passager est sorti et s'est approché. Le moteur de l'auto tournait toujours. Maman, si tu l'avais vu! Il était sale, barbu et laid. Son tee-shirt était taché de sang. Il était répugnant! J'ai pensé à rentrer, mais mon transport était sur le point d'arriver. Il m'a demandé ce que je faisais dans la rue, si tôt le matin. Insatisfait de ma réponse, il a levé la voix: "Tu te moques de moi, c'est vendredi matin. Quel boulot fais-tu, un vendredi matin?" Il a jeté un coup d'œil à son copain qui l'attendait dans la voiture. »

Norah interrompit son récit quelques instants pour reprendre son souffle. Cherchait-elle à se donner des forces avant d'aborder la suite que j'imaginais épouvantable? Avaient-ils violé ma fille, là au milieu de la rue? Norah reprit d'une voix plus ferme.

« Il m'a dit sur un ton doucereux qu'il était un médium et qu'il savait lire l'avenir dans les lignes de la main. Méfiante, je cachai ma main derrière mon dos en lui disant que seul Dieu connaissait l'avenir. En colère, il cria: "Tu ne sais pas, mais je suis Dieu!" J'ai cru que j'avais affaire à un individu qui avait perdu la raison et qui pouvait devenir encore plus violent. J'ignorais comment réagir; j'ai voulu l'apaiser en lui tendant la main. Je tremblais de tout mon corps. Je fixais le sang coagulé sur son tee-shirt et sur ses mains. J'étais en danger et j'avais peur. Il m'a saisi la main pour m'entraîner jusqu'à la voiture. Il cherchait à me pousser vers l'intérieur pendant que je me débattais de toutes mes forces. J'ai compris que j'avais affaire à un terroriste et que ma vie était en danger. Je criais, mais personne n'entendait, car la rue était déserte. Il m'a agrippé les cheveux; il me faisait mal. Il a sorti un couteau pour ensuite placer la lame sur mon cou! J'étais sûre de mourir, maman. Mes jambes ne me soutenaient plus! J'étais sur le point d'abandonner la lutte tant j'étais à bout de force. C'est alors que j'ai entendu un crissement de pneus et peu après, une voix a crié mon nom. Une voiture faisait demi-tour pour venir à mon secours. J'ai eu plus ou moins conscience de la suite des évènements. J'étais là, sans énergie et sans volonté propre, comme une marionnette à fils qu'on prend plaisir à manipuler. J'ai vaguement senti que mon agresseur relâchait son étreinte avant de s'enfuir. Je me suis écroulée par terre. J'ai entendu mon nom à nouveau puis j'ai ouvert les yeux pendant qu'on me soulevait...

— Qui était-ce?

— Impossible de te dire leur nom! Il s'agit de deux anciens camarades d'école qui avaient passé la nuit dans un bar et qui circulaient par ici tout à fait par hasard. Dès qu'ils m'ont reconnue, ils ont décidé de me secourir. Je leur dois une fière chandelle, sinon... je préfère ne pas y songer.

— Remercions le Ciel qui t'a envoyé ces samaritains pour te sauver la vie. Décidément, ce pays est de plus en plus invivable. Tu n'as pas vécu cet incident inutilement. Nous trouverons un moyen pour nous enfuir, crois-moi! Pour le moment, prends un bain chaud et repose-toi. »

Totalement secouée et maintenant convaincue du risque qu'elle prenait en allant travailler, elle décida d'abandonner son emploi. Durant la semaine qui suivit, elle fit des cauchemars où elle se faisait enlever et torturer. Elle ne mangeait plus et pleurait sans raison. Ses réactions étaient devenues imprévisibles: tantôt colériques, tantôt apathiques. Je ne la reconnaissais plus. Elle avait subi un véritable traumatisme et elle avait besoin de temps et d'attention pour en éliminer les effets.

Plus le temps passait et plus Norah se désintéressait de la vie qui l'entourait. Je la sentais de plus en plus malheureuse et son état m'inquiétait.

S'il était difficile de quitter le pays toute la famille ensemble, elle pouvait le faire seule, car elle était majeure. Je lui proposai cette alternative.

« Je ne veux pas partir seule, car je serais incapable d'être heureuse en vous sachant ici. Je veux que toute la famille parte ensemble! » répondit-elle en me regardant droit dans les yeux.

Mais comme un malheur n'arrive jamais seul...

L'après-midi se déroulait tranquillement. Allongée sur mon lit, je jouais avec Zacharie pendant que Norah et Mélissa lisaient dans leur chambre. Hussein fumait au balcon tandis que les jumeaux jouaient au ballon près de la maison.

Soudain, la porte s'ouvrit avec fracas et nous entendîmes Ryan crier à pleins poumons.

«Papa! Maman! Venez vite! Un méchant barbu a attrapé Elias. Il lui a mis un couteau sur la gorge pour lui couper la tête!»

En deux temps, trois mouvements, Hussein et moi étions dehors pour défendre notre fils. Elias était étendu sur le sol, légèrement replié sur lui-même; il nous fixait de ses grands yeux apeurés sans trop nous voir. La terreur l'avait pétrifié; il ne disait rien et demeurait sans réactions. Nous l'avons examiné avec soin pour constater finalement qu'il n'avait qu'une légère blessure à la gorge. Son père le prit dans ses bras pendant que je lui caressais le front.

«Elias, papa et maman sont là maintenant! Parle-nous! Dis quelque chose! Réponds à maman, mon chéri!»

Rien. Le silence! Elias ne réagissait pas.

Quand Norah le vit ainsi, elle courut s'enfermer dans sa chambre en pleurant.

Ryan nous raconta alors ce qui s'était passé.

«On jouait à se lancer le ballon, Elias et moi. Puis le ballon a roulé près d'une vieille voiture blanche garée tout près. Quand Elias est arrivé près du ballon, un monsieur sale et barbu est sorti de l'auto. Il a attrapé la tête d'Elias et je l'ai vu mettre la pointe de son couteau sur son cou. Puis il s'est mis à parler très fort: "Dis à ton père et à ta mère que la prochaine fois, je t'égorgerai comme un mouton." Elias s'est mis à crier et je suis venu vous prévenir à toute vitesse!»

Grâce au récit de Ryan, nous pouvions mieux comprendre la réaction d'Elias. Par prudence, Hussein l'emmena à l'hôpital en compagnie de Norah. Il était préférable qu'elle se rende utile en rassurant son frère plutôt que de demeurer prostrée, seule avec sa détresse.

L'attaque vécue par son petit frère lui faisait revivre la sienne. Elle était touchée au plus profond d'elle-même, car elle adorait ses petits frères. Ils lui importaient davantage que la prunelle de ses yeux. Si Elias était blessé, c'était aussi une partie d'elle qui était atteinte.

Pendant leur absence, je pris Ryan dans mes bras et, afin de lui faire oublier ce triste incident, lui racontai des histoires qui se terminaient bien. Après quelques heures passées à l'hôpital, Hussein me confirma qu'Elias était encore sous le choc et que, graduellement, il retrouverait toute sa vitalité. Dieu merci!

CHAPITRE XIII

État d'urgence

À quelques mois d'intervalle, ces trois assauts contre Norah et maintenant contre Elias me firent comprendre l'urgence de quitter le pays. Je devais arrêter mes tergiversations et cesser de reporter mes plans. Tant que j'avais été l'unique victime et l'unique cible des menaces, j'avais enduré et enduré encore. Mais telle une louve prête à tout pour la survie de ses enfants, je sentais l'adrénaline circuler dans mes veines et me pousser à l'action.

« Bon Dieu! Je n'en peux plus! Je ne veux plus que mes enfants risquent leur vie et leur santé mentale. Je veux qu'ils retrouvent la joie de vivre. Hussein, aide-moi à trouver une solution. Nous devons sauver les enfants et je dois partir avec eux!

— Même si je dois me séparer des enfants, je suis prêt à le faire pour assurer leur sécurité. Vous sachant à l'abri, je me sentirai mieux. Je supporte de plus en plus difficilement cette tension omniprésente qui augmente jour après jour », m'avoua Hussein.

Ensemble, assis à la table de la cuisine, Hussein et moi avons élaboré notre plan de départ. Comme j'étais française de naissance, j'avais déjà les papiers nécessaires. Pour Norah, considérée comme adulte, et pour les trois enfants que j'avais eus avec Hussein, un ami militaire, haut placé au gouvernement, serait contacté afin d'accélérer l'obtention de leurs visas.

Par expérience, nous savions que l'autorisation du père de Mélissa était nécessaire. Comme la corruption était présente partout en Algérie, nous avons décidé de la faire jouer en notre faveur, mais en évitant d'en être victimes cette fois-ci.

La solution nous fut donnée par ce même militaire haut placé au gouvernement. Il connaissait un commissaire qui pouvait nous préparer la fausse autorisation, mais à condition de ne jamais le dénoncer, peu importe la suite des évènements. Si les autorités découvraient le subterfuge, mon mari et lui risquaient la prison pour falsification de document et usage de faux. Nous étions conscients du risque que nous prenions, mais notre décision était vitale à nos yeux!

Nos démarches portèrent fruits. Quelques mois plus tard, papiers, visas et billets d'avion en main, nous étions prêts à partir. J'avais peine à le croire. Ce moment tant rêvé et espéré était sur le point de se réaliser. Notre départ en direction de Paris était fixé au 30 juillet de l'an 2000.

Que Dieu nous vienne en aide! Nous partions en ignorant comment se déroulerait notre vie en France, car nous ne savions où aller, n'avions personne à contacter et ne possédions que peu d'argent et de bijoux. Une mère avec cinq enfants, mais décidée et prête à tout pour eux. Une mère qui allait de l'avant avec la conviction que rien, dans sa nouvelle vie, ne pourrait être pire que les atrocités subies en Algérie.

***

Le matin du 30 juillet, nous étions tous nerveux et surexcités. Comme toujours, j'étais la plus inquiète, car je craignais que la fausse autorisation soit relevée à la frontière et nous empêche d'aller plus loin. Je chassai cette pensée le plus loin possible!

Mélissa, pour sa part, se plaignait de maux d'estomac. C'était toujours là que se nichait son anxiété!

La plus heureuse était, sans aucun doute possible, Norah. Depuis le temps qu'elle demandait à retourner en France! Elle ne tenait pas en place. Elle aurait voulu transporter avec elle tous ses effets personnels; elle prenait un objet, hésitait quelques secondes et le classait le plus souvent parmi les objets qu'elle conservait... Elle ne voulait laisser aucune trace de son passage ici ni être obligée d'y revenir.

Pour ma part, je partais avec le strict minimum. Je laissais sans aucun regret maison, bibelots et vêtements souvent si chers à une femme.

Une fois nos bagages dans le coffre de la voiture, ce fut l'heure des adieux. Je promis à Hussein de lui donner régulièrement des nouvelles de ses enfants. Aussi anxieux que nous, il nous embrassait à répétition, mais sa décision de rester dans son pays demeurait inébranlable!

***

À onze heures en cette inoubliable journée du 30 juillet, valises et enfants à la main, nous arrivons à l'aéroport d'Alger.

Nous nous rendons à la douane algérienne et je présente l'ensemble de mes papiers. L'agent me scrute longuement comme s'il doutait de moi! À cet instant précis, j'ai l'impression qu'il est sur le point de se rendre compte de notre manigance. J'ai un pincement au cœur! Puis, il baisse les yeux sur les documents qu'il examine minutieusement. Ouf, je respire.

«Vous allez tous en vacances en France? questionnet-il sur un ton sec.

— Oui, monsieur! Tous!

— Où est le père des trois plus jeunes enfants?

— Là-bas! C'est l'homme qui est debout près de la porte.»

Il en est à vérifier l'autorisation de sortie de Mélissa; mon angoisse augmente subitement.

«Où est donc le père de cette jeune fille?»

Son ton devient cassant!

«Il a signé cette autorisation quand il était de passage à Alger. Je ne saurais vous dire où il est rendu maintenant.»

Son regard revient au fameux papier, puis, en fixant Mélissa dans les yeux, il demande:

«Pour combien de temps quittes-tu l'Algérie avec ta mère?

— Je vais passer l'été en France avec ma mère et on revient après, monsieur.»

Malgré sa nervosité, Mélissa conserve sa présence d'esprit; je suis très fière de ma fille. Grâce à elle, le douanier ne se méfie plus de rien. Il nous regarde tous une dernière fois puis appose, trop lentement il va sans dire, son tampon sur les documents. Il me redonne les passeports et les billets en nous souhaitant de bonnes vacances.

Discrètement, je fais signe aux filles de contenir leur joie pour ne pas attirer l'attention et nous nous dirigeons vers la salle d'embarquement.

À peine rendues, nous nous mettons à parler les trois en même temps. On rit, on pleure, on embrasse les petits, bref, on laisse éclater notre joie chacune à notre façon! Norah nous montre ses talents d'imitatrice en mimant l'agent des douanes.

«Hum! où est le père de la petite? dit-elle en prenant ses intonations. Bon! Alors, passez de bonnes vacances! Passez plutôt de longues années de vacances loin de nous tous et loin de ce pays!»

Puis elle éclate d'un rire espiègle qu'il est bon d'entendre à nouveau.

«Maman, si tu savais combien je suis contente! Je me sens déjà libre et remplie d'énergie.»

***

L'avion nous amenait, mes enfants et moi, vers la terre de la liberté. Mon rêve se réalisait enfin et la femme qui avait dû subir, bien malgré elle, la tyrannie des hommes du pays laissait place à une femme libre! Tel un papillon sortant de la chrysalide, je prenais mon envol.

Mes trois petits dormirent durant tout le trajet alors que Mélissa souriait inlassablement. Norah méditait en regardant par le hublot.

Après avoir pris son envol, le papillon doit songer à se nourrir et à se poser de temps en temps. Une fois à Paris, où irions-nous? Je n'avais pas beaucoup d'argent en poche. Nous pouvions coucher un soir à l'hôtel, mais après... Aucune idée!

L'avion amorça son atterrissage. C'était le temps de préparer les plus jeunes pour sortir de l'avion.

«Réveillez-vous, les petits! Nous arrivons en France. Une nouvelle vie nous attend et nous pourrons être heureux! dis-je avec conviction et sincérité.

— Maman, est-ce qu'on aura une belle maison en France? Est-ce qu'on aura chacun notre lit? demanda Ryan, loin des soucis du monde adulte.

— Non, mon chéri! Pas ce soir! Un jour, nous aurons une belle maison avec un lit pour chacun.

— Où dormirons-nous ce soir si on n'a pas de maison? dit-il, soudainement inquiet.

— Nous dormirons dans un lit d'hôtel.

— Un hôtel, c'est quoi?» demanda-t-il, curieux.

Norah le prit dans ses bras et lui expliqua qu'un hôtel était une énorme maison avec beaucoup, beaucoup de chambres et plusieurs lits dans chacune des chambres. Une fois l'explication bien assimilée, Ryan la répéta à son frère jumeau.

Nous avons passé la douane française sans diffi-

culté. Au moment de quitter l'aéroport, Norah, lentement, s'agenouilla par terre et embrassa le sol. En
faisant ce geste solennel, elle exprimait toutes les
émotions qui m'étreignaient le cœur: un mélange de
reconnaissance, d'espoir et de joie envers cette terre
qui nous accueillait.

«Enfin libres, maman! s'exclama Norah après
s'être relevée. J'avais perdu espoir de revenir ici un
jour!»

Norah était radieuse! Elle affichait un immense
sourire inondé de larmes de bonheur.

Un taxi nous emmena dans un bel hôtel confortable de la banlieue parisienne. Pour le premier soir, le
prix m'importait peu, car je voulais assurer une transi-
tion heureuse à mes enfants. Un jour à la fois, telle
était ma devise de survie maintenant!

Les trois plus jeunes s'amusèrent à courir et à jouer
à cache-cache dans les deux chambres attenantes que
j'avais réservées. Ils s'inventèrent ensuite mille jeux
d'eau dans leur bain mousseux pendant que leurs
sœurs étaient sorties nous ravitailler pour le souper
tout en redécouvrant leur pays d'origine.

Cette insouciance ne pouvait pas durer. Je savais
que demain représentait des bouches à nourrir et un
gîte à assurer. Comment me tirer d'affaire sans céder
au découragement qui m'envahissait? Je ne voulais pas
partager mon inquiétude avec les grandes de peur de
gâcher leur joie. Je voulais être à la hauteur de la
promesse que je leur avais faite que tout irait mieux en
France! Je voulais être sûre que j'avais pris la meilleure
décision pour mes enfants!

Après le retour des filles, nous nous sommes installés pour manger: en voyant ces visages épanouis
autour de la table, je retrouvai le courage d'affronter
les obstacles des jours à venir.

Dès le lendemain matin, nous irions demander le

soutien d'un organisme venant en aide aux personnes en difficulté. Grâce à cette décision, je pouvais dormir tranquille. Demain serait un autre jour.

***

Une fois rendus au centre d'aide, nous avons attendu notre tour. Après une heure à patienter, les jumeaux s'activaient bruyamment tandis que Zacharie pleurnichait. Je fus soulagée quand ce fut notre tour.

Une assistante sociale nous rencontra dans un bureau anonyme que la présence de mes cinq enfants rendait minuscule.

« Est-ce que tout ce monde est avec vous?

— Oui, madame, ce sont tous mes enfants.

— Y compris cette grande fille? » demanda-t-elle, étonnée, en désignant Norah.

« En effet!

— J'aimerais que la moitié d'entre vous retournent dans la salle d'attente », dit-elle froidement.

Mélissa et les jumeaux sortirent de la pièce.

« Bon! Que puis-je faire pour vous aider? »

Je mis l'intervenante au courant de notre situation. Elle m'avait écoutée très attentivement. Émue, elle demanda si j'avais de la famille en France.

« Oui! Cependant, il vaut mieux qu'elle n'en sache rien. Notre sécurité en dépend! Ceux que je fuis pourraient nous retrouver et s'en prendre à nous.

— Je comprends! Mais il vous faut un endroit pour loger toute la famille!

— Je ne peux communiquer avec personne ici, ni mes parents ni même mes amies. Je veux éviter à tout prix qu'ils puissent me retrouver.

— Votre aînée est-elle majeure? »

J'acquiesçai avec un léger pincement au cœur.

« Alors, il va falloir vous séparer. Elle sera hébergée

dans un centre pour jeunes en difficulté, poursuivit-elle en regardant Norah.

— Je ne veux pas quitter ma famille, réagit vivement Norah, au bord des larmes. Personne ne me séparera de ma sœur et de mes petits frères.

— C'est la loi, chère demoiselle. Vous êtes jeune et majeure; votre place est avec ceux de votre âge.

— Je refuse, car ma place est auprès de ma famille. S'il vous plaît, gardez-nous ensemble. Je ne suis pas venue jusqu'ici pour être séparée de ma famille», protesta Norah avec conviction.

L'assistante sociale ne comprenait pas la réaction de Norah. Habituellement, les jeunes filles préfèrent l'entourage de jeunes adultes à celui de leur famille, mais Norah était différente. Sa famille était sa bouée de stabilité et sa sécurité.

L'assistante téléphona brièvement à un collègue, puis revint à Norah:

«J'ai discuté avec une personne responsable du Centre de la jeunesse. Il comprend ce que tu viens de vivre et, pour le moment, il ne voit pas d'objection à ce que tu restes avec ta famille. Tu pourras toujours lui téléphoner si tu changes d'avis. Vous dormirez à l'hôtel durant les trois jours à venir et vous aurez des billets de repas donnant accès aux restaurants choisis par nos services.

— Où est situé cet hôtel?

— Dans la banlieue parisienne. Ce n'est pas luxueux, mais vous n'y séjournerez que trois jours et nous aviserons par la suite.»

Nous devions nous revoir trois jours plus tard, après l'expiration de notre séjour à l'hôtel.

L'hôtel ne payait pas de mine. Les murs, lézardés à plusieurs endroits, manquaient de peinture. Les alentours étaient jonchés de détritus et les fenêtres étaient tellement sales que les rayons de soleil ne les traversaient qu'à moitié. Malgré leur jeune âge, mes garçons hésitaient à y entrer tandis que Norah et Mélissa exprimaient leur dégoût à haute voix.

« C'est quoi, cet endroit? On ne va pas dormir ici!

— Trois jours seulement, les filles! Nous n'avons pas le choix! C'est quand même mieux que dans la rue. »

Vaillamment, je me dirigeai vers la réception où siégeait un homme à l'allure rébarbative. Son ventre débordait de son gilet. Sa barbe datait de deux à trois jours et ses bras étaient tatoués de haut en bas.

« Est-ce vous, la femme avec cinq enfants, envoyée par les services sociaux? » demanda-t-il, d'une voix rauque, en guise d'accueil.

« Oui, monsieur, c'est moi et voici mes cinq enfants.

— Madame, je dois vous prévenir. L'endroit n'est vraiment pas approprié pour de jeunes enfants. Je m'étonne que les services sociaux vous aient référés ici. Il vous faudra faire attention à bien verrouiller votre porte durant la nuit. »

Tout cela ne m'inspirait pas confiance. Je téléphonai à l'assistante sociale pour en discuter.

« Madame, c'est le seul endroit qui accepte de vous recevoir avec vos cinq enfants. Faites le mieux possible pour les trois jours qui viennent. Pendant ce temps, je chercherai un endroit plus convenable pour votre famille. »

J'étais déçue que mes enfants aient à connaître un endroit aussi malsain et insalubre. Nous devions en tirer le meilleur parti possible.

Deux chambres nous avaient été assignées : l'une au deuxième étage et l'autre au troisième. La chambre du deuxième étage était dans un état épouvantable : rideaux déchirés, table bancale, lit taché. Nous avons refermé la porte deux minutes après l'avoir entrouverte.

La chambre du troisième était plus grande avec

deux grands lits dont l'un était incliné vers la gauche; par contre, elle était aussi sale que la précédente. Les jumeaux baptisèrent l'endroit hôtel caca; ils pouffaient de rire chaque fois qu'ils le nommaient ainsi!

Passer la nuit ensemble dans la plus grande chambre s'avérait la meilleure façon d'assurer notre sécurité! Elias dormit d'un sommeil agité et je n'ai pas fermé l'œil de la nuit, occupée que j'étais à surveiller le moindre bruit en provenance du corridor.

Les filles avaient dormi avec Zacharie dans le lit penché et Mélissa s'était retrouvée par terre à trois reprises durant la nuit. Au réveil, elles se plaignirent de maux de dos et de douleurs au cou.

Les deux jours à venir n'auguraient rien de bon. Les garçons voulaient quitter l'hôtel *Caca* pour retourner à la maison. Notre séjour en France ne faisait que commencer! Les voir déjà malheureux me décourageait et épuisait mon énergie. Par contre, mes grandes continuaient à m'encourager et à m'appuyer dans ma décision.

Pour passer le temps et leur changer les idées, nous emmenions les garçons se promener, mais les retours à l'hôtel s'avéraient pénibles.

«Maman, on veut repartir en Algérie chez papa.»

Leur demande me déchirait le cœur. L'un après l'autre, je les prenais dans mes bras et leur expliquais pourquoi nous devions rester ici. Je leur promettais qu'après deux dodos, nous irions dans un endroit beaucoup plus beau!

Ryan me demandait invariablement:

«Aurons-nous une maison, maman?»

Que répondre à cela? Ryan pouvait sûrement ressentir le trouble que sa question provoquait dans la moindre fibre de mon être. Qu'adviendrait-il de nous?

Je répondais en disant la vérité.

«Un jour ou l'autre, nous vivrons dans un endroit

qui sera notre chez-soi. Nous n'aurons peur de personne et nous vivrons heureux tous ensemble. »

Le deuxième soir, quelqu'un frappa à la porte. À voix basse, il nous demandait d'ouvrir. Nos regards se sont croisés pendant que nous demeurions immobiles. Il n'était pas question d'ouvrir! Il nous supplia encore et encore pour finalement s'en aller. Bien entendu, je n'ai pas fermé l'œil de la nuit qui a suivi tant j'avais été ébranlée.

Notre séjour se termina après trois jours de chagrin pour les petits, trois nuits d'inconfort pour les grandes et trois nuits de terreur pour moi!

Je téléphonai à mon assistante sociale, mais, à ma grande surprise, elle avait pris deux jours de congé. J'expliquai à la téléphoniste que je ne savais plus où aller avec mes cinq enfants.

«Malheureusement, je ne suis pas au courant de votre cas. Je vous conseillerais de contacter le SAMU[8] pour vous trouver un endroit pour la nuit. Reprenez ensuite contact avec votre assistante sociale. »

Comment annoncer cela aux enfants?

Ce midi-là, il pleuvait des cordes! Zacharie était fiévreux et Elias toussait à cause de son asthme. Trempés et fatigués, nous nous retrouvions dans la rue à traîner nos bagages. Le SAMU ne viendrait nous prendre qu'à la tombée de la nuit. Nous avions une journée à occuper sans billets alimentaires.

Le restaurant McDonald's nous servit de refuge. Merci! Deux heures s'étaient à peine écoulées que les plus jeunes demandaient à rentrer à la maison! Zacharie, de plus en plus fiévreux, passa la journée à dormir dans sa poussette.

Je n'ai jamais été aussi heureuse de voir le soir

---

8. Urgence sociale en France, pour venir en aide aux blessés et aux itinérants.

arriver! Nous allions pouvoir enfin nous reposer. Avec le SAMU, j'ai convenu d'un endroit de rendez-vous : ils devaient nous prendre à un arrêt d'autobus.

Le gros camion blanc du SAMU stoppa devant l'arrêt. Pendant que nous montions à bord, les gens qui attendaient l'autobus nous examinèrent, l'air étonné.

«Ne nous regardez pas ainsi! Vous avez un endroit où aller alors que nous n'avons plus de chez-nous! Pour le moment!»

Deux charmants jeunes hommes, dont un infirmier, nous accueillirent et nous examinèrent à tour de rôle. Étant donné sa fièvre, Zacharie fut l'objet d'une investigation approfondie. Puis l'infirmier nous posa la question qui lui démangeait la langue :

«Qu'est-ce que des gens comme vous font dans ce camion?»

Je fis un résumé de notre triste histoire à ces gentils messieurs. C'était la première fois qu'ils en entendaient une semblable. Ils me fournirent des médicaments pour Zacharie en me conseillant de faire appel aux pompiers si son état s'aggravait durant la nuit.

Comme il avait été touché par notre histoire, il me donna un code d'accès spécial auprès de la téléphoniste, lequel me permettait d'obtenir un camion plus rapidement en cas de besoin. Il promit également de parler de notre situation à des gens compétents.

Le SAMU n'était pas la solution idéale, mais, grâce à lui, je n'étais pas complètement démunie. Je pouvais compter là-dessus en cas d'ultime besoin!

Cette fois, le camion s'arrêta devant un hôtel relativement propre. On nous remit des coupons de ravitaillement et on nous souhaita bonne chance.

Comme les chambres étaient minuscules, nous nous sommes séparés pour la nuit. Les jumeaux restèrent avec moi tandis que Zacharie, dont la fièvre était tombée, passa la nuit avec ses grandes sœurs. Épuisés, nous avons tous dormi d'un sommeil de plomb. Je n'avais plus à surveiller ce qui se passait dans les corridors, car l'endroit était sécuritaire.

Sitôt réveillée le lendemain matin, je téléphonai à mon assistante sociale, car je ne voulais pas passer une seconde journée comme une itinérante ou une sans-abri avec cinq enfants!

Dieu merci, elle était présente. Elle me demanda de passer à son bureau. Après un copieux petit-déjeuner au fameux McDonald's, nous étions prêts à la rencontrer.

Comme la fois précédente, j'entrai avec Norah et Zacharie. À peine assise, elle commença:

«C'est très difficile de trouver un hôtel qui accepte de vous recevoir, car on ne veut pas héberger cinq enfants.

— Et?... demandai-je, de plus en plus inquiète.

— Nous n'avons pas le choix. Vous dormirez au centre d'hébergement pour les sans-abri avec tous les inconvénients que cela implique. J'ai vraiment tout essayé!

— De quels inconvénients parlez-vous?

— Il y en a beaucoup, madame. Vous devrez vous réveiller tôt pour que le petit-déjeuner soit terminé vers huit heures. Ensuite, vers huit heures trente, vous devrez quitter le centre et vous ne pourrez y revenir qu'après vingt heures, pas avant!

— Que vais-je faire avec les enfants entre huit heures du matin et vingt heures? Où irons-nous?

— Je ne sais pas, madame! Vous devrez trouver des occupations pour passer le temps.

— Où passer le temps? Et les petits, vous y pensez un peu? Douze heures à traîner dans la rue?

— Allez dans les centres commerciaux et amusez-les au parc. La journée passera vite, vous verrez.

— Je ne sais pas si vous réalisez ce que vous dites! Où pourront-ils faire une sieste s'ils sont fatigués?

Regardez mon bébé! Il n'a qu'un an! Il ne peut pas toujours rester dans sa poussette!»

J'éclatai en sanglots. Norah me serra dans ses bras.

«Maman, ne t'en fais pas. L'important est d'avoir un toit pour la nuit. Pour le reste de la journée, nous t'aiderons. Rappelle-toi! Nous avons subi bien pire, maman!»

L'assistante sociale me remit des billets de ravitaillement ainsi que l'adresse du centre d'hébergement où nous étions attendus à vingt heures.

En traînant nos bagages, nous sommes repartis en direction du centre. La pluie décidait de notre horaire! Nous entrions dans les restaurants quand il pleuvait et nous marchions durant les accalmies.

La journée nous parut interminable! Plus le temps avançait, plus les enfants étaient fatigués et plus ils pleurnichaient! Nous ne pensions qu'à entrer quelque part pour nous reposer.

À vingt heures, nous étions là! Nous fûmes accueillis par un homme charmant. J'avais un formulaire à remplir pendant que le reste de la famille s'installait dans la salle à manger sous l'aide attentive d'un grand jeune homme aux cheveux blonds et aux yeux clairs.

Aussitôt mon devoir accompli, je rejoignis les miens. Le jeune homme se présenta.

«Je m'appelle Rachid et, comme vous, je suis d'origine algérienne», nous dit-il d'un air accueillant, le sourire aux lèvres.

Nous étions la seule famille présente dans la salle. Quelques couples étaient repérables, mais la plupart des personnes semblaient seules. Rachid nous servit à manger et, tout au long du repas, il veilla à ce que personne ne manque de rien. Il avait l'air gentil et compatissant. Norah et lui bavardaient de tout et de rien, notamment de l'Algérie et de la France. C'est alors que Rachid ajouta tristement:

« Surtout, n'allez pas croire que vous pourrez rester longtemps ici! »

Il voulait nous éviter de faux espoirs!

Quand approcha l'heure de coucher les enfants, Rachid nous montra la chambre que nous occuperions pendant quinze jours.

La pièce était immense, avec six lits placés côte à côte, dont un lit de bébé. On y retrouvait tout le confort et toute la sécurité d'une chambre familiale. Et, par surcroît, une fenêtre percée dans le plafond nous permettait de rêver en nous donnant accès au ciel et à ses multiples étoiles.

Rachid nous conseilla de fermer la porte à clef.

« Faites très attention! Toutes sortes de personnes viennent coucher dans les centres d'hébergement. Certains peuvent s'avérer très dangereux. Ne laissez jamais vos enfants seuls; accompagnez-les vous-mêmes aux toilettes. S'il y a un problème, appelez-moi. Je ne suis jamais loin.

— Merci, Rachid! Je serai vigilante.

— Demain, vous rencontrerez l'assistante sociale du centre. Elle trouvera une solution, car ce n'est pas un endroit qui convient à votre famille, ajouta-t-il, l'air sincèrement désolé.

— Ce n'est un endroit pour personne, Rachid. Je souhaite que mon séjour ici ne s'éternise pas, car j'aimerais vivre dans un endroit tranquille avec mes enfants. J'aimerais qu'ils puissent aller à l'école et revenir chez eux comme tous les enfants. Il y a un tas de choses que je souhaite... »

Rachid me serra la main chaleureusement. Je sentais toute sa compassion.

« Tes souhaits sont ceux de toutes les mamans, Samia. C'est normal de désirer cela pour ses enfants! »

La remarque de Rachid me fit réfléchir. Même si mes souhaits n'étaient pas exagérés, ils m'apparaissaient tout à fait inaccessibles pour le moment. Réussirais-je, un jour, à donner à mes enfants un toit où il fait bon vivre?

Puis vint l'heure des bains. Après que les trois grandes se furent occupées des trois petits, chacune d'entre nous se lava pendant qu'une autre surveillait l'entrée. Épuisés et apaisés, tous s'endormirent rapidement.

À sept heures, Rachid frappa à notre porte: c'était l'heure du réveil. La levée du corps fut pénible, notamment pour Elias qui avait toujours aimé dormir.

«Je suis fatigué encore, maman; j'ai encore sommeil, se plaignit Elias. Je ne veux pas aller dehors!»

Mes cajoleries et le rappel des douceurs du petit-déjeuner ramenèrent la bonne humeur. Un bref arrêt à la salle de bain. Et nous voilà à la salle à manger!

S'y trouvait beaucoup plus de monde que la veille, probablement des personnes arrivées durant la nuit. La majorité était des hommes de tous âges et de toutes nationalités. Plusieurs correspondaient à l'image des itinérants alcooliques.

Une famille comme la nôtre éveillait leur curiosité. Ils nous fixaient silencieusement...

L'assistante sociale du centre me fit signe de la suivre dans son bureau. Je m'exécutai sur-le-champ même si je n'avais pas eu le temps de finir mon café. Je me devais de voir à notre bien-être pour la journée à venir.

Cette dame imposait sa présence par sa forte corpulence, ses immenses lunettes à contour foncé et son regard direct. Elle alla droit au but:

«Vous êtes dans une situation délicate, dit-elle sur un ton sec. Nous allons essayer de vous trouver une solution, mais cela ne sera pas facile. Avez-vous de l'argent?

— Je n'en ai plus! Nos économies avaient servi à payer les billets d'avion et le peu d'argent liquide qui nous restait a payé notre hôtel durant le premier jour. Je suis maintenant sans le sou.

— Je vais vous le dire franchement : vous n'avez pas l'air d'une femme pauvre. Vous êtes propre et vous avez une apparence soignée. On ne pourrait pas deviner que vous avez des problèmes !

— C'est vrai qu'en quittant l'Algérie, j'ai échappé à des problèmes importants. Par contre, depuis que je suis ici, je vis des moments difficiles, je ne peux pas vous le cacher ! Je n'avais jamais envisagé de vivre dans des conditions aussi précaires ! J'espère trouver une solution le plus rapidement possible.

— Cette situation difficile est de votre faute, madame. »

Sa voix était moralisante et son regard, ironique.

« Il fallait y penser à deux fois avant de vous aventurer ici sans argent avec cinq enfants. Vous espériez quoi ! Trouver un appartement en atterrissant à l'aéroport ! »

C'en était trop ! Je devais l'amener à mieux comprendre ce qui avait motivé ma décision. Je pris le temps d'inspirer profondément afin de conserver mon calme.

« Je savais, madame, que j'éprouverais des difficultés en venant ici, mais c'était loin de mes préoccupations. Je vivais dans un pays où la peur était toujours présente. Tous les jours, j'étais hantée par la crainte de perdre un enfant ou d'être tuée. Comprenez-moi bien ! Le plus important pour moi était d'abord de sauver mes enfants ; les loger venait en second. J'étais sûre de trouver un logement dans un pays libre. »

Elle m'avait écoutée, mais je ne pouvais pas savoir si j'avais réussi à la sensibiliser à ma situation, car elle demeurait imperturbable.

« Je comprends un peu mieux, mais trouver un logement convenable pour cinq enfants, ici, n'est pas aussi facile que vous semblez le croire ! Je ne peux même pas vous promettre un logement stable dans un an ! Vous connaîtrez encore des moments pénibles et vous aurez à y faire face. Cependant, nous ferons en sorte de vous loger dans des centres ou des hôtels qui conviennent à des enfants. Bonne journée et à ce soir, vingt heures. »

La réalité française me rattrapait brutalement. Les temps à venir n'auguraient rien de bon et je devais m'armer de patience. Plus d'un an! Comment allions-nous tenir le coup? Je me réfugiai aux toilettes pour pleurer sans témoins.

Après avoir accusé le choc, je revins auprès des miens. J'attachai les souliers et boutonnai les vestes. Dans le sac à dos, je plaçai la grande bouteille d'eau, le pain et les biscuits que Rachid nous avait donnés pour les enfants, sans oublier les couches pour le bébé.

Une autre journée à passer dans les rues de Paris, à errer sans buts et sans endroits pour la sieste des petits. Manger couci-couça pour survivre, à l'endroit où nous étions rendus à l'heure des repas... Nous promener comme touriste dans les rues de Paris était aux antipodes de notre vécu quotidien; nos petits tracas – maux de pied, pleurs des enfants, soif et faim, besoins essentiels – plaçaient les beautés de la ville au second plan! Trois jeunes enfants sillonnant Paris jour après jour par tous les temps, ce n'est pas une sinécure! Grâce à mes deux filles, nous étions trois grandes capables de répondre aux besoins des trois plus jeunes!

Un soir avant le coucher, Ryan se mit à tousser. Sa fièvre était élevée et il semblait apathique. Vers deux heures du matin, Rachid contacta les pompiers. Après l'avoir examiné, ils nous emmenèrent, lui et moi, aux urgences.

Ryan délirait maintenant, car sa fièvre avait continué à monter. Un médecin nous appela à notre tour. Il me demanda mon numéro d'assurance sociale ainsi que celui de mon garçon. Comme je n'en avais pas, il me garantit qu'il ne laisserait pas un enfant malade sans lui fournir les soins appropriés; je devais cependant lui fournir une adresse. Je donnai l'adresse du centre, bien évidemment. Après avoir examiné Ryan, il me donna des médicaments pour réduire sa fièvre en me précisant ses recommandations:

«Votre enfant doit rester au chaud avec un simple tee-shirt et un slip. Il doit se reposer et éviter de prendre froid.»

Je lui expliquai les conditions de vie du Centre.

«Voici une lettre où je précise les besoins de votre enfant; vous la donnerez au responsable du centre.»

Une fois la consultation terminée, je devais retourner au centre avec Ryan, mais je me retrouvais seule et sans argent. Je contactai Rachid. Quand il me suggéra le SAMU, je me souvins du numéro de code pour le service rapide. Et ce fut effectivement le cas.

Notre nuit fut brève. Après deux heures de sommeil, Rachid nous réveilla et m'informa que je devais remettre la lettre du médecin à madame Tanguy, l'assistante sociale que j'avais déjà rencontrée.

«Je ne crois pas, Samia, qu'elle te permette de passer la journée ici.

— Pourrais-je rencontrer un autre responsable?

— Il y a un autre intervenant, monsieur Ménard, mais il est absent aujourd'hui.»

Les enfants étaient tous à prendre leur petit-déjeuner à l'exception de Ryan qui refusait de manger et restait allongé dans le fauteuil.

Dès que madame Tanguy se pointa, je lui tendis le papier du médecin. Elle n'y jeta qu'un bref coup d'œil.

«Pas question! Si je vous le permets, je devrai le faire pour tout le monde.»

Elle se servit du café.

«Le petit est très malade; je ne peux pas le faire marcher dans les rues jusqu'à vingt heures! Je n'ai même pas de poussette pour lui éviter ce supplice.

— Mais je vous ai déjà vue avec une poussette!

— C'est la poussette du bébé, insistai-je, estomaquée.

— Prenez le bébé et remplacez-le par celui qui est malade.»

Elle entra dans son bureau et ferma la porte. La discussion était close! J'hésitais : devais-je insister encore au risque de provoquer sa colère ou ne rien faire et risquer d'aggraver l'état de Ryan? Je retournai demander conseil à Rachid. Il me conseilla d'arrêter mes démarches, car, selon lui, l'assistante sociale n'allait pas fléchir.

Mon instinct de mère prit le dessus. Après avoir frappé deux coups à la porte de madame Tanguy, j'entrai et implorai :

«S'il vous plaît, madame Tanguy, une de mes filles pourrait demeurer avec mon petit malade alors que le reste de la famille passerait la journée dehors. Seulement lui et sa sœur aînée, ce n'est pas trop vous demander. Ayez pitié...

— Non, madame, je ne peux pas enfreindre le règlement. Veuillez quitter cette pièce, car je dois donner un coup de fil très important.»

J'avais tout essayé! J'habillai Ryan le plus chaudement possible et le mis dans la poussette de son petit frère. Je me réfugiai avec les enfants au dispensaire du coin. Le personnel nous accueillit avec bienveillance et empathie. On ne comprenait pas qu'en France, personne ne puisse nous venir en aide plus adéquatement.

Vers seize heures, nous sommes allés au fameux McDonald's où les enfants pouvaient s'amuser dans les jeux intérieurs. Je pris Ryan dans mes bras et lui administrai son sirop. Je lui caressai les cheveux tout en lui disant des mots doux.

Je sentis que Norah et Mélissa me regardaient sans oser parler. Devinaient-elles mes pensées?

Moi qui avais tant voulu éloigner mes enfants de

l'enfer dans lequel ils vivaient, voilà que je les emmenais dans un purgatoire!

Je m'en voulais tellement! Je me sentais responsable de tous les malheurs qui nous arrivaient. Je ne pouvais plus agir comme si tout allait bien!

J'éclatai en sanglots devant mes filles.

«Maman, ne pleure pas, s'il te plaît, me rassura immédiatement Norah. Tu as fait tout ce qui était en ton pouvoir. Grâce à toi, nous vivons loin du pays où nous nous sentions prisonnières. Grâce à toi, nous nous sentons libres et plus fortes qu'avant! Nous voulons que tu saches que nous te sommes reconnaissantes! Personne n'aurait pu prévoir la difficulté que nous aurions ici! Ces petits problèmes d'instabilité vont disparaître un jour ou l'autre et nous aurons un véritable chez-nous, tous ensemble.»

Ces paroles me furent d'un tel réconfort que je retrouvai le courage de continuer.

Nous avions hâte de rentrer au centre! Ryan était épuisé et les autres, affamés parce que l'heure habituelle de leur souper était largement dépassée. La nourriture n'était pas d'une qualité exceptionnelle, mais elle était abondante et nutritive. Les menus étaient variés: pâtes en sauce, haricots blancs, repas de lentilles avec légumes variés. Le seul fait de repenser à la soupe chaude qui amorçait toujours le repas me fait encore saliver.

Tous les soirs, nous prenions la peine de remercier Dieu pour la nourriture et le gîte qu'Il nous envoyait.

Ces jours vécus au centre ont contribué à ce que mes enfants cessent de faire la fine bouche pour, maintenant encore, manger tout ce qui leur est servi sans émettre aucun commentaire déplaisant.

Nous nous sommes installés à notre table habituelle. Ryan avala péniblement quelques bouchées. Puis, toujours exténués, nous avons regagné notre chambre.

Le lendemain, Rachid vint nous réveiller comme à

l'accoutumée. J'étais surprise, et je le suis encore aujourd'hui, de la facilité avec laquelle nous prenions de nouvelles habitudes : serait-ce une façon de nous sécuriser et de nous sentir plus à l'aise dans le milieu où l'on vit?

Comme Ryan toussait encore beaucoup, je décidai de refaire ma demande à l'assistante sociale. Je ne pouvais rien avaler tellement j'étais anxieuse. Après m'avoir aperçue, elle se réfugia dans son bureau.

Je la suivis sans tarder et frappai. Je venais à peine d'entrer quand la porte s'est entrouverte doucement pour livrer passage à Ryan qui était livide.

Ce fut plus fort que lui; il vomit sur le sol.

Madame Tanguy était dans tous ses états. Elle agitait les bras dans toutes les directions en vociférant.

« Oh! le cochon! En plus de vous endurer, nous devons accepter que vous crachiez vos déchets sur notre sol refait à neuf! »

Norah, que j'avais appelée entre-temps, se chargea de son frère. Et moi, ne pouvant plus me contrôler, j'affrontai cette femme inhumaine pour lui dire ma façon de penser.

« Madame, avez-vous des enfants?

— Non! Et je ne veux pas en avoir!

— Tant mieux! Bienheureux, l'enfant qui ne vous aura jamais eu comme mère! Vous ne méritez pas d'en avoir! » ajoutai-je, la rage au cœur.

Je sortis parce que j'étais tellement fâchée que je risquais de perdre le contrôle. J'avais envie de l'étriper.

Elle me suivit dans le couloir, en criant devant tout le monde:

« Je ne veux plus vous voir dans ce centre, ni vous ni aucun de vos enfants!

— Je reviendrai ce soir comme d'habitude, madame. Dieu merci, ce centre ne vous appartient pas!

— C'est ce qu'on verra! Je vous défendrai d'entrer et vous irez au diable! »

La porte de son bureau se referma brusquement.

Toute la rage que j'avais accumulée depuis un bon bout de temps refaisait surface tel un volcan qui crachait enfin sa lave!

J'osai rouvrir la porte de son bureau:

« Madame, je connais mes droits! Je reviendrai ce soir et j'espère ne pas avoir à vous rencontrer à ce moment-là! »

Et je quittai le bureau en lui claquant la porte au nez.

En un tournemain, je rassemblai les enfants et les objets nécessaires à notre journée et nous nous sommes éclipsés le plus rapidement possible... Je sentais que j'avais dépassé les bornes.

Je devais sans tarder contacter l'assistante sociale qui était chargée de mon dossier pour lui donner ma version des faits. Après avoir repéré un téléphone public, je la contactai, mais la ligne était occupée. Dix minutes plus tard, je réussis à la rejoindre. Elle alla droit au but.

« Madame Rafik, je vous faisais confiance! Pourquoi avez-vous été aussi désagréable avec madame Tanguy? Elle voulait pourtant vous aider! »

J'éclatai en sanglots. En me voyant, mes enfants, surtout Ryan, se mirent à pleurer en chœur.

« Maman, excuse-moi! sanglota Ryan. C'est ma faute si la dame a été méchante avec toi. Je n'aurais pas dû vomir par terre! Je m'excuse, maman! Ne pleure plus, je te promets de ne plus vomir! »

Il se nicha entre mes deux jambes et s'accrocha à mes jupes.

La peine de Ryan me ramena au calme. Je m'excusai auprès de mon interlocutrice et pris le temps d'expliquer à mon garçon qu'il n'était pas responsable de ce qui venait de se produire.

Puis je donnai ma version en mentionnant la

maladie de mon fils, les mots blessants et les menaces de la dame.

J'avais terminé mon récit depuis quelques instants, mais je pouvais entendre le silence à l'autre bout du fil. Mon histoire l'avait stupéfaite.

« Madame Rafik, si ce que vous me racontez est vrai et que madame Tanguy vous a manqué de respect à ce point, j'en discuterai avec le directeur. Je crois qu'il est présent au centre ce matin.

— Je n'ai rien inventé. Tous ceux qui étaient dans la salle à manger, ceux qui y travaillent et ceux qui y sont hébergés, ont été témoins de notre conflit.

— Vous pourrez rentrer au centre ce soir comme à l'habitude. Ne vous préoccupez pas de la suite. Je vous téléphonerai demain matin pour vous informer de l'endroit que j'aurai déniché pour votre famille. »

Je la remerciai de la confiance qu'elle m'avait accordée en prenant le soin de m'écouter. Après avoir séché mes larmes, je souris à mes enfants en leur annonçant que nous quitterions bientôt cet horrible centre.

Encore bouleversé par les évènements qu'il avait déclenchés, Ryan me promit une seconde fois de ne plus vomir.

« Personne n'a le droit de t'empêcher de vomir si tu en éprouves le besoin, lui expliquai-je en le prenant dans mes bras. Nous sommes dans un pays libre où, heureusement, les personnes méchantes sont rares. Oublie cette affreuse dame! »

Encore une fois, le fameux McDonald's nous accueillit. Dans cet endroit, nous pouvions manger à prix abordable et les enfants étaient bienvenus. Personne ne nous demandait de partir. Le restaurant représentait pour nous un refuge familier et presque familial! Les enfants sautaient dans les ballons et en venaient à s'endormir d'épuisement.

J'étais toujours convaincue d'avoir pris la meilleure

décision pour mes enfants, mais je me reprochais mon manque de planification. Quand j'en faisais part à mes filles, celles-ci répondaient invariablement :

«Maman, tu as fait de ton mieux. Ne regrette rien; tôt ou tard, tout finira par s'arranger. »

Norah était pour moi un exemple de force et de courage. Je faisais confiance à son jugement; il m'arrivait de lui demander conseil quand je me sentais accablée par le poids de la responsabilité familiale.

Aujourd'hui, je peux me rendre compte que notre grande aventure nous a rapprochées. En plus d'être ma grande fille, Norah est pour moi une amie et une confidente.

Le jour se terminait et l'heure du retour au centre approchait. Norah me répétait d'oublier madame Tanguy et, à mon tour, je répétais ces paroles à Ryan pour le rassurer.

J'étais en train de détacher Zacharie de sa poussette lorsqu'une voix d'homme m'interpella. Je levai la tête. Un homme dans la quarantaine au crâne dégarni, relativement grand et d'allure distinguée, se tenait devant moi.

«Je me présente : monsieur Wodeck, le directeur du centre, fit-il en me tendant la main. Puis-je vous parler quelques minutes en particulier?

— Avec plaisir, monsieur! Est-ce que mes enfants peuvent s'installer pour manger?

— Bien sûr, madame. Les enfants peuvent aller dans la salle à manger. »

Je croisai le regard interrogatif de Norah.

«Ne t'en fais pas. Mélissa et toi veillez à ce que les jeunes lavent leurs mains et commencez à manger. Je vous retrouverai dès que mon entretien avec monsieur Wodeck sera terminé. »

Je suivis cet homme élégant en espérant qu'il ne nous mette pas à la porte le soir même. Cependant, son calme et son attitude envers moi me semblaient de bon augure.

Il prit un stylo et une feuille avant de me regarder droit dans les yeux.

«Madame Rafik, je suis sincèrement désolé de l'incident de ce matin; je m'en excuse personnellement. Le centre ne tolère pas qu'on traite nos clients de façon aussi agressive.»

Bien malgré moi, des larmes se mirent à couler le long de mes joues, tant j'étais soulagée. Je revivais la scène du matin et l'émotion que le regard suppliant de mon fils avait suscitée chez moi.

Même s'il ne pouvait effacer ce qui s'était produit, le directeur me réconforta en me témoignant toute sa compassion.

«Madame, je vous donne entièrement raison dans ce qui s'est produit ce matin et je n'accepte pas que vous ayez été touchée dans votre dignité. Vous pouvez déposer une plainte contre cette personne: c'est votre droit et je vous soutiendrai! Je suis moi-même d'origine étrangère et, lors de mon arrivée en France, je n'aurais pas accepté d'être traité de la sorte. Madame, je peux vous dire que j'admire votre courage, dit-il en me tendant un mouchoir en papier.

— Merci, monsieur! Je ne déposerai aucune plainte, car passer la nuit ici est la seule chose qui m'importe pour l'instant. Ensuite, nous attendrons d'être localisés ailleurs en dérangeant le moins possible. Des gens comme vous, monsieur Wodeck, nous aident à continuer! Merci encore une fois!»

Il me serra la main en me souhaitant bonne chance.

Je retournai voir les miens. Norah respecta mon silence en comprenant que tout était arrangé pour la nuit. Toujours aussi fatigués, les enfants retrouvèrent leur lit avec plaisir.

Ils me surprenaient encore une fois. Comment

pouvaient-ils endurer ce que moi-même, adulte, j'avais peine à tolérer? Je les regardais dormir, si confiants et si paisibles, et j'en avais le cœur chaviré!

La rue n'a jamais été une place pour des enfants!

Allongée sur le lit, je contemplais les étoiles par la fenêtre percée du plafond. Je laissais mes pensées voguer à la dérive et effleurer les mauvais souvenirs pour m'attarder aux rares moments de bonheur que j'avais connus. Ces moments, je les avais vécus pour la plupart avec les enfants. Ils étaient rares et d'autant plus précieux. Ces souvenirs joyeux éclipsaient mes malheurs. J'ai d'ailleurs remarqué que ceux-ci m'avaient souvent fait rire après m'avoir fait pleurer.

J'encourageais mes filles en leur expliquant la chance que nous avions de vivre des expériences difficiles. Plus tard, nous serions en mesure de reconnaître les plus infimes bonheurs que la vie nous apporterait! Je retrouvais mon côté optimiste, maintenant que j'étais dégagée du stress engendré par le climat intégriste de l'Algérie. Je gardais espoir et je le communiquais à mes enfants. Je m'endormis sur un nuage positif.

Comme toujours, Rachid nous réveilla. Se lever était toujours aussi pénible, car une nuit de sommeil ne réussissait pas à combler notre besoin de repos.

Un brin de toilette, un court déjeuner et nous rassemblions nos affaires dans nos valises pour un éventuel déménagement.

C'est alors que le directeur me fit venir à son bureau : je devais contacter mon assistante sociale.

CHAPITRE XIV

Pèlerinage parisien

L'aventure française se poursuivait et l'assistante sociale m'en décrivit l'étape suivante.

« Bonjour, madame Rafik. J'ai réussi à dénicher un hôtel prêt à accueillir toute votre famille. Il est situé dans le vieux Paris et vous pouvez vous y présenter aujourd'hui même, à compter de midi. »

Était-ce une bonne nouvelle? J'étais sceptique, mais comme les services sociaux payaient les frais de séjour jusqu'à ce que nous ayons trouvé un logement, j'étais prête à tenter un nouvel essai. Je n'avais guère le choix!

La nouvelle d'un retour à l'hôtel fit réagir les plus jeunes. En entendant le mot *hôtel*, Ryan protesta en pleurant:

« Je ne veux pas aller à l'hôtel *Caca*. Je veux rester ici, moi!

— Nous n'irons pas à l'hôtel *Caca*, mais dans un hôtel avec deux chambres côte à côte. Et imaginez notre chance! Chaque chambre a sa télévision et sa salle de bain.

— Pourquoi on ne va pas dans une maison bien à nous? Je veux retourner chez nous, avec papa. »

C'était la seconde fois que Ryan demandait à retourner chez son père. Il lui était plus attaché que je l'aurais cru.

« Je sais, mon chéri. Nous sommes tous fatigués de déménager continuellement. Mais je te promets que nous habiterons bientôt chez nous.

— Tous les jours, tu dis la même chose! éclata Mélissa en adoptant le point de vue de son frère. Rien ne se passe. Notre situation empire de jour en jour. Je suis sûre qu'on va abandonner et rentrer bredouille en Algérie. Nous passerons notre vie à fuir d'un endroit à un autre!»

Elle se leva précipitamment et s'enfuit dans la chambre.

J'étais incapable de réagir, car Mélissa avait nommé mes craintes personnelles. Je regardai Norah qui fut de bon conseil, comme toujours.

«Maman, cesse de te remettre en question. Tu as fait tout ce que tu pouvais faire et tu ne peux en faire plus pour l'instant. Qu'elle retrouve son calme! Préparons nos bagages pour le nouvel hôtel où nous pourrons au moins rester pendant la journée!»

En rassemblant nos affaires, je faisais le bilan de notre séjour au centre. C'était un lieu de contrastes où nous avions connu des personnes extraordinaires comme Rachid et monsieur Wodeck et aussi une personne exécrable. La nuit nous avait fait profiter d'un havre de paix tandis que le jour s'était étiré lamentablement.

J'étais soulagée de mettre fin à cette vie nomade, un calvaire pour une famille de cinq enfants!

Rachid eut l'amabilité de nous payer un taxi pour nous rendre à l'hôtel. Quel homme compatissant!

Je n'avais plus qu'une seule attente: connaître une période de stabilité pour permettre à mes enfants de se reposer et de dormir le matin. Je ne croyais plus aux miracles. Je suivais les évènements tels qu'ils se présentaient.

Nous étions à la mi-septembre et l'année scolaire débutait. Mélissa devait intégrer l'école sans tarder pour s'éviter des retards dans sa scolarité.

Nous fîmes connaissance avec l'hôtelier et sa femme dont la préoccupation première était de toute évidence financière. Ils mettaient deux chambres à notre disposition parce que les services sociaux versaient douze mille francs par mois. Il n'était pas question de cuisiner ou de réchauffer des aliments; nous devions sortir pour manger! Je n'avais pas à discuter quoi que ce soit!

Les deux chambres, identiques, étaient minuscules! Un lit à deux places occupait la majeure partie de la pièce. L'espace restant était occupé par une armoire située au pied du lit près de la fenêtre ainsi que par une table d'appoint et une chaise. La télévision était suspendue en face du lit. Près de l'entrée se trouvait une minuscule salle de bain avec douche seulement. Un matelas supplémentaire était disposé par terre dans chacune des chambres. Comme tout était d'une propreté exemplaire, cet avantage compensait la petitesse des lieux.

Les plus jeunes étaient tout joyeux, mais les grandes, beaucoup moins. Comment réchauffer le biberon de Zacharie?

Devant nos problèmes d'organisation, la femme de ménage nous suggéra le nom d'une association s'adressant aux femmes étrangères en difficulté. Je les contacterais dès que j'aurais une minute de libre. Chacun avait sa place pour dormir, l'endroit était propre et sécuritaire. Enfin!

Une fois installés, nous sommes allés manger au restaurant rapide du coin.

Même si tout n'était pas parfait, je me couchai satisfaite, car nous avions une adresse de résidence. Nous pouvions dorénavant recevoir notre courrier et chercher du travail. Bercée par les respirations régulières des miens, je fermai les yeux.

Norah et moi avons trouvé un travail à temps partiel : elle, comme serveuse dans un restaurant, et moi, dans un hôpital. Nos salaires payaient à peine les repas que nous devions prendre à l'extérieur.

Mon travail de préposée aux patients était exigeant. J'étais responsable des soins auprès de personnes âgées déficientes et handicapées physiques. Seule, je devais les déplacer de leur lit jusqu'à leur fauteuil roulant, leur donner le bain et les assister dans leurs soins intimes. Étant de constitution délicate, ce travail physique m'essoufflait et m'occasionnait des courbatures de toutes sortes.

Je persistais dans mes efforts, car j'espérais, par mon travail et celui de Norah, pouvoir présenter une demande de logement. J'ai dû cependant faire face à l'évidence.

Notre situation ne représentait pas une priorité pour le gouvernement français. Nous n'étions pas un cas urgent. J'étais une femme seule, logée dans un hôtel avec cinq enfants à charge. Mes enfants ne mangeaient jamais de repas chauds à la maison. Ils n'avaient, à part leur lit, aucun espace de jeu à l'intérieur. Ils n'en avaient pas davantage à l'extérieur!

Mélissa avait beaucoup de difficulté à l'école. Elle n'avait que la petite table pour faire ses devoirs au milieu de la cohue générée par ses frères. Ma fille avait expliqué nos difficultés à son enseignante de français qui avait constaté des négligences dans ses devoirs. Touchée par son histoire, elle en informa son directeur qui lui octroya une place gratuite à la cantine de l'école.

Plusieurs personnes de notre entourage, à mon travail ou à celui de ma fille, ainsi que des membres des associations que j'avais contactées, appuyèrent ma demande de logement auprès de la ville. Mais, après un certain temps, nous nous sommes résignés, car nous avions compris qu'il fallait attendre qu'on nous fasse signe.

Les jours passaient et les enfants devenaient de plus en plus agités. Ils avaient besoin de quitter cet endroit qui les empêchait de bouger. L'hôtelier les disputait parce qu'ils faisaient trop de bruit dans leurs chambres et dans les corridors quand ils revenaient de l'école. Je tins compte de ses avertissements et resserrai ma discipline, mais j'en venais à lâcher prise parce que je me mettais à leur place. On ne peut pas attacher trois jeunes enfants de quatre ans et de dix-huit mois dans une chambrette d'hôtel toute la journée avec la télévision comme seule distraction.

Manger à l'extérieur exigeait également beaucoup de discipline. Certains comportements peuvent être tolérés à la maison, mais non en public. Pour me faciliter la tâche, il m'arrivait d'acheter des conserves, de les réchauffer dans l'eau chaude du lavabo et de manger leur contenu à peine tiédi. Et je ne me suis jamais habituée au lait froid le matin!

Pendant combien de temps devrions-nous subir ce mode de vie? Dieu seul le savait!

***

Un matin, je ressentis de terribles douleurs au bas-ventre et j'avais des saignements abondants. Mélissa m'accompagna à l'hôpital pendant que sa sœur restait auprès de ses jeunes frères.

Le médecin diagnostiqua des tumeurs à l'utérus pour lesquelles une hystérectomie s'avérait urgente et indispensable. Je devais demeurer à l'hôpital, car mon opération était fixée au lendemain matin.

Mélissa retourna à l'hôtel. Mes deux filles étaient les seules sur qui je pouvais compter pour me remplacer auprès des garçons. Encore une fois, ma responsabilité de parent unique était lourde à porter! J'étais hantée par la crainte de ne pas me réveiller après l'anesthésie. Qui s'occuperait de mes enfants? Norah, même si elle était des plus vaillantes, était beaucoup trop jeune pour assumer cette responsabilité!

Le médecin me conseilla de lui téléphoner pour

me rassurer. Il avait raison. Norah me fit promettre de ne pas m'inquiéter. Je devais me concentrer sur ma guérison et lui déléguer le quotidien! Je m'endormis.

Le lendemain matin, je m'éveillai très anxieuse, le cœur serré dans un étau. Ma peur de l'opération avait avivé mon angoisse. Notre séjour à l'hôtel durait depuis dix mois. Les enfants mangeaient mal et maigrissaient à vue d'œil, notamment Elias qui avait toujours été plus chétif. Je broyais du noir! Je ne parvenais plus à me concentrer sur mon état de santé. Mille pensées sombres tournoyaient dans mon esprit. J'imaginais les garçons se faisant disputer par l'hôtelier, l'enseignante des jumeaux jugeant anormal qu'ils représentent leur maison par un hôtel...

L'anesthésiste s'informa de mon humeur avant de m'endormir. Comme je souhaitais en finir le plus vite possible, je l'encourageai à procéder. Avant de perdre contact avec la réalité environnante, j'avais imaginé mes enfants assis sur le lit en train de jouer ensemble.

Une partie de moi se détacha de mon corps et flotta au-dessus de la table d'opération. De façon très nette, je distinguais les médecins et les infirmières qui s'agitaient dans la salle. À un moment donné, j'entendis le médecin-chef s'exclamer: «Vite, on est en train de la perdre!» Tous se rassemblèrent autour du lit sur lequel je reposais. Des instruments chirurgicaux s'échangeaient rapidement d'une main à l'autre.

Pendant que le personnel s'affolait, les images de ma vie défilaient devant mes yeux. Je me revoyais, petite fille, dans la maison de mes parents dont j'entendais les paroles trop souvent blessantes. Amina – agréable surprise pour moi – m'est apparue pour repartir aussitôt. Des images d'hommes s'enchevêtraient: mon père, Abdel et Hussein entourés de terroristes. Je revoyais le film de ma vie qui repassait à toute vitesse devant mes yeux.

La voix du médecin me ramena à ce qui se passait dans la salle.

«Elle a du mal à respirer. Ses poumons fonctionnent mal. Ramenez-la en salle de réanimation.»

Pendant un bref instant, je ressentis une douleur à la poitrine, mais je ne pouvais pas réagir.

Pendant que mon corps était amené à toute vitesse dans la salle de réanimation, j'observais la scène de façon détachée. J'avais conscience de la gravité de la situation et de mon état comateux. Quelqu'un suggéra de prévenir ma fille et ma famille!

Un peu plus tard, je sentis la présence de ma fille, mais j'étais incapable de communiquer avec elle. J'aurais tant voulu la rassurer! Je l'entendais pleurer à mes côtés et j'étais toujours impuissante.

Voyant que mon état ne s'améliorait pas, le médecin insista pour que Norah contacte ma famille. Peut-être avait-il raison! Étant donné la gravité de la situation, elle espérait trouver auprès d'eux un peu de réconfort. Elle reconnut la voix de sa grand-mère au téléphone.

«Bonjour grand-mère! C'est Norah.»

Un long silence s'ensuivit...

«Norah! Qui?

— Norah, ta petite-fille! La fille de Samia, poursuivit Norah, la voix entrecoupée de sanglots.

— Je n'ai pas de fille, ni de petite-fille!

— Si! Tu as une fille, grand-mère. Maman est en train de mourir, seule, à l'hôpital. Si elle meurt, nous devrons nous débrouiller seuls et demeurer dans une chambre d'hôtel d'un quartier peu recommandable. Qu'adviendra-t-il de nous?»

Norah crut que ma mère réalisait la gravité de la situation parce qu'elle demandait des précisions sur mon état et sur l'endroit où les enfants se trouvaient. Ne s'attendant pas à un tel intérêt, elle lui fournit tous les renseignements.

Je demeurai aux soins intensifs pendant quatre jours. J'avais toujours conscience de ce qui se passait autour de moi, mais je demeurais incapable de réagir. Je me savais en bonnes mains. Mes filles se relayaient à mon chevet et je savais que Norah avait décidé d'abandonner son travail pour être plus disponible. À partir du moment où j'ouvris les yeux, elles reprirent courage. Soulagées, elles n'en finissaient plus de m'embrasser!

J'appris que mes parents, s'il m'était arrivé malheur, s'étaient engagés à accueillir mes filles; par contre, les trois plus jeunes auraient dû retrouver leur père. Si j'avais succombé à mon opération, ma famille aurait été rapatriée et séparée!

Norah m'apprit également qu'elle leur avait donné toutes nos coordonnées. Je doutais qu'elle ait bien agi, mais l'avenir me le confirmerait!

Je demandai à Norah de les prévenir de l'amélioration de mon état et de mon retour à l'hôtel, car je ne voulais surtout pas les voir intervenir dans ma vie!

Après une quinzaine de jours de soins attentifs, j'étais contente de retrouver mon chez-moi. À peine avais-je mis le pied dans la chambre que je sentis une atmosphère trouble, une atmosphère qui m'était familière.

Les petits s'accrochaient à moi tellement je leur avais manqué alors que les grandes s'échangeaient des regards complices et bizarres. Décidément, il se passait quelque chose. J'insistai auprès de Norah pour qu'elle me dise ce qu'il en était.

«Maman, finit-elle par avouer, les menaces ont repris, comme en Algérie. La dernière disait: "Ta mère n'a eu qu'une infime partie de ce qu'elle méritait. Grâce à Dieu, elle ne pourra plus engendrer de bâtards." Mélissa et moi endurons ces menaces depuis dix jours et nous n'en pouvons plus!

— J'ai peur de regarder par la fenêtre, ajouta Mélissa,

car l'homme m'a dit qu'en le faisant, je pourrais le voir dans la boulangerie d'en face.

— Quand tu m'as appris, Norah, que tu avais donné nos coordonnées à ma mère, j'étais sûre que les menaces reprendraient. Nous ne devons jamais leur faire confiance!

— Mais c'est le médecin qui a insisté parce qu'il avait peur pour ta vie. Je ne pouvais pas faire autrement!

— Je sais, ma chérie. Je ne t'en veux pas, car tu as pensé bien faire. Nous trouverons une solution pour échapper à ces menaces. Nous avertirons les associations. Et peut-être aurons-nous un logement en urgence.»

Malgré nos demandes incessantes et les interventions des associations humanitaires, les autorités demeurèrent insensibles.

On m'a même conseillée, pour accélérer mes démarches, de camper avec mes enfants devant l'hôtel de ville. J'hésitais à utiliser ce moyen de pression. En attirant l'attention des médias, je devenais une cible pour les intégristes algériens qui me pourchassaient.

Je pris encore une fois mon mal en patience, mais je conservais toujours l'espoir d'améliorer notre situation.

Cet espoir se concrétisa un après-midi où je me retrouvais avec mes trois garçons au restaurant McDonald's pour une nième fois. C'était un jour sombre qui nous donne l'impression de marcher à la hauteur des nuages. Je me sentais aussi morose que le temps et je pleurais le plus discrètement possible tandis que mes enfants s'amusaient. C'est alors qu'une main toucha doucement mon épaule...

CHAPITRE XV

Un espoir

Lentement, je séchai mes larmes et levai la tête. Je reconnus le visage du jeune homme, un habitué du restaurant. Très propre et d'allure sympathique, il était plutôt bel homme. De sa personne émanait une délicatesse qui me toucha immédiatement. Je ne sais trop si c'était son ton de voix, son regard compatissant ou la légèreté de son geste, mais je me sentis tout de suite en confiance.

«Madame, pardonnez mon intrusion dans votre vie privée, mais vous me semblez tellement seule. Êtes-vous algérienne? J'ai cru reconnaître votre accent quand vous parliez arabe avec vos enfants. J'avais l'habitude de me tenir loin, mais aujourd'hui, je n'ai pu m'empêcher d'approcher, car vous semblez avoir besoin de parler. Permettez-moi de m'asseoir et de vous aider!»

Sa présence me faisait du bien et j'avais tellement besoin de parler! Je l'invitai à s'asseoir.

«Pourquoi pleurez-vous?» demanda-t-il doucement.

Ces mots enlevèrent les digues qui retenaient mes larmes. Une fois apaisée, je lui racontai sommairement mon histoire, mes difficultés ainsi que mes inquiétudes actuelles.

«Demeurez-vous toujours à l'hôtel?

— Oui, depuis près d'un an. Comme mes enfants n'ont que la chambre d'hôtel pour s'amuser, je me retrouve ici plus souvent qu'à mon tour. J'ai vraiment l'impression de squatter cet endroit et je ne serais pas surprise si on m'en expulsait un jour, ajoutai-je avec un sourire

— Votre situation est totalement inacceptable! Est-ce que les autorités de la ville ont conscience de ce que vous endurez?

— Les responsables sont au courant. Je me rends à l'hôtel de ville tous les deux jours avec mes enfants, mais rien n'y fait. On me répond invariablement qu'il faut attendre. Attendre combien de temps? Ils l'ignorent!

— J'ai une suggestion à vous faire, dit-il sérieusement.

— Je vous en prie, dites-la-moi. Je n'entrevois plus aucune solution.

— Vous devriez quitter ce pays! Allez dans un pays où la vie est plus facile, où vous serez protégée et où on vous aidera à vous prendre en main.

— Je n'ai plus la force de tout recommencer ailleurs.

— Ici, vous n'aurez jamais de logement et, si un jour vous en avez un, vous devrez continuer à vous cacher encore et encore, car vous serez toujours recherchée et menacée.

— Où pourrais-je connaître la tranquillité? Comment retrouver l'énergie pour partir et recommencer!

— Pourquoi ne pas partir très loin, plus loin qu'en Europe?

— L'important pour moi, c'est de ne pas perturber davantage mes enfants. J'insiste pour que nous puissions vivre dans un pays où l'on parle français.

— Je vous conseillerais d'aller au Canada et plus particulièrement au Québec où l'on parle français. C'est très loin, mais la terre y est accueillante. Plusieurs de mes connaissances sont parties y vivre et personne ne l'a regretté. La vie y serait bien plus facile, m'a-t-on dit.

— Le Canada est si loin! Et l'hiver est si froid! Je ne pourrai sûrement pas obtenir un visa pour mes enfants et moi!

— Qui ne risque rien n'a rien! Oubliez le froid! Vivre au froid quatre mois par année est cent fois plus facile que vivre menacée dans des hôtels ou des centres pour sans-abri.

— Je suis d'accord avec vous quand vous dites : *"Qui ne risque rien n'a rien."* Depuis quelques années, j'ai suivi cet adage et j'ai acquis beaucoup de liberté! Votre suggestion m'apparaît intéressante et je vais y réfléchir! »

Mon nouvel ami se nommait Redwane et il était aussi d'origine algérienne. Il me donna le numéro de son téléphone cellulaire en m'encourageant à le contacter si j'en éprouvais le besoin. Il m'assurait de son appui inconditionnel. Je regagnai l'hôtel avec mes enfants, dans un état d'excitation quasi euphorique. J'avais retrouvé l'espoir. Dieu m'envoyait son émissaire au moment propice. Même si ma décision n'était pas encore prise, j'avais l'étrange intuition que le temps de la délivrance approchait.

Nous étions le 10 septembre de l'an 2001, à la veille de l'attentat du World Trade Center.

Le soir même, je présentai l'idée d'émigrer à mes deux filles.

Mélissa réagit vivement. Selon elle, je ne pensais ni à son bien ni à sa stabilité et, en plus, je l'exposais à de nouveaux problèmes, inconnus jusqu'à présent. Je comprenais que sa réaction traduisait son manque de confiance en elle et son insécurité devant le changement que je lui suggérais.

Par contre, Norah trouva l'idée géniale.

« Wow! Moi qui rêvais depuis longtemps d'aller au Canada, s'exclama-t-elle. Je suis prête à tout pour que le projet réussisse! Peut-être y vivrons-nous mieux qu'ici? Ce ne sera pas facile, mais c'est peut-être le prix à payer pour être plus heureux!

— Ne nous réjouissons pas trop vite. Je dois me renseigner au sujet des visas auprès de l'ambassade du

Canada. Pour le moment, allons dormir et laissons mûrir notre projet. Demain est un autre jour. »

Je ne croyais pas si bien dire. L'après-midi du lendemain, 11 septembre 2001, les jumeaux et Mélissa étaient à l'école, Zacharie à la halte-garderie tandis que Norah et moi discutions démarches et visa, en prenant un café dans un petit restaurant près de l'hôtel. Nous avions grand espoir d'être bien accueillies au Canada.

Soudain, Norah faillit laisser tomber sa tasse. Les yeux écarquillés, elle fixait le téléviseur installé dans un coin du restaurant. Son expression passa de l'étonnement à l'horreur. À mon tour, je regardai l'écran.

Comme plusieurs personnes autour de moi, j'eus besoin de quelques minutes pour me rendre compte que la réalité dépassait la fiction. Les deux tours jumelles de New York s'effondraient... La vie devenait soudain irréelle, incompréhensible...

« C'est horrible, maman! Mais pourquoi? s'écria Norah, en traduisant tout haut ce que tous pensaient silencieusement. »

J'étais ahurie et touchée parce que je réalisais que l'extrémisme et le terrorisme étaient plus présents que jamais! Jusqu'où pouvait donc aller la folie humaine? Tous ces gens qui mouraient devant nous sans que personne puisse les secourir!

Je pensai soudain que ce cauchemar allait refermer toutes ces portes qui venaient à peine de s'entrouvrir pour nous vers la liberté, notre liberté. Maintenant, impossible d'obtenir un visa. Les démarches étaient déjà difficiles avant cet épouvantable évènement, elles deviendraient quasi infaisables. Dieu était-il contre nous cette fois?

Notre projet d'émigrer au Canada me semblait grandement compromis. Encore secouées et, hélas, désillusionnées, Norah et moi sommes rentrées à notre chambre d'hôtel pour accueillir le reste de la famille. La vie continuait, mais nous ignorions maintenant comment améliorer notre situation.

Norah décrocha un autre emploi. Elle s'ennuyait à l'hôtel et voulait contribuer aux dépenses familiales. Pour ma part, mon médecin m'avait prescrit une convalescence de plusieurs semaines.

Une fin d'après-midi au McDonald's, j'aperçus celui qui nous avait donné le goût du Canada, Redwane. Il vint me trouver et c'est avec plaisir que je l'invitai à s'asseoir, car j'avais besoin de lui parler de mes espoirs déçus.

« C'est maintenant impossible d'aller au Canada. Le message enregistré sur le répondeur du consulat canadien mentionne que, depuis le 11 septembre, aucun visa n'est accordé aux étrangers surtout s'ils sont d'origine arabe ou de religion musulmane.

— Tiens-tu toujours à aller là-bas?

— Je veux toujours émigrer au Canada, mais comment faire? Nos passeports sont algériens. Pour obtenir des passeports français, je devrais attendre des mois et des mois...

— Je connais un moyen d'ouvrir des portes soi-disant fermées aux étrangers. Mais tu dois absolument garder le secret; tu ne pourras en parler qu'à tes filles. Promets-le-moi et je t'en ferai part.

— Je te promets qu'à part mes filles, personne ne saura rien. Je suis décidée plus que jamais à partir et à faire tout mon possible pour y arriver sauf faire du mal à quelqu'un, évidemment.

— D'accord! Voici donc! Il te reste la possibilité de voyager avec de faux passeports français. Je connais quelqu'un qui pourrait t'en fournir moyennant un certain montant d'argent. Qu'en penses-tu? »

Avant d'accepter sa proposition, j'avais besoin d'en savoir davantage.

« Connais-tu personnellement quelqu'un qui a

réussi à quitter la France avec de faux papiers sans se faire prendre?

— J'ai voyagé deux fois avec de faux papiers et je me suis fait prendre. La première fois, j'allais à Londres. Nous étions trois à avoir de faux papiers. Les deux filles qui me précédaient ont réussi alors qu'on m'a arrêté. La seconde fois, je voulais aller en Suède en passant par les Pays-Bas où je me suis fait prendre et jeter en prison. Je préfère être honnête avec toi : c'est une entreprise très risquée pour laquelle je ne peux te donner aucune garantie.

— Je te remercie de ta franchise. Je suis prête à prendre des risques et ce que tu viens de me dire me permet de mieux les évaluer. Je vais consulter mes filles et je te contacterai si nous décidons de faire le grand saut. »

Encore une fois, il m'avait été d'un grand secours. Même si je jugeais l'idée des faux papiers très dangereuse, je prenais plaisir à y songer. Quand un danger épouvantable nous poursuit et qu'on arrive au bord d'un précipice, on évalue mal le risque de sauter dans le vide. On ne pense qu'à fuir!

Après être allée chercher Zacharie à la halte-garderie où il s'amusait quelques après-midi par semaine, je passai à l'école des jumeaux.

En revenant à l'hôtel, je croisai l'hôtelier qui était en colère contre moi. Il brandissait un papier en exigeant des explications immédiates.

En lisant la lettre, je compris que la moitié seulement des frais d'hôtel pour le mois courant seraient remboursés et que les services sociaux ne paieraient pas les mois à venir.

Je pris d'autant plus panique que l'hôtelier écumait de rage. Il s'avançait vers moi en m'obligeant à me retrancher dans un coin du hall d'entrée.

« Si les services sociaux ne paient pas la totalité des

frais de votre séjour ici, je devrai vous mettre dehors, vous et vos enfants, menaça-t-il de sa voix tonitruante. Est-ce bien compris? Et arrangez-vous pour qu'ils me remboursent immédiatement! Je vous le dis tout de suite, je n'ai aucune pitié pour personne, même si vous occupez cet hôtel depuis plus d'un an. Est-ce bien clair?»

Apeurés en voyant cet homme en colère s'en prendre à leur maman, les enfants pleuraient à chaudes larmes.

«Oui, monsieur, j'ai bien compris. Mais pour le moment, permettez-moi de monter consoler mes enfants!

— Allez-y! Je vous donne jusqu'à demain après-midi pour régler ce problème!» dit-il en me suivant du regard jusqu'à l'ascenseur.

Mes enfants s'agrippaient à mes jambes tout en continuant à sangloter. En quittant l'ascenseur, Elias me déclara, sûr de lui:

«Ne t'inquiète pas, maman. Quand je serai grand, je vais revenir ici et je lui donnerai des coups de pied. Je vais le faire pleurer comme il t'a fait pleurer, c'est promis!»

Sa vaillance de jeune enfant à défendre sa maman me fit du bien. Je consolai mes garçons, un à un.

Et, malgré moi, j'ajoutai:

«Ne vous inquiétez pas, mes amours. De toute façon, nous quittons bientôt cet hôtel pourri et ce vilain monsieur!

— Ouiiii! cria Ryan. On va aller où, maman?

— Nous irons loin, très loin. Dans un endroit où nous serons mieux qu'ici, j'en suis sûre.

— Pourquoi on n'y va pas tout de suite? poursuivit Elias.

— Parce qu'il nous faut des papiers pour aller dans ce nouvel endroit et cela prend du temps pour les préparer.

— Est-ce que nous partirons demain, alors?

— Pas demain, mais bientôt, mon chéri! Nous

devons être patients, car c'est important d'attendre le bon moment. »

Satisfaits, les jumeaux retournèrent jouer sur le grand lit, mais, comme Zacharie demeurait craintif, je m'amusai avec lui pour lui changer les idées. Une fois qu'il fut calmé, je téléphonai à Redwane pour l'informer de l'urgence d'obtenir nos faux papiers. Comme il était risqué d'en discuter au téléphone, nous avons convenu de nous rencontrer dans un café le soir même.

Mes filles avaient à peine posé le pied dans la pièce que les jumeaux racontaient l'évènement en incluant gestes et détails! Après avoir réajusté leur version des faits, je les mis au courant de la possibilité de quitter le pays avec de faux papiers sans leur cacher les risques éventuels.

Fidèle à elle-même, Mélissa prit immédiatement panique.

« Maman, tu ne peux pas faire cela! Imagine qu'on se fasse arrêter à la douane! Nous serons soupçonnées de terrorisme! Qu'arriverait-il ensuite?

— Je ne sais pas ce qui se passera à la douane, mais je sais par contre ce qui arrivera ici si nous restons. Nous serons jetés à la rue comme des chiens si les services sociaux refusent de payer l'hôtelier. Et même s'ils changeaient d'avis! Penses-tu que la vie que nous menons depuis plus d'un an peut nous convenir et répondre aux besoins de tes petits frères? Manger au restaurant tous les jours et ne pas avoir d'espace pour s'amuser avec des amis! Endurer menace après menace! Penses-tu que c'est un mode de vie normal pour une famille? Mes chéries, nous ne pouvons pas connaître pire que ce que nous avons vécu depuis quelques années. Il est temps de mettre fin à ce cauchemar! Je ne vois pas d'autre solution!

— Je suis de ton avis, maman, ajouta Norah après un temps de réflexion! Parfois, il faut oser se jeter à l'eau pour courir la chance de s'en sortir. »

Mes filles m'appuyaient!

J'évaluai la somme d'argent dont nous pouvions disposer. En quittant l'Algérie, chacune de nous avait apporté tous ses bijoux pour parer à toutes les éventualités : un collier, des boucles d'oreilles, un bracelet et deux bagues. En plus, Norah acceptait d'y joindre ses maigres économies.

Après avoir donné le bain aux plus jeunes et les avoir couchés, Norah et moi sommes allées au rendez-vous convenu avec Redwane. Il nous attendait au fond du restaurant. Je fis les présentations d'usage.

« Êtes-vous prêtes à vivre la grande aventure ?

— Oui, nous le sommes. Ici, notre situation ne fait qu'empirer et nous espérons avoir plus de chance ailleurs !

— Parlons affaires alors ! J'ai déjà discuté avec l'homme qui fabrique les faux papiers. Comme il veut cacher son identité, il insiste pour faire affaire exclusivement avec moi, car il me fait confiance. J'agirai donc à titre d'intermédiaire entre vous et lui. Est-ce que cela vous convient ?

— Je n'y vois aucun inconvénient. Je m'étais pourtant promis de ne plus faire confiance à un étranger ! Mais ta compassion envers moi ainsi que ta façon d'agir avec mes garçons me portent à croire que tu es un homme foncièrement bon. Et comme j'ai besoin de toi, je choisis de te faire confiance.

— Écoute, Samia. Je vis en France, mais je suis un sans-papier. On pourrait m'arrêter à tout instant, mais grâce à mon physique les policiers peuvent me considérer comme un Français ou du moins comme un Européen. Si j'abuse de votre confiance, vous pourriez me dénoncer à la police !

— Ce que tu me dis m'assure, encore davantage, que tu es une personne de confiance ! Allons-y ! Je veux savoir ce que ton contact t'a dit !

— Chaque passeport te coûtera quatre mille francs et chaque photo d'enfant ajoutée au passeport, cinq cents francs. Combien de passeports désires-tu et combien d'enfants veux-tu ajouter sur chacun d'eux?

— J'ai besoin de deux passeports. Dans le mien, j'ajouterai ma fille de quatorze ans et mes jumeaux de quatre ans; Zacharie apparaîtra sur le passeport de Norah et sera considéré comme son fils.

— Nous disons donc deux passeports et quatre photos. Ceci donne un montant total de dix mille francs français. Êtes-vous d'accord pour ce montant?»

Ce montant était-il adéquat? Je n'en avais aucune idée! Je savais par contre que je ne pouvais rien contester.

«Votre contact peut-il nous faire un rabais? intervint Norah, toujours aussi pragmatique.

— Je lui téléphone tout de suite!» répondit-il en souriant à Norah.

Pendant sa courte absence, ma fille en profita pour me faire la leçon:

«Maman, il ne faut jamais dire oui tout de suite. Il y a toujours place à la négociation avec ces gens-là. J'ai vu ça dans les films», dit-elle avec un sourire.

Redwane revint s'asseoir.

«Comme vous êtes des compatriotes, il vous demande neuf mille francs[9] au lieu de dix mille.»

Me rappelant la remarque de Norah, je jetai un bref coup d'œil dans sa direction. Elle hocha la tête affirmativement. Je donnai mon accord.

«Bien, marché conclu. J'aurais besoin des noms et des âges approximatifs de tout ce beau monde ainsi qu'une photo de chacun.»

Je lui remis nos photos d'identité et j'écrivis sur une feuille les faux prénoms que je voulais donner à mes enfants pour échapper à une recherche éventuelle de la part de ma famille.

---

9. Neuf mille francs français équivalaient à 2000$ canadiens.

Nous sommes rentrées à l'hôtel relativement confiantes en nos démarches! Au moins, nous avions fait avancer les choses! Je dormis profondément, comme cela ne m'était pas arrivé depuis longtemps.

Le lendemain, je devais m'organiser pour éviter d'être jetée à la rue. Comme je passais auprès de l'hôtelier pour reconduire mes enfants à l'école, ceux-ci se collèrent à moi pour se protéger du danger potentiel qu'il représentait à leurs yeux. L'hôtelier en profita pour me rappeler son ultimatum.

«Justement, je fais des démarches pour clarifier ma situation. À mon retour, je vous en donnerai un compte rendu détaillé.»

Après avoir reconduit les jumeaux à la maternelle, je me dirigeai vers l'hôtel de ville avec Zacharie pour rencontrer une amie qui travaillait pour une association humanitaire et qui avait immédiatement proposé de m'accompagner.

Comme elle connaissait le maire, elle demanda une entrevue à sa secrétaire. Malgré le fait qu'il assistât à une réunion du conseil, il lui avait laissé un message à notre intention: nos frais seraient intégralement remboursés pour ce mois-ci et la secrétaire elle-même se chargeait d'en informer l'hôtelier.

Ouf! Il restait dix jours avant la fin d'octobre, dix jours pour continuer nos démarches et nous préparer sans rien brusquer!

Mon amie essaierait d'obtenir le remboursement d'un mois supplémentaire et elle évaluerait d'autres possibilités pour les mois ultérieurs. Je me sentais mieux. J'avais gagné du temps!

L'hôtelier m'accueillit avec un grand sourire. Quel changement d'humeur!

«Samia, je suis désolé de m'être emporté hier soir, s'excusa-t-il sur un ton doucereux. Mettez-vous à ma place! Tous les jours, plusieurs clients minables partent sans acquitter leurs frais. Comprenez-moi! En voyant la note de la ville, j'ai supposé que vous feriez comme eux. La secrétaire du maire m'a appris que la ville acquittait tous les frais jusqu'à la fin du mois. J'en suis ravi pour vous et, encore une fois, excusez-moi. »

Cet homme transpirait l'hypocrisie. Je m'en éloignai avec plaisir pour aller retrouver Redwane avec qui j'avais rendez-vous.

***

Je marchais d'un pas léger, car le poids que je transportais sur mes épaules depuis quelques jours avait diminué.

« Tu sembles plus détendue ce matin! S'est-il passé un nouvel évènement dans ta vie? Ou devines-tu la bonne nouvelle que j'ai à t'annoncer? »

Les paroles de Redwane attisèrent ma curiosité.

« De quelle nouvelle parles-tu?

— Mon contact m'a montré vos faux papiers. Le tien est celui d'une jeune femme de trente-cinq ans, une Française née au Maroc. Elle a le teint foncé, les yeux et les cheveux comme les tiens. Ce passeport est fait pour toi. Je suis sûr que les douaniers n'y verront que du feu.

— As-tu vu celui de Norah?

— Oui, je l'ai vu. Même taille et même couleur de cheveux, mais les yeux sont bleus et la femme du passeport a vingt-trois ans. Norah devra porter des lentilles colorées. »

Nora avait dix-neuf ans à l'époque et elle faisait légèrement plus jeune que son âge; elle aurait à se coiffer de façon à paraître plus âgée. Somme toute, le passeport pouvait convenir.

Je demeurais donc optimiste quant à la suite des évènements.

Ce jour-là, Redwane me fit penser à la nécessité d'habituer les enfants, surtout les jumeaux, à leur nouveau nom. Zacharie n'était pas concerné parce qu'il commençait tout juste à dire ses premiers mots. Je devais leur faire répéter leur nouvelle identité et leur rôle. Comment leur faire comprendre cette obligation? Ils étaient bien trop jeunes pour en saisir toute la signification. Changer de pays signifiait pour eux prendre l'avion avec tous nos bagages.

Je remerciai Redwane encore une fois en lui demandant d'activer les choses. Je ne pensais plus qu'à quitter l'hôtel, mais, à la réflexion, pas seulement l'hôtel: j'avais hâte de tout quitter. J'étais saturée de mon mode de vie en France! Je ne me sentais plus capable de continuer à y investir inutilement mon énergie.

Durant la soirée, j'installai mes plus jeunes près de moi et leur demandai de m'écouter très attentivement. Nous allions participer à un jeu pour aller au Canada. Captivés par l'idée du jeu, ils attendaient la suite avec impatience.

«À partir d'aujourd'hui, les enfants, vos noms changent. Vous ne vous appelez plus Elias, Ryan et Zacharie. Toi, Elias, tu deviens Samy; toi, Ryan, tu t'appelles Sylvain. Zacharie se nommera Valentin. Alors, les enfants, répétez-moi vos prénoms, un à un.

— Moi, c'est Samy, s'écria le premier, Elias.

— Moi, je m'appelle Sylvain et lui Valentin», dit Ryan en me montrant son petit frère Zacharie.

Je leur expliquai que toute la famille jouait au même jeu des nouvelles identités. Mélissa se nommait Myriam et leur maman, Sabine Dupont. Leur grande sœur Norah ne serait plus leur sœur, mais leur tante Karine, et elle devenait la maman de Valentin.

Les jumeaux me jetèrent un regard inquiet: le jeu commençait à se compliquer!

Ensemble, nous répétions régulièrement nos nouvelles identités! Zach insistait pour dire qu'il s'appelait Zach et non Valentin. Pauvre de lui, il venait tout juste d'apprendre à dire son nom. Après deux jours de rappel, les enfants étaient entrés dans le jeu des nouvelles identités. Ils savaient que c'était un secret entre nous. Il ne fallait le dire à personne avant d'avoir quitté le pays et d'être arrivés au Canada.

Ils ne comprenaient pas le but du jeu, mais ils me faisaient confiance!

Quarante-huit heures plus tard, les papiers étaient prêts. Redwane devait me les remettre en échange de la somme convenue. Cette fois-ci, j'avais pris mes précautions, car je ne voulais pas me faire berner une seconde fois!

J'étais tellement nerveuse avant d'aller au rendez-vous que Norah s'offrit de m'accompagner. Redwane nous attendait à une table, un peu à l'écart des autres.

«Bonjour. Vous êtes sûrement impatientes de voir vos passeports. Voici donc les papiers tant attendus! Ils sentent encore la colle et je vous conseille de les faire aérer durant la nuit.»

Je pris les passeports et examinai le premier: c'était le mien. On aurait dit un vrai passeport. Les caractéristiques personnelles correspondaient aux miennes et les photos des enfants rendaient le tout encore plus véridique. Au tour de celui de Norah. Tout correspondait à ce que Redwane m'avait déjà mentionné, la couleur des yeux étant toujours à modifier avec des lentilles.

Je réalisais que les passeports n'étaient pas des faux, mais qu'ils correspondaient à des personnes réelles. Seule la photo avait été remplacée par la nôtre à laquelle s'étaient ajoutées celles des enfants.

C'est alors que je remarquai une erreur épouvantable dans le passeport de Norah! Bon Dieu! L'âge de Valentin ne correspondait pas: mon bébé n'avait pas encore deux ans et l'âge inscrit était six ans.

« Comment peut-on corriger cela ?

— C'est impossible. Le passeport avait déjà été trafiqué quand la photo de Valentin a été apposée. Aucune retouche n'est possible. Il faudra faire avec !

— Maman, ne t'inquiète pas. J'ai une idée. Nous dirons que Valentin est atteint d'une maladie rare qui l'empêche de grandir normalement. »

Norah souriait, toute fière de sa suggestion.

« Profites-en pour sourire maintenant. Je doute que tu puisses en faire autant devant le douanier ! » dis-je en la taquinant.

Le fou rire nous gagna tous les trois, ce qui nous fit le plus grand bien.

Le plus difficile serait de faire accepter l'âge de Valentin par les jumeaux. Leur soi-disant cousin qu'ils avaient toujours considéré comme un bébé devenait subitement leur frère aîné de deux ans. Je ne les connaissais que trop bien : leur orgueil en prendrait tout un coup alors qu'ils faisaient les grands devant leur petit frère.

J'avais deviné juste. Ryan, entêté comme toujours, refusait que son petit frère soit plus âgé que lui. Il insistait : « C'est moi qui vais avoir six ans ; lui, c'est un bébé ! »

Je dus recourir à des trésors de diplomatie. Je concrétisai le plus possible le but du jeu en leur expliquant qu'il nous permettrait de vivre au Canada et d'avoir chacun notre chambre. Je leur promis qu'une fois la famille arrivée au Canada, je leur achèterais de nouveaux jouets. Finalement, les plus âgés admirent que le plus petit fût l'aîné et qu'ils fussent plus jeunes que lui ! Je réalise, en écrivant ces lignes, combien notre histoire était invraisemblable !

Après maintes répétitions et des mises en situation variées, les enfants apprirent leur leçon et leur rôle à jouer devant les douaniers. Est-ce que je leur en demandais trop ? Pouvaient-ils en être perturbés ? Mes jumeaux m'impressionnaient par leur courage. À quatre ans, ils comprenaient que ce jeu était important. Ils s'y mettaient sérieusement parce que, finalement, ils sentaient que ce n'était pas un jeu!

Après avoir payé les neuf mille francs, il nous restait à peine suffisamment d'argent pour acheter nos billets d'avion. Tous nos objets précieux avaient été vendus en prévision des dépenses du voyage.

Alors que nous finalisions nos bagages, je reçus un appel urgent de Redwane : je devais le retrouver immédiatement à notre restaurant habituel.

Je demandai à Norah de m'accompagner, car j'appréhendais une mauvaise nouvelle.

«Que se passe-t-il?

— Mon contact vous conseille d'émigrer en partant d'un autre pays d'Europe. Étant donné que les douaniers français sont habitués à examiner des passeports français, ils pourraient reconnaître la fraude plus facilement qu'un douanier d'un autre pays. Il vaut mieux tenir compte de son avis, croyez-moi.

— De quel endroit pourrions-nous partir, alors?

— Allez en Espagne! Pourquoi pas Barcelone? Vous pourriez y prendre l'avion pour Montréal.

— J'ai eu du mal à rassembler l'argent pour acheter les billets pour Montréal; comment vais-je m'y prendre pour payer d'autres billets pour Barcelone?

— Prenez le train, ça coûte moins cher. J'ai tellement à cœur que vous réussissiez. Mettez donc toutes les chances de votre côté. Encore une fois, promettez-moi de ne jamais divulguer mon nom si, par malheur, vous étiez arrêtés.

— Je te le jure, Redwane. Sois tranquille, jamais je ne citerai ton nom. Tu nous as beaucoup aidés! Merci encore une fois!

— Si tu as besoin d'aide pour aller à la gare, n'hésite pas; je t'aiderai volontiers.»

Puis Redwane partit de son côté et nous sommes demeurées assises l'une en face de l'autre, perdues dans nos pensées. Nous étions si près du but et voilà que les choses se compliquaient! Le conseil me semblait très sensé, mais j'ignorais comment faire absorber ces dépenses imprévues.

Norah interrompit ma rêverie en attirant mon attention sur un vieil homme à l'allure pauvre et négligée, semblable à un mendiant, qui nous fixait étrangement à travers la vitrine.

«Que nous veut-il? demanda Norah, un soupçon d'inquiétude dans la voix.

— Je ne sais pas, peut-être a-t-il faim?

— Maman, il entre dans le café et il se dirige vers nous», dit-elle à voix basse, effrayée.

L'homme s'approcha et nous regarda longuement. Son regard était empreint de bonté et de sérénité. Il émanait de cet homme dans le besoin, une impression d'étrangeté. Il semblait avoir suspendu le fil du temps pour nous amener dans une nouvelle dimension. À la façon qu'avait Norah de s'agiter sur son siège, je sus qu'elle aussi ressentait la magie de l'instant.

Notre homme se décida enfin à parler.

«S'il vous plaît, pourriez-vous me donner vingt francs pour que je puisse manger?» demanda-t-il en tendant la main.

Je lui remis cinquante francs, tant je compatissais à son sort. Je savais maintenant ce que la pauvreté signifiait. Il me prit la main pour me remercier et la garda dans la sienne un long moment, en me regardant dans les yeux. L'instant devint solennel; nous étions suspendues à ses lèvres.

«Je te remercie, ma chère enfant. Tu t'apprêtes à faire quelque chose de très dangereux, je le devine.»

En entendant ces paroles, Norah sursauta.

«Cette action changera toute votre vie! C'est normal

que tu aies peur, mais courage! Lance-toi! Dieu veille sur toi et sur tes enfants. Grâce à sa bienveillance, tu atteindras ton but. Aie confiance.»

Il lâcha ma main, nous salua et reprit son petit bonhomme de chemin, comme si rien d'exceptionnel ne s'était produit.

Nous sommes restées silencieuses et hébétées pendant de longues secondes sans réaliser pleinement ce qui venait de se passer. Comment ce pauvre homme pouvait-il connaître nos projets? Comment pouvait-il savoir que j'étais constamment angoissée et que je me retrouvais précisément dans une impasse? Je savais qu'il n'y avait pas de réponses et qu'il était inutile de chercher des explications rationnelles. Cette rencontre avait bel et bien eu lieu tel un moment béni qui nous avait été donné. Elle me réconfortait en m'apportant plus de confiance et de paix intérieure. Encore maintenant, quand il m'arrive des moments de désespoir, je pense aux paroles de ce mendiant et je me sens mieux!

«Je crois, Norah, que cet homme a été envoyé pour nous rassurer. Je me sens plus sereine et je ne sais pas trop pourquoi!

— C'est la même chose pour moi! C'est sûrement un signe du destin ou un envoyé de Dieu!»

Nous avons marché vers l'hôtel avec l'impression de flotter sur un nuage. Norah se chargea de me ramener à la réalité.

«Comment allons-nous payer ces fameux billets de train, maman? As-tu une idée?

— Peut-être devrons-nous emprunter...»

Je restai en suspens tant mon idée me paraissait farfelue!

***

Je m'endormis en gardant à l'esprit cet important

problème à résoudre. Si je ne trouvais pas une solution, il nous serait difficile de poursuivre notre projet.

Je me réveillai au milieu de la nuit avec une image très précise en tête : je voyais la superbe bague que ma grand-mère m'avait donnée. Avant mon départ pour la France, j'avais pris soin de la cacher précautionneusement dans la doublure de mon sac afin qu'elle échappe au contrôle de ma mère qui avait repris tous mes bijoux de grande valeur.

Je me levai précipitamment et je retrouvai le vieux sac en question dans ma valise de voyage. J'en tâtai le fond centimètre par centimètre. Le bijou était à l'endroit où je l'avais placé il y avait plus d'un an.

Cette bague était magnifique avec son énorme diamant encerclé par plusieurs petits. J'eus les larmes aux yeux en passant la bague à mon doigt. Ce bijou salutaire me rappelait ma grand-mère, une femme accueillante et chaleureuse auprès de qui je m'étais toujours sentie en sécurité. Imprégnée de sa présence, je mis peu de temps à me rendormir.

J'avais décidé d'aller faire évaluer le bijou par le joaillier près de l'hôtel. Lorsque je déposai mes clefs à la réception, l'hôtelière remarqua la bague que j'avais gardée à mon doigt. C'est vrai qu'elle ne passait pas inaperçue tant par sa brillance que par son dessin particulier.

« Quelle bague magnifique ! Est-ce que ce sont de vrais diamants ? demanda-t-elle en caressant les précieuses pierres.

— Évidemment ! Cette bague appartenait à ma grand-mère. C'est un bijou de famille, dis-je avec fierté.

— Je serais prête à mettre un bon prix pour une telle merveille, indiqua-t-elle en continuant à fixer mon doigt.

— Iriez-vous jusqu'à me donner vingt mille francs ?

— Vingt mille francs, c'est beaucoup !

— Bon! J'irai donc l'offrir au bijoutier du coin. Peut-être aurai-je plus de chance!

— J'ai déjà travaillé dans une bijouterie et je sais que cette bague est de grande valeur. Je serais prête à donner quinze mille francs! Est-ce que cela vous conviendrait?

— Dix-huit mille! Et cette bague vous appartient. »

Je lui laissai le temps de réfléchir en espérant qu'elle accepterait, car je n'aurais pas à poursuivre mes démarches.

« Marché conclu! Je vous fais le chèque immédiatement, dit-elle, ravie.

— Pas de chèque, s'il vous plaît, car j'ai un urgent besoin d'argent liquide.

— Je cours à la banque. Attendez-moi et je vous rapporte votre argent. »

Elle me tendit une chaise et partit toute souriante. Mon problème était résolu! Merci, mon Dieu! Pourvu que ma chance se prolonge.

Trente minutes plus tard, elle était de retour avec la somme convenue. Je lui remis la bague en échange de l'argent.

« S'il s'avérait que la bague n'est que du toc, je vous demanderais de me remettre l'argent.

— Ne vous inquiétez pas. Faites-la expertiser et s'il y a quoi que ce soit, venez m'en parler... Vous connaissez mon adresse! »

Je montai rejoindre mes enfants.

« Notre problème est réglé. J'ai l'argent pour nos billets de train et même plus encore. Nous irons les acheter aujourd'hui. À nous Montréal! Chacun lança son cri de joie, mais notre chœur impressionnant risquait d'ameuter les chambres avoisinantes.

— Chut, les enfants! Soyons discrets. J'aimerais, Norah, que tu restes avec les petits pendant que Mélissa et moi irons à la gare. Profites-en pour leur faire répéter leur identité une dernière fois, car demain nous quitterons l'hôtel pour Barcelone. »

J'annonçai à Redwane que j'avais trouvé l'argent pour les billets de train. Comme il voulait nous accompagner, nous nous sommes donné rendez-vous dans une station de métro.

Le seul fait d'acheter ces tickets de train me surexcitait, car ils représentaient la porte vers la liberté!

Les billets en main, je me calmai, mais j'avais l'impression que mon cœur avait doublé de volume tant l'aventure à venir m'exaltait. Notre départ était prévu pour le lendemain matin et le trajet durait près de douze heures. Ce serait un voyage fatigant pour les enfants; c'était le prix à payer et nous étions prêts!

À notre retour à l'hôtel, je remarquai que la réceptionniste portait fièrement à son doigt la bague de ma grand-mère. Je ressentis un bref pincement au cœur qui s'effaça en voyant l'immense sourire de satisfaction de sa nouvelle propriétaire. Elle maintenait donc sa décision d'achat. Bien sûr, j'aurais aimé qu'un jour cette bague soit portée par une de mes filles, mais la vie en avait décidé autrement. Merci, grand-maman.

Avec l'aide de mes grandes, nous avons complété nos bagages pour être fin prêts le lendemain matin.

Nous sommes allés fêter notre départ dans un bon restaurant et c'est avec plaisir que Redwane se joignit à nous. Notre rencontre au McDonald's avait enclenché notre décision de quitter la France! Tout au long du repas, Redwane questionnait les enfants sur leurs nouvelles identités. Ils avaient bien appris leur leçon!

«Touchons du bois pour qu'ils continuent ainsi!» dit-il en aparté.

Il poursuivit, les larmes aux yeux:

«Je vous envie, car je sens au fond de moi que vous allez y arriver.

— Si nous réussissons, ça sera grâce à toi. Je n'oublierai jamais ce que tu as fait pour nous. Advenant le contraire, nous ne citerons jamais ton nom. C'est une promesse, mon frère. »

Le cœur et l'estomac bien remplis, nous sommes rentrés à l'hôtel. Je laissai à mes filles le soin de coucher leurs frères, car j'avais certains détails à régler avec l'hôtelier.

« Que puis-je faire pour vous? proposa-t-il tout avenant derrière son comptoir.

— Nous quittons l'hôtel demain matin et j'ai un service à vous demander. Gardez-nous les deux chambres pendant quarante-huit heures au cas où nous devrions revenir, ou au cas où les enfants reviendraient seuls.

— Comment cela? Maintenant que tout est arrangé avec la mairie? Est-ce que, par hasard, la mairie aurait changé d'avis et refuserait de me rembourser vos frais? questionna-t-il d'un air soupçonneux.

— Il n'est pas question de non-paiement, monsieur. Nous partons dans un autre pays. Si tout fonctionne tel que prévu, les deux chambres vous seront payées pendant une semaine alors qu'elles seront inoccupées. Vous pourrez même les louer si vous le voulez. Par contre, si nous revenons dans les quarante-huit heures, nous les reprendrons.

— D'accord, Samia. Je vous souhaite bonne chance, là où vous désirez aller. »

Il aurait bien aimé en savoir plus, mais il valait mieux demeurer discrète. Je lui souhaitai bonne nuit.

Quelle journée! Ce soir-là, nous étions plus surexcités que la veille de notre départ de l'Algérie vers la France. Ce n'était plus une fuite, mais un choix vers une nouvelle vie où la liberté et la sécurité étaient au rendez-vous.

Cette nuit-là, les trois plus jeunes ont été les seuls à bien dormir parce qu'ils n'étaient pas en mesure de réaliser l'ampleur des changements qui s'annonçaient.

Le lendemain matin, une fois les bagages descendus dans le hall d'entrée, je pris le temps de saluer, sans amertume, nos hôteliers. Par contre, mes jumeaux demeuraient craintifs et ne songeaient qu'à s'éloigner de celui qui avait menacé leur maman! Je quittai l'hôtel en espérant ne plus y revenir.

Deux taxis nous amenèrent à la gare où Redwane nous attendait. Il nous accompagna jusqu'au quai d'embarquement. Quand vint le temps des adieux, nous avions tous les larmes aux yeux. Ses paroles me touchèrent.

«Au début, je me sentais solidaire avec vous parce que nous étions des étrangers vivant en France. Mais, graduellement, vous êtes devenus comme ma propre famille; vous allez me manquer énormément. Je vais prier pour que tout se passe bien pour vous. Promettez-moi de m'appeler dès que vous arriverez à Montréal!»

Bien sûr que j'allais lui téléphoner! Si tout se passait bien!

Nous quittions la France en nous remémorant les bons et les mauvais moments que nous y avions passés durant plus d'un an. Nous voulions oublier les malheurs et conserver le souvenir des bonnes personnes qui nous avaient soutenus, dont Rachid, monsieur Wodeck et Redwane.

Les enfants trouvèrent le temps long. Quand ils étaient inoccupés, de petits conflits éclataient entre eux, insignifiants pour la plupart, mais pour lesquels l'une de nous devait intervenir. Ils réclamaient un vrai lit, mais ils parvenaient à somnoler.

Plus le temps s'écoulait, moins ils restaient en place. De temps à autre, ils allaient parler aux autres passagers. Quand l'un d'entre eux s'informait de leur nom et de leur âge, ils préféraient ne rien dire et venir me trouver.

«Maman, est-ce qu'on leur dit notre vrai nom ou l'autre?

— Ici, tu peux dire ton vrai nom, chéri. Ne crains rien, je te dirai, à toi et tes frères, quand vous devrez dire l'autre nom. »

La nuit tombait sur l'Espagne et nous approchions de Barcelone. À la frontière espagnole, nous avons dû prendre un vieux train de banlieue qui se déplaçait à basse vitesse. Les enfants venaient à peine de se rendormir quand nous arrivâmes à destination. Leur humeur était très maussade : ils avaient besoin de dormir dans un vrai lit. Un hôtel s'imposait.

C'était la première fois que la famille mettait les pieds à Barcelone. Mélissa n'en finissait plus de trouver des ressemblances avec l'Algérie : l'architecture et la couleur des maisons ainsi que la chaleur plus élevée qu'à Paris.

CHAPITRE XVI

Barcelone

Octobre 2001. Nos valises encombrantes nous permirent de trouver rapidement deux taxis. Je demandai au chauffeur de nous conduire à un hôtel à prix modique dans les environs de la gare. Il communiqua avec son confrère du second taxi avec qui il s'entretint en espagnol.

Ils nous laissèrent aux abords d'un hôtel à l'architecture sophistiquée, probablement trop luxueux pour nous. En plus, j'avais sûrement été dupée sur le prix de la course, car j'ignorais la valeur de la peseta. Redwane m'avait pourtant mise en garde, mais c'était trop tard...

Je lorgnai le hall d'entrée rutilant où deux portiers, à l'habit et à l'air empesés, n'attendaient qu'un signe pour se précipiter sur nos valises. Cet hôtel quatre-étoiles dépassait nos moyens. Que faire? Déguerpir avec toutes nos valises!

Je remarquai un jeune homme de couleur qui promenait un gros chien. Je me dirigeai vers lui.

«Excusez-moi, monsieur. Connaissez-vous un hôtel à prix abordable dans les environs?

— Le seul hôtel que je connais dans le coin est un hôtel-appartement sûrement moins cher que celui-ci. Je peux vous y conduire si vous voulez, proposa-t-il gentiment.

— Nous vous suivons, monsieur. J'espère que le prix n'est pas trop élevé, car j'ai des billets d'avion à payer demain.

— Si j'avais assez d'espace, je vous inviterais chez

moi, mais je n'ai pas assez de matelas pour vous tous », dit-il, très sérieusement.

Sa gentillesse me toucha et je le remerciai. Le coût était encore trop élevé, mais je n'avais pas d'autre choix et les petits étaient exténués. Le jeune homme nous salua en nous donnant ses coordonnées. Il proposait son aide pour changer l'argent et acheter les billets d'avion.

« Je crois qu'il a le béguin pour toi, remarqua Norah, le sourire coquin.

— Cesse donc de me taquiner ! Il veut nous rendre service, tout simplement. »

Le concierge de l'hôtel nous montra l'appartement. Il valait son prix ! Les pièces étaient grandes et propres. La cuisine, bien équipée, était invitante. Dommage d'avoir à partir le lendemain ! Émerveillé, Ryan s'exclama :

« Wow ! Il y a une cuisine comme dans une vraie maison. Pourquoi on ne reste pas ici pour toujours, maman ? »

Mes enfants n'avaient pas vu une cuisine depuis plus d'un an ! La remarque de mon fils me fit réaliser l'importance de la cuisine dans la vie d'un enfant. Pour Ryan, elle devenait symbole de sécurité puisqu'il était prêt à demeurer longtemps dans cet appartement.

Tout ce beau monde se coucha sans faire sa toilette. Nous étions tous fatigués et nous devions nous réveiller tôt. Je m'endormis avec l'idée que je n'avais plus assez d'argent pour payer une seconde nuit à l'hôtel.

Je me réveillai tôt. Norah alla chercher à manger pendant que je préparais les enfants. Peu après huit heures, je téléphonai à Philippo, le jeune Noir qui nous avait si gentiment offert son aide.

Nous avons planifié que Mélissa et moi irions faire nos démarches avec Philippo tandis que Norah se préparait à un départ rapide pour l'aéroport.

Après le bureau de change qui était tout près, nous

nous sommes présentés à l'agence de voyages. Pour Mélissa et moi, c'était l'occasion de valider nos faux passeports. Si l'employé ne notait rien d'anormal, les douaniers risquaient d'en faire autant.

Je demandai deux billets pour adultes et quatre pour enfants à destination de Montréal.

L'agent de voyages interrogea son ordinateur.

« Il reste de la place sur deux vols. Le premier part dans trois heures et demie et fait escale à Paris alors que le second est à dix-sept heures et fait escale à New York. »

C'était bien notre veine! Venir de Paris pour retourner à Paris! Tous ces efforts et toutes ces dépenses pour revenir à notre point de départ! J'étais outrée.

Impossible d'envisager la seconde possibilité, car passer par New York représentait trop de risques pour nous depuis les évènements du 11 septembre.

Les deux choix me paraissaient médiocres. L'idée suivante me passa par la tête

« Pour le vol avec escale à Paris, savez-vous si nous devons passer à la douane ou changer simplement d'un avion à un autre?

— Je ne suis pas sûr, mais je crois qu'on ne passe pas à la douane. »

Rassurée, je payai les billets. Je téléphonai à Norah pour l'informer de l'heure de notre avion afin qu'elle finalise les bagages et qu'elle soit prête quand j'arriverais en taxi. Philippo nous raccompagna jusqu'à l'hôtel et nous donna un précieux coup de main. Nous venions de rencontrer un nouveau samaritain le long de notre route.

Avant de monter dans les taxis, je pris le temps d'examiner les enfants. Norah avait veillé à ce qu'ils soient propres et bien vêtus, dignes de la grande aventure! Je lui mentionnai à voix basse que notre trajet comportait une escale en France. Elle était désemparée, car elle était sûre d'avoir à passer à la douane française avant de prendre l'avion pour Montréal.

« Maman, notre voyage par Barcelone a été inutile. Nous avons fait tout ce détour pour rien! Nous devrons passer aux douanes françaises! Je le sens, dit-elle, des sanglots plein la voix.

— Ne sois pas si pessimiste! Tout se passera bien, tu verras. Ne regrettons rien, c'est trop tard d'ailleurs. Soyons positives! Surtout, ne montre pas ton inquiétude à Mélissa. Tu la connais, le moindre détail la fait paniquer! »

Mélissa, Zach et moi étions dans le premier taxi tandis que Norah et les jumeaux nous suivaient. Soudain, le chauffeur du second taxi se mit à klaxonner et notre conducteur s'arrêta pour voir ce qui se passait. L'inquiétude m'envahit. Le taxi avait sûrement une raison majeure de s'arrêter. C'est alors que je vis Norah descendre et se diriger en courant vers nous.

Je baissai rapidement ma fenêtre. Elle me chuchota à l'oreille.

« Maman, nous avons oublié les lentilles de couleur. Tu te souviens, j'ai les yeux bleus sur mon passeport.

— C'est pourtant vrai, nous avons oublié ce détail! Demande à ton chauffeur de te conduire chez l'opticien le plus proche et nous vous suivrons. »

Ce que fit Norah sans tarder! Dieu merci, l'opticien était tout près.

Pendant que Norah entrait dans la boutique, Mélissa l'avait remplacée auprès des jumeaux.

« Avez-vous des lentilles de couleur bleu-gris? demanda Norah, tout essoufflée, à l'opticien.

— Certainement! Je vais vous montrer toutes les teintes de bleu.

— Ce n'est pas la peine, car je suis très pressée. Donnez-moi des lentilles bleu pâle avec le plus de gris possible. S'il vous plaît, faites vite. »

L'opticien lui remit une boîte contenant les lentilles. Elle l'ouvrit rapidement; la couleur lui convenait. Elle n'avait plus qu'à les mettre, ce qu'elle n'avait jamais fait auparavant.

« Puis-je vous montrer? proposa aimablement l'opticien.

— Donnez-moi seulement un miroir et j'essaierai. »

Elle réussit à les mettre correctement. Elle paya et sortit... un peu trop rapidement, car elle oublia l'étui et le liquide d'entretien. J'imagine facilement la tête qu'a dû faire l'opticien devant un tel empressement à porter des lentilles.

Norah me fit signe que tout allait bien. Nous reprîmes notre route vers l'aéroport.

À destination, je fis descendre les enfants, un à un, en leur donnant leur faux nom. Ils comprenaient que le jeu était commencé. Malgré leur jeune âge, ils étaient intelligents et très braves! J'étais fière d'eux! Ils prirent l'initiative de s'interpeller par leurs faux noms.

Pendant que nous poussions notre chariot débordant de bagages jusqu'à l'entrée, je regardai Norah.

« Montre-moi donc tes yeux. »

Ses paupières clignaient continuellement et ses yeux étaient déjà rougis par l'adaptation aux lentilles.

« Comment me trouves-tu? Suis-je jolie avec les yeux bleus? dit-elle en faisant une mimique d'amusement.

— Tu es toujours jolie, avec ou sans les yeux bleus.

— J'étais tellement pressée que j'ai oublié le liquide d'entretien. Maintenant, je dois les tolérer jusqu'à Montréal! Si tu avais vu la tête de l'opticien! Je crois qu'il m'a prise pour une folle! »

En regardant les enfants, je repris courage. Ils comptaient sur moi. Il fallait continuer et aller de l'avant. Bientôt ce cauchemar ne serait plus qu'un lointain souvenir.

Au comptoir des bagages, je remis les papiers à la

préposée et plaçai mes valises pour la pesée. Après avoir compté les billets et nous avoir regardés, elle me donna nos cartes d'embarquement et nous souhaita bon voyage. J'appris qu'à Paris, nos bagages seraient transférés automatiquement dans l'avion pour Montréal où nous pourrions les récupérer.

Quand j'entendais *Montréal*, mon cœur était tout retourné tant j'avais hâte d'y poser le pied. Une fois là-bas, la majeure partie de mes soucis seraient derrière moi.

Mélissa interpréta comme un signe positif le fait que la préposée n'ait rien remarqué d'anormal. J'abondai dans ce sens.

«Ne t'en fais pas, Mélissa. Personne ne verra la différence entre nos papiers et des vrais. Fais comme s'ils étaient vrais. Tout ira bien, tu verras.

— Promis! Nous sommes une famille normale qui part en vacances pour quelques jours à Montréal.»

À la porte d'embarquement, notre tour approchait et nous n'avions rencontré aucun douanier. Je commençais à trouver cela bizarre!

«Veux-tu vraiment savoir pourquoi l'embarquement se déroule de cette façon? demanda Norah, sur un ton acerbe.

— Pourquoi donc?

— Tant que nous voyageons entre des pays de la communauté européenne, les communications demeurent faciles. Mais quand nous passerons à l'international, les difficultés vont commencer. Le pire nous attend à Paris! J'ai peur que tout notre projet avorte! ajouta Norah, soudain pessimiste.

— Bon Dieu, avoir su! Tout cet argent dépensé inutilement à faire les touristes d'un soir à Barcelone! Nous serions partis de Paris un peu moins pauvres que maintenant!

— Prends la chose du bon côté, maman. Si nous

nous faisons arrêter, nous pourrons dire que nous avons vu l'Espagne!»

La moquerie de Norah réussit à alléger l'atmosphère.

Je me rendis compte que Mélissa avait pu entendre nos propos peu réjouissants. Comme elle était de nature anxieuse, ses peurs pouvaient facilement se transformer en angoisse et lui faire perdre son sang-froid lors de notre passage à la douane.

Je m'approchai d'elle en l'encourageant à rester calme.

«Maman, est-ce que c'est l'avion qui va nous emmener au Canada? demanda Elias lors de l'embarquement.

— Non, mon chéri. Celui-ci nous emmène en France où nous en prendrons un autre pour Montréal.

— Je ne veux pas aller en France! Je ne veux pas retourner à l'hôtel. Je veux leur dire que je m'appelle Sylvain et que je veux aller au Canada!» s'écria-t-il de plus en plus fort.

Je le calmai en le prenant dans mes bras. Pour le rassurer, je lui dis qu'en France, nous ne sortirions pas de l'aéroport, que nous traverserions de cet avion jusqu'à celui du Canada.

J'eus beau expliquer, les jumeaux ne comprenaient pas notre retour en France! À bout d'arguments, j'ajoutai que ce détour faisait partie du jeu des nouvelles identités et que c'était obligatoire pour entrer au Canada! Tout un jeu, n'est-ce pas?

Après deux heures de vol, l'aéroport de Roissy était en vue. Nous débarquâmes le cœur serré. Je répétai mes encouragements à Mélissa.

Tous les passagers de notre avion suivaient le même itinéraire. Après avoir longé le grand couloir, nous avons tourné en suivant l'indication *Montréal*. C'est alors que je remarquai les lignes d'attente pour... la douane française.

CHAPITRE XVII

La grande évasion

Norah avait vu juste. Je cessai de respirer pendant quelques secondes pour me ressaisir aussitôt: ce n'était pas le temps de prendre panique. Je fixai Mélissa et Norah, droit dans les yeux, afin de leur communiquer ma détermination. Discrètement, je chuchotai à l'oreille des garçons que le jeu commençait; chacun d'eux me répondit en faisant un grand sourire complice. La qualité de nos faux papiers ne me préoccupait pas, mais la supercherie concernant l'âge de Zach-Valentin m'inquiétait.

Notre tour arrivait et mon pouls s'accélérait. J'avais conscience de l'importance du moment. Ces quelques minutes étaient déterminantes pour l'avenir de ma petite famille. L'image du mendiant rassurant me traversa l'esprit. Encore une fois, je pouvais compter sur lui quand j'en avais besoin.

Nous progressions en nous tenant serrés les uns près des autres de façon à nous soutenir mutuellement. Nous avons dû nous séparer pour rencontrer les agents des douanes. Norah se retrouva au guichet de gauche, Mélissa et moi au guichet voisin et les garçons se tenaient entre nous.

Après avoir examiné consciencieusement mon passeport, mon agente interpella Ryan. Telle une croupière au casino, elle lançait les dés et impuissante, je devais attendre le résultat. Les dés étaient jetés. Je retins mon souffle et communiquai par télépathie avec mon fils: «N'oublie pas, tu es Samy.»

«Bonjour, toi!»

Elle aimait sûrement les jeunes enfants.

«Es-tu Sylvain ou Samy? Vous vous ressemblez beaucoup.

— Je suis Samy, madame, et lui c'est Sylvain. Mon cousin, c'est lui, Valentin et ma mère...

— Tu n'as pas à raconter toute ta vie, Samy, l'interrompis-je doucement. L'agente voulait seulement savoir ton nom!»

Mon intervention fit rire l'agente qui trouvait plaisir à faire parler mon fils. Plus Samy parlait et plus il pouvait se tromper, mais je ne pouvais intervenir une seconde fois sans mettre la puce à l'oreille de la douanière. Je devais faire confiance à mon fils.

«Tu t'en vas en vacances à Montréal, n'est-ce pas?

— C'est quoi, Montréal? Moi, je vais au Canada! lança-t-il fièrement.

— Tu vas dans un pays qui s'appelle le Canada et Montréal est une ville du Canada! Nous avons raison tous les deux», expliqua-t-elle patiemment.

Elle examinait alternativement les passeports et les enfants, son regard allant des uns vers les autres. Son examen me sembla durer une éternité tant j'étais impatiente! Elle leva enfin les yeux, jeta un bref coup d'œil vers Mélissa dont le teint vira au gris puis elle se détourna. Tant mieux car ma fille était sur le point de craquer!

Celle-ci en profita pour me confier à l'oreille :

«J'ai mal au ventre, je crois que je vais m'évanouir. Je ne suis pas aussi courageuse que vous.

— Mélissa! Souviens-toi! Nous sommes une famille ordinaire qui part en vacances, d'accord?»

Chère enfant qui croyait ne pas être à la hauteur! Je pensais exactement le contraire; émotive comme elle l'était, elle s'en tirait fort bien, mais le moment n'était pas approprié pour lui faire part de ma perception. Je tentai de lui communiquer mes pensées: «Je suis loin de te blâmer, Mélissa! Je comprends tellement ton désarroi! Tu es une jeune fille très brave. Ne lâche pas!»

Notre communication non verbale sembla porter ses fruits. Mélissa se baissa pour donner un bisou sur le front de son frère et l'atmosphère se détendit instantanément.

Au guichet voisin, j'entendais l'agent des douanes s'adresser à Norah.

«Où est votre garçon?

— Il est là, avec ses cousins!»

L'agent se souleva de son siège pour mieux voir les enfants. Je guettais ses expressions faciales, car c'était le moment crucial de toute notre aventure! Nos espoirs ne tenaient qu'à un fil et j'avais peine à respirer. Il se rassit sans demander lequel des trois était Valentin! Tant mieux pour nous! Je repris mon souffle.

La voix de mon agente me ramena sur place. Elle me souhaitait bon voyage et bon séjour à Montréal! Tout en conservant notre sang-froid, Norah et moi reprîmes nos papiers pour nous éloigner avec plaisir de la douane française. Dieu veillait sur nous! J'entendais à nouveau les paroles du mendiant qui nous avait abordées au restaurant; je me sentais protégée par une force inexplicable. Je pris le temps de rendre grâce à Dieu.

L'épreuve la plus difficile était passée. Restait la vérification des papiers avant l'entrée de la salle d'embarquement. Devant nous, une file s'était déjà formée. Un agent à l'allure sévère et aux petits yeux inquisiteurs scrutait à la loupe ceux qui l'entouraient, à la recherche d'éventuels contrevenants. Après quelques instants, nous avons pu remarquer qu'il sélectionnait systématiquement les gens de couleur et les étrangers pour une analyse plus approfondie. Un frisson me parcourut l'échine.

«Maman, on dirait une taupe! chuchota Norah.

— Pourvu qu'il ne vienne pas nous voir, souhaita Mélissa. J'ai tellement mal au ventre! Ça ne finira donc jamais!»

Mélissa était tendue comme une corde de violon. Les yeux exorbités, elle reprit de plus belle:

«Regarde, maman! Il prend les passeports et il les sent! Il va remarquer que les nôtres sentent la colle et nous serons arrêtés. Je ne veux pas que tu ailles en prison et je ne veux pas aller dans une famille d'accueil,» me souffla-t-elle à l'oreille, les larmes aux yeux, incapable de contrôler la panique qui s'emparait d'elle.

Encore une fois, elle exprimait à haute voix mes craintes les plus profondes, mais je ne devais surtout pas les laisser m'envahir.

«Mélissa, cesse de penser ainsi et ne pleure pas! Contrôle-toi, ordonnai-je sur un ton ferme afin qu'elle se reprenne en mains! Si tu pleures, ils douteront de nous et viendront vérifier.»

Sur un ton radouci, je poursuivis:

«Allons, calme-toi! Nous partons en vacances! Change-toi les idées en parlant avec tes frères et surtout, souris! Plein de belles choses nous attendent à Montréal.»

Je songeai en mon for intérieur: «C'est vrai que Montréal nous permet d'espérer une vie meilleure, mais encore faut-il y arriver...» Je touchai mon front. Ma peau était moite alors que la température ambiante était relativement fraîche: j'avais peur. Nous progressions lentement et j'avais l'impression que chaque pas nous rapprochait un peu plus de la guillotine.

«Maman, viens dans cette file-là. L'agent qui s'en occupe semble beaucoup plus sympathique que l'autre.»

Je reconnaissais bien la perspicacité de mon aînée. Je suivis donc son conseil et toute la famille se rassembla dans la même file d'attente. Je vis Mélissa croiser les doigts; je m'approchai d'elle pour les lui décroiser. Elle ne comprenait pas.

« Ton geste pourrait nous faire remarquer; imagine-le dans ta tête si cela peut t'aider. »

Elle comprit mon intervention et acquiesça.

Arrivée près de l'agent à l'air sympathique, je remarquai que le *grand terrible* vérifiait les papiers d'un homme de race noire. Nous échappions à son contrôle! J'adressai un clin d'œil discret à Norah en guise de reconnaissance. J'étais soulagée. Je pouvais me concentrer sur la suite des évènements.

Notre agent examinait soigneusement nos passeports. Mélissa et les jumeaux se tenaient à mes côtés tandis que Norah prenait Zach par la main. J'ai dû me baisser pour répondre à Elias qui voulait savoir si l'on montait bientôt dans l'avion.

Soudain, une voix bourrue m'interpella par mon faux nom. Je mis un certain temps à réaliser qu'il s'adressait à moi.

« Alors, madame Dupont, on ne veut plus partir! On veut rester avec moi! dit l'agent, pince-sans-rire.

— Ne vous inquiétez pas, nous voulons partir! répondis-je avec le sourire. Les enfants commencent à s'impatienter! »

Il nous remit nos papiers et nous nous sommes empressés de quitter les lieux.

« Restez calmes, les enfants. Gardez votre joie pour tantôt, quand nous serons rendus plus loin. Quand on part en vacances on est content, mais non exubérant! N'attirons pas l'attention!

— J'ai besoin d'aller aux toilettes! » indiqua Mélissa.

Toute la famille avait besoin de soulager la tension des dernières minutes. Dans cet endroit discret, chacun put donner libre cours à sa joie.

« Le plus dur est fait! » chuchota Norah avant d'éclater d'un fou rire communicatif.

Cris de joie, accolades et embrassades à répétition, tout était bon pour exprimer notre joie et notre fierté.

«Hé, les jeunes! Vous êtes de vrais champions! Voulez-vous manger avant de monter dans l'avion? Vous le méritez, mes chéris! Je vous rappelle que le jeu ne fait que commencer et qu'il continue jusqu'à Montréal. D'accord?»

Nous sommes sortis des toilettes, le cœur joyeux.

En embarquant dans l'avion, nous avons dû montrer nos papiers une dernière fois, mais c'était une inspection informelle. À peine installée, j'entendis Ryan me crier de son siège, au bout de la rangée:

«Maman, est-ce qu'on peut s'appeler par nos vrais noms, Elias, Ryan et Zach?»

Sa sœur le fit taire immédiatement. Pourvu que personne n'ait prêté attention à ses paroles. Je feignis de ne rien entendre et je gardai les yeux baissés. Quelques secondes s'écoulèrent... Tout allait bien!

Norah expliqua une seconde fois à Ryan que le jeu n'était pas terminé et qu'il devait attendre son signal ou celui de sa mère pour l'arrêter.

L'avion nous emmenait à Montréal, mais nous avions encore de la difficulté à croire que le vol était réel. Nous nous regardions en souriant béatement pendant que les plus jeunes dormaient.

Notre vol dura approximativement sept heures et demie en temps réel, mais il nous parut beaucoup plus court. Nous avions besoin de temps pour intégrer nos émotions passées et aussi pour nous préparer à la nouvelle vie qui nous attendait sur cette terre inconnue, la terre de la Délivrance.

***

Mon bébé dormait dans mes bras. Jusqu'à maintenant, il avait eu une vie bizarre : des déménagements successifs, des temps d'errance, des chambres d'hôtel qu'il appelait sa *maison*. J'espérais que ce début de vie n'aurait pas de conséquences désastreuses sur son avenir. Je souhaitais lui faire connaître ce qu'était une vraie maison! J'avais espoir que Montréal puisse m'en donner l'occasion.

« Veuillez attacher vos ceintures de sécurité. Nous arrivons à l'aéroport de Dorval, à Montréal... »

Je n'écoutais plus tant j'avais peine à contrôler mon excitation. Un regard d'encouragement aux filles et un dernier rappel aux garçons... et nous posions le pied en sol québécois.

À la douane canadienne, une agente m'invita à son guichet tandis qu'une autre faisait signe à Norah de s'approcher. Je donnai les papiers en lorgnant du côté de ma fille.

« Quelle est la raison de votre visite et combien de temps comptez-vous rester au pays?

— Nous sommes en visite touristique avec les enfants pour une douzaine de jours. »

Elle jeta un coup d'œil aux enfants.

« Où demeurerez-vous? demanda-t-elle.

— Chez des amis que j'ai reçus l'été dernier et qui veulent me rendre la pareille », ajoutai-je avec le sourire.

Elle me redonna les papiers en nous souhaitant un bon séjour.

Je m'éloignai avec les enfants. Norah semblait avoir des difficultés avec sa douanière, mais il valait mieux rester à l'écart. Norah serra la main de Zach qui cherchait à s'éloigner pour venir nous retrouver.

« Est-ce que je peux aller le chercher? » demanda Elias.

L'idée me parut excellente. C'était tout à fait naturel qu'un jeune aille en chercher un plus petit et cela permettrait à Norah de mieux se concentrer sur ses réponses.

Après le retour d'Elias et Zacharie, je vis Norah se diriger vers un second bureau. Décidément, les choses se compliquaient. Je m'avançai vers elle pour en savoir davantage.

«Je dois rencontrer un autre agent, car, selon elle, le père de Valentin aurait dû signer une autorisation de sortie de la France.

— Comment cela? On ne m'a pas demandé d'autorisation de sortie pour les jumeaux. Pourquoi te l'exiger? Tu aurais dû rencontrer la même douanière que moi.

— C'est ce que je désirais, mais l'autre m'a fait signe. Je n'avais pas le choix, maman.

— Je t'accompagne! Mélissa, fais attention aux enfants! »

Je n'avais pas le temps d'expliquer la situation à Mélissa. L'heure était grave.

Je restai en retrait pendant que Norah s'approchait du guichet. L'agente vérifia ses papiers puis elle me fit signe d'aller la trouver. Elle s'informa du lien de parenté qui nous unissait.

« Des cousines éloignées, madame!

— Où est le père de l'enfant? dit-elle en s'adressant à Norah cette fois-ci.

— Valentin n'a jamais vu son père.

— Pourtant, il porte le nom de son père, n'est-ce pas?

— C'est vrai. Leur père nous a abandonnés peu de temps après la naissance de son fils. »

Décidément, Norah m'impressionnait. Comment arrivait-elle à inventer une histoire plausible, à brûle-pourpoint, alors qu'elle vivait une situation des plus stressantes?

L'agente et Norah continuèrent à discuter. Comme je m'étais éloignée à nouveau, je n'entendais plus rien de leur conversation. Norah me fit signe de la rejoindre.

«Sabine, pourrais-tu aller chercher Valentin, s'il te plaît?

— Tout de suite, Karine, je reviens tout de suite.»

C'était l'occasion unique d'éviter la confrontation au sujet de l'âge de Valentin! Pour cela, Elias devait improviser un nouveau rôle!

«Elias, j'ai besoin de toi! Viens vite, mon chéri. La règle du jeu vient de changer! Maintenant, tu deviens Valentin et tu as six ans. Tu changes de maman. Rappelle-toi que ta nouvelle maman s'appelle Karine. Comprends-tu ton nouveau personnage?

— Pourquoi? C'est Zach qui s'appelle Valentin. Tu te souviens: il a une maladie qui l'empêche de grandir.»

Le moment était crucial et la situation reposait sur les épaules d'Elias. Je devais le convaincre de jouer le jeu.

«Non, mon chéri. Oublie cela. Tu deviens Valentin, ta mère s'appelle Karine. Tu as six ans et moi, je suis ta tante, la cousine de ta maman. Tu ne connais pas ton père. Courage, mon grand! Maintenant, va retrouver ta maman!» ai-je terminé en lui adressant un clin d'œil encourageant.

En voyant s'approcher Elias plutôt que Zacharie, Norah parut légèrement surprise, mais elle saisit rapidement la raison de cette volte-face.

«Approche, mon garçon, l'invita l'agente des douanes. Comment t'appelles-tu?

— Je m'appelle Valentin, madame.

— Bonjour, Valentin. Comment s'appelle ta maman?

— Ma maman, c'est elle, indiqua Elias. Elle s'appelle Karine.

— Et ton papa, où est-il?

— Je ne sais pas. Je ne le connais pas.

— Que viens-tu faire au Canada, Valentin?

— Je viens en vacances avec maman, ma tante, mes cousins et ma cousine. J'aimerais voir la neige.

— Il est un peu trop tôt pour voir la neige, mais tu pourras sûrement t'amuser à la fête de l'Halloween. Bonnes vacances, Valentin!»

L'agente redonna les papiers à Norah en lui souhaitant un bon séjour au pays.

Toujours en contrôlant nos réactions, nous avons retrouvé Mélissa qui se morfondait à nous attendre. En nous voyant ensemble, elle poussa un énorme soupir de satisfaction.

«Les enfants, voici ce qui nous reste à faire. D'abord, nous récupérons les bagages. Ensuite, nous nous renseignons sur les formalités de demande d'asile, comme nous l'a recommandé Redwane.»

Selon lui, les nouveaux arrivants pouvaient obtenir ces informations directement à l'aéroport en utilisant le téléphone prévu à cet effet.

Après avoir récupéré nos bagages, un téléphone à la forme originale attira notre attention. On pouvait lire, sur l'avis juxtaposé: «Si vous voulez poser n'importe quelle question, posez-la ici.» Je pris le combiné et, quelques secondes après, une voix d'homme répondit.

«Bonjour, que puis-je faire pour vous aider?

— J'arrive de France avec mes enfants et de faux papiers. J'aimerais régulariser ma situation; comment dois-je m'y prendre?

— Présentez-vous avec vos enfants lundi matin à l'immigration du Québec. Ils sauront vous guider! Bienvenue au Québec et bonne chance, madame!»

Bienvenue au Québec! Vous ne pouvez pas imaginer à quel point ces simples paroles me firent chaud au cœur! De toute ma vie, c'était la première fois que j'étais la bienvenue quelque part!

Terre tant espérée! Enfin, notre voyage atteignait son but!

À la sortie de l'aéroport, je frissonnai, car la température était plus fraîche qu'en France. Chacun revêtit sa veste.

J'aspirai une grande bouffée d'air frais en m'imprégnant des nouvelles odeurs caractéristiques du pays.

«Quelle aventure, mes enfants! Je vous adore! Bravo, Elias! Tu es notre champion!

— Est-ce que le jeu est fini? Est-ce qu'on peut dire nos vrais noms maintenant? demanda Ryan.

— Oui, mon chéri! Nous pouvons dire adieu à Valentin, Samy et Sylvain. Ils nous ont aidés à entrer au Canada!»

CHAPITRE XVIII

Bienvenue au Canada

Je hélai un taxi garé dans la zone qui leur était réservée. Comme il s'agissait d'une fourgonnette, une seule voiture nous suffit, pour une fois!

« D'où arrivez-vous comme ça? s'enquit le chauffeur.

— De Paris! Mais nous sommes d'origine algérienne. Et vous?

— Je suis du Liban, mais je demeure ici depuis dix ans. Bienvenue au Canada! Où désirez-vous aller, madame?

— Franchement, je l'ignore. Emmenez-nous dans un hôtel, le moins cher possible!

— Comment cela? Vous n'avez pas de famille ici?

— Non, nous ne connaissons personne! Malheureusement d'ailleurs! Un hôtel à prix raisonnable nous conviendrait!

— Loger dans un hôtel à Montréal, et surtout avec des enfants, vous coûtera beaucoup d'argent!

— Combien à peu près? fis-je, soudain inquiète.

— Je ne sais trop, mais c'est sûrement trop cher pour une étrangère qui arrive seule avec ses enfants. De quel montant disposez-vous pour l'hôtel?

— À peine deux cents dollars.

— Deux cents dollars! Oubliez ça! Comme vous m'inspirez confiance, je peux vous dépanner. Mon frère est en vacances pour un mois et il m'a laissé les clefs de son appartement. Entre étrangers éloignés de nos pays d'origine, nous pouvons nous entraider. »

Cette offre tombait du ciel et au bon moment. Je ne pouvais refuser une telle opportunité.

« Cependant, je vous demanderais de ne pas faire de dégâts, même si je sais que les enfants ont besoin de bouger. Vous savez, je prends un risque au nom de mon frère et je n'aimerais pas avoir à le regretter.

— Ne vous inquiétez pas, monsieur, je ferai très attention. Je ne vous remercierai jamais assez pour ce que vous faites.

— C'est avec plaisir que je vous dépanne, vous et vos enfants. J'ai moi-même trois enfants; je sais combien ces bouleversements peuvent être difficiles pour eux. Quand je suis arrivé ici, j'aurais bien aimé que quelqu'un me vienne en aide! »

Son regard se porta sur chacun des enfants, et un sourire éclaira son visage. C'était un homme bon et sûrement un père de famille bienveillant.

La question du logement était réglée, pour l'instant du moins. Je regardais le nouveau paysage qui défilait le long du trajet. Aucune ressemblance avec les images d'Algérie ou de France. Ici, les rues étaient très larges et les gens avaient besoin de temps pour les traverser. Les maisons étaient moins hautes et ressemblaient à celles que j'avais remarquées dans les films américains. Je tournais la tête dans tous les sens et mon regard pouvait toujours se porter au loin sans se buter à un obstacle. L'espace s'étendait à perte de vue devant moi... J'avais enfin l'impression de pouvoir respirer!

Nous fûmes conduits dans une ville nommée Saint-Hubert. La voiture s'immobilisa dans une rue où les constructions se ressemblaient à quelques variantes près. Notre chauffeur nous ouvrit la porte du premier étage d'un duplex et mes enfants se lancèrent à la découverte de leur nouvel habitat. Norah eut tout juste le temps de les rappeler à l'ordre en leur expliquant que cette maison n'était pas encore *notre chez-nous*.

«Quand aurons-nous notre maison? demanda Elias.

— Bientôt, très bientôt», répondit Norah.

Après nous avoir fait visiter l'appartement, notre cicérone nous renseigna sur les commodités du quartier.

En guise de remerciements pour tant d'amabilité, je lui offris un énorme vase de grande valeur que j'avais emporté depuis l'Algérie. Il me fit plaisir en acceptant mon cadeau. Il me tendit sa carte et les clefs de l'appartement.

«Vous pouvez rester ici pendant vingt-huit jours. N'hésitez pas à me téléphoner si vous avez besoin de quoi que ce soit. J'espère que vous pourrez régler facilement les formalités d'accueil. Je vous téléphonerai de temps à autre pour prendre de vos nouvelles. Je viendrai récupérer les clefs à la fin du mois.»

En plaçant cet homme sur notre chemin, Dieu nous permettait de croire qu'il continuait à veiller sur nous, même au Québec.

Ce soir-là, Mélissa nous acheta quelques denrées au dépanneur: du fromage, du pain et des bananes. Je n'avais aucune idée du coût de la vie à Montréal.

«J'ai l'impression qu'on ne pourra pas tenir longtemps avec deux cents dollars.

— Pourquoi dis-tu cela, Mélissa? Trouves-tu que la vie est chère ici?

— Je ne compare pas les prix d'ici avec ceux de la France, mais avec l'argent dont nous disposons; il nous en reste moins qu'avant!»

Mélissa avait déjà trouvé une nouvelle source d'inquiétude. Pour le moment, j'étais tellement fière du chemin que nous avions parcouru que cette préoccupation au sujet de nos ressources financières me paraissait une vétille.

«Ne t'inquiète pas, Mélissa. Tout s'arrangera bientôt, tu verras.»

Malgré notre fatigue, nous nous sommes endormis

tard dans la nuit. Était-ce le décalage horaire? Certainement! Était-ce l'excitation du voyage? Certainement! Était-ce le plaisir de nous retrouver dans ce duplex confortable? Certainement! Bref, nous avions toutes les raisons du monde pour demeurer éveillés!

Deux jours plus tard, le lundi matin, nous nous sommes présentés au service de l'immigration. Après nous avoir fait remplir les formulaires pour notre demande d'asile, l'agent nous a fourni une multitude d'adresses utiles pour nous installer.

Notre seconde démarche consistait à nous rendre au CLSC[10] pour bénéficier de tous les appuis offerts aux nouveaux arrivants. Une assistante sociale nous fit remplir de nouveaux formulaires, cette fois pour l'assurance-maladie et l'aide gouvernementale. Pour assurer notre survie temporaire, elle nous remit des coupons échangeables en denrées alimentaires. Une somme quotidienne de dix dollars nous était allouée. J'ai dû faire preuve d'ingéniosité et de débrouillardise pour assurer le ravitaillement de toute la famille, mais ce problème était mineur comparativement à ceux que nous avions déjà résolus.

Les jours passaient trop vite à notre gré et la fin du mois approchait. Je retournai rencontrer mon intervenante du CLSC pour lui demander conseil. Elle m'indiqua une association qui aidait les gens à se trouver un logement. Je devais contacter Isa. On m'aiderait peut-être, même si je n'avais pas encore de revenus!

Mélissa m'accompagnait dans ma démarche. Isa, la représentante de l'association, nous reçut aimablement. Après lui avoir brièvement décrit ma situation, elle demanda des précisions.

---

10. Centre local de services communautaires: organisme gouvernemental répondant aux besoins médico-sociaux de la communauté locale.

«Quand devez-vous déménager?

— Je dois quitter le duplex après-demain.

— Bon, il va falloir agir vite. Quand recevrez-vous votre première aide du gouvernement?

— D'ici sept à dix jours, je crois.

— Si j'ai bien compris, vous serez deux à recevoir cette aide, puisque votre fille est majeure, n'est-ce pas?

— Oui, c'est bien cela.»

Elle téléphona à son amie Nathalie, qui travaillait dans un centre pour femmes, à Lachine, une ville située à l'ouest de Montréal. Elle lui résuma notre situation et clarifia nos besoins de la façon suivante:

«Cette famille de six personnes a besoin d'un endroit pour rester en attendant de recevoir leurs prestations et de se trouver un logement.»

Je l'entendais argumenter en notre faveur, mais la partie ne semblait pas gagnée d'avance. Soudain, son visage s'illumina et elle leva son pouce en guise de victoire! Après avoir remercié son amie, elle me fournit les précisions nécessaires sur notre futur refuge.

«Nathalie travaille dans un centre qui sert de refuge aux femmes battues ainsi qu'à leurs enfants. Étant donné que Noël approche et que vous avez des enfants, elle n'a pas eu le cœur de vous refuser. Vous êtes attendus dès demain. Elle m'a d'ailleurs demandé l'âge des enfants, possiblement pour des cadeaux de Noël.»

C'est alors que, sans aucun signe avant-coureur, éclata la colère de Mélissa. Debout, elle m'apostrophait d'une voix forte.

«Je n'irai pas dans ce centre. Je ne veux plus jamais habiter de centre ou d'hôtel. Maman, tes efforts n'ont servi à rien. Nous revenons à notre point de départ. Je veux retourner chez moi en Algérie! Je veux dormir dans mon lit et habiter dans ma maison! Plus jamais de centre! Je n'en peux plus!»

Et elle éclata en sanglots incontrôlés.

Calmement, je la serrai dans mes bras et j'attendis qu'elle reprenne le contrôle de ses émotions. Ensuite, je lui expliquai qu'un centre pour femmes ne ressemblait en rien à un centre pour sans-abri. Pour le moment, c'était le meilleur endroit qu'avait pu nous trouver Isa. Je lui rappelai que cette solution était temporaire et que tout finirait par s'arranger.

J'ignore si ce sont mes paroles ou mon attitude qui ont contribué à éloigner sa colère, mais, graduellement, les pleurs de Mélissa ont diminué. Pauvre petite, si fragile et si désemparée par tous ces déménagements. Mélissa réussit même à remercier Isa pour tout ce qu'elle avait fait pour nous.

Isa me donna l'adresse du centre. Le lendemain, quelqu'un se chargerait du transport de nos bagages, mais nous, par contre, nous devrions nous rendre au centre en autobus.

En revenant au duplex, j'anticipais la réaction négative des jumeaux à qui je devais annoncer notre déménagement du lendemain. Je pris soin d'expliquer en quoi le nouveau centre était différent de celui qu'ils avaient connu en France. Hélas! les jumeaux se mirent à pleurer, entraînant Zach à faire de même. Les jumeaux refusaient de quitter le duplex qu'ils aimaient bien. C'était l'endroit le plus stable qu'ils avaient connu depuis longtemps! Ils adoraient s'asseoir par terre dans la cuisine et me regarder cuisiner des plats à la saveur de *maman*. Combien cet aspect de leur vie avait dû leur manquer!

Finalement, toute la famille se rangea à l'idée d'aller vivre dans le centre pour une période de temps limité avant d'aller dans notre appartement. Personne n'était enthousiaste, mais chacun se résignait, même Mélissa.

Le lendemain, nous nous étions réveillés très tôt pour remettre l'appartement aussi propre que lors de notre arrivée. Comme il nous restait dix dollars, en excluant l'argent nécessaire à notre transport, je laissai un bouquet de fleurs sur la table avec un mot de remerciements ainsi que les coordonnées du centre pour nous retrouver si besoin était.

L'envoyé du centre s'était présenté en matinée pour récupérer nos bagages. Grâce à lui, nous savions quel trajet emprunter pour nous rendre à destination. Je laissai la clef du duplex à l'endroit convenu avec le chauffeur de taxi et, tels des nomades, nous avons repris la route! Après quelques jours de répit, nous repartions. Cesserions-nous un jour de nous déplacer d'un endroit à un autre? Je rassurais les enfants quand moi-même, j'ignorais la réponse! Cependant, je conservais l'espoir de trouver un endroit où ma famille pourrait vivre sereinement et être heureuse!

Au fil des jours, j'avais appris à vivre un jour à la fois sans attendre de miracles, à accepter ce qui était offert et à garder espoir dans un meilleur lendemain. Tous les jours, je remerciais le ciel qui m'empêchait de tomber plus bas. Nos multiples déplacements m'ont permis d'être sensible aux petits bonheurs qui se présentaient et, surtout, ils m'ont appris à faire confiance à la vie.

Après de multiples correspondances autobus-métro, métro-autobus, nous quittions le dernier autobus pour continuer à pied. Le centre était encore loin et, comble de malchance, il neigeait pour la première fois depuis notre arrivée au Québec. Le vent soufflait et nos vestes n'étaient pas adaptées aux morsures du froid. Chacune de nous abritait un garçon du vent et de la neige. Notre première rencontre avec cette immensité blanche fut carrément désagréable. Les jeunes étaient frigorifiés et ils perdaient patience.

Nous progressions péniblement, mais vaillamment, car nous nous savions attendus. Une fois à destination, nous entrâmes sans nous faire prier, car nous étions gelés. Une jeune femme blonde plutôt jolie nous accueillit.

«Entrez vite, les enfants! Venez vous réchauffer. Je me présente, je m'appelle Josée. Soyez les bienvenus.»

Je fis les présentations à mon tour.

«Vous devez être épuisés. Venez, je vais vous montrer votre chambre puis je vous ferai visiter le reste du centre.»

Contrairement aux endroits précédents, à l'exception du duplex, nous avons été immédiatement charmés par les lieux et surtout par l'immense chambre, propre, décorée avec goût, qui nous était allouée. Les intervenantes avaient pris soin de l'aménager de façon accueillante. Des jouets adaptés à l'âge des enfants étaient regroupés dans le coin aménagé en salle de jeu. Il s'en dégageait une atmosphère chaleureuse et confortable.

Les enfants se sentirent rapidement en confiance, à l'exception de Mélissa qui demeurait à l'écart.

Plusieurs femmes de différentes nationalités étaient présentes avec leurs enfants et, de prime abord, elles me semblèrent très sympathiques. Spontanément, je fraternisai avec une Pakistanaise et une Québécoise.

Ce soir-là, nous avons mangé la pizza qu'avaient préparée les femmes résidentes au centre. À tour de rôle, chacune devait faire le ménage et préparer le repas, comme à la maison! C'était la meilleure façon de nous amener à nous sentir chez nous.

Au fil des jours, nous fîmes la connaissance de la directrice et des autres intervenantes. Chacune était adorable et nous manifestait beaucoup de gentillesse. Je me sentais particulièrement à l'aise avec deux d'entre elles, France et Caroline. Nous partagions beaucoup d'affinités.

Comme le menu tenait compte des suggestions des enfants, ils mangeaient avec appétit le contenu de leur assiette.

Un évènement fortuit modifia l'attitude de Mélissa envers les gens qu'elle côtoyait. Un soir, Chloé, une intervenante très sympathique, mais rarement présente au centre, proposa à Mélissa de danser le baladi avec elle. Comme ma fille adorait la danse, elles s'exécutèrent ensemble pendant une heure sur une musique d'origine algérienne.

Nous avons célébré les fêtes de Noël et du nouvel An au milieu de notre nouvelle famille élargie. Les enfants étaient heureux comme ils ne l'avaient pas été depuis longtemps. Chacun eut droit à un cadeau judicieusement choisi. Je fus extrêmement touchée par cette attention, car on m'avait rarement donné des cadeaux.

**

Norah et moi recevions maintenant les allocations du gouvernement du Québec. Pas à pas, nous remontions la pente.

À la fin des vacances de janvier, Mélissa et les jumeaux purent s'inscrire à l'école en donnant l'adresse du centre. Ils étaient à la maternelle et leur sœur, au secondaire.

Je me sentais revivre. La vie s'organisait enfin comme une vie normale. Les enfants allaient et revenaient de l'école et je vaquais aux tâches quotidiennes du centre.

Pendant ma jeunesse, j'avais baigné dans un environnement où les valeurs matérielles prenaient une grande importance. Pour la plupart des gens, quand la vie suit son cours et que tout va bien, il semble tout naturel de désirer toujours mieux et plus. Mais quand on n'a plus rien, notre cœur peut goûter à sa juste valeur chaque geste, chaque attention ou chaque petit bonheur qui s'offrent à lui. Mon séjour au centre m'a sensibilisée aux valeurs humaines et à l'entraide communautaire. Moi qui avais tant recherché l'affection de mes parents, voilà que je pouvais combler mon besoin, d'une façon que je n'aurais jamais pu concevoir auparavant!

Le centre était une ressource temporaire jusqu'à ce que nous recevions des revenus. Comme c'était maintenant le cas, nous étions dans l'obligation de partir et de nous trouver un logement. Nous recherchions un lieu suffisamment grand pour la famille, à un prix adapté à notre budget. Le quartier importait peu.

Après quelques jours de visite, j'avais réussi à signer le bail pour un coquet appartement quand le propriétaire me contacta pour me dire qu'il n'était plus valide étant donné qu'il le louait à sa fille. D'une façon, j'étais déçue, mais, par contre, j'étais heureuse de prolonger mon séjour au centre.

À la pensée d'avoir à quitter le centre pour me retrouver dans un nouvel endroit, seule avec mes enfants et sans appui, je m'étais sentie perdue et je m'étais mise à douter de mes capacités.

Je continuai à chercher. La tâche n'était pas facile, car les propriétaires étaient peu enclins à louer leur appartement à une femme seule, sans travail et avec cinq enfants.

***

Après quelques semaines de recherche infructueuse, je me fis proposer une solution par la directrice du centre.

« À l'étage supérieur se trouve un appartement que nous louons à des femmes qui peuvent en avoir besoin temporairement, tout comme toi. Il est assez grand pour vous et, en plus, il est meublé et entièrement équipé. Tu n'auras rien à acheter et le loyer est à coût modique. Tu pourras ainsi te sentir moins seule jusqu'à ce que tu aies trouvé un endroit où te loger, et nous continuerons à t'aider si tu en éprouves le besoin. Cependant, ta location ne pourra excéder onze mois. Qu'en penses-tu?»

Une possibilité de onze mois au même endroit! Je n'en croyais pas mes oreilles. C'était trop beau pour être vrai! Cette solution présentait de multiples avantages: mes enfants n'avaient pas à changer d'école et nous avions un domicile... En plus, je demeurais à proximité de mes anges gardiens. C'était la façon idéale de me réapproprier mon rôle de mère.

Nous avons convenu que je prendrais possession de mon nouveau logis après l'anniversaire de Zach.

La fête des deux ans de Zacharie rassembla toutes les personnes présentes au centre. Entouré de ballons et gavé de gâteau, il était le roi; il reçut une montagne de cadeaux. Ce jour-là, je pus lire autant de bonheur sur les visages des personnes aidantes que sur celles qui étaient l'objet de leur dévouement.

Au lendemain de la fête de mon bébé, ces femmes attentionnées me donnèrent un coup de main dans l'installation de mon nouveau chez-nous.

«En guise de cadeau de bienvenue dans ton nouvel appartement, j'ai choisi les plus belles peluches pour que les enfants se sentent vraiment chez eux», avoua France, les larmes aux yeux.

L'appartement était superbe et fonctionnel, d'autant plus que la vaisselle et la literie étaient fournies. L'urgence de se trouver un logement diminuait; nous pouvions donc profiter d'un répit bien mérité.

Les enfants respiraient la santé malgré le froid du Québec auquel nous avions du mal à nous adapter. Nous gelions dehors, mais une fois à l'intérieur, personne ne souffrait ni du froid ni de la faim. Nous nous sentions chez nous.

Norah travaillait maintenant à la cafétéria d'un

collège. Pour l'instant, elle était heureuse de gagner sa vie bien qu'elle songeât à retourner aux études si la possibilité se présentait.

Les jours passaient et la vie de chacun s'organisait. Mélissa racontait ses journées d'école tandis que Norah prenait plaisir à me nommer les étudiants qu'elle côtoyait au travail. Elias parlait de ses petits camarades alors que Ryan était intarissable quand il s'agissait d'Anne-Marie, l'enseignante dont il était amoureux. Il se proposait de l'épouser quand il serait grand et de devenir son prince.

Quant à moi, je passais mes journées à la maison avec Zach. Nous ne sortions pas beaucoup à cause du froid et les journées me semblaient interminables. Une fois par semaine, j'échangeais avec Caroline, une intervenante du centre. Toutes les deux semaines, je voyais l'assistante sociale du CLSC, celle qui m'avait déjà rencontrée et qui guidait les immigrants dans leurs démarches auprès des gouvernements. Ces rencontres me redonnaient du courage temporairement sans parvenir à me convaincre du succès de mes démarches.

Lors de la dernière entrevue avec l'assistante sociale, celle-ci avait remarqué ma baisse d'énergie et mon humeur morose. Judicieusement, elle m'avait conseillé de rencontrer une psychologue d'abord pour soigner mon humeur dépressive et ensuite pour appuyer ma demande de résidence auprès du juge qui aurait à considérer le rapport psychologique avant de rendre sa décision.

***

Plus je m'attachais à Montréal et au Québec, plus je craignais la réponse de l'Immigration. Je ne pouvais ni ne voulais penser à repartir tant je me plaisais ici ! Songer que tous nos efforts pouvaient s'écrouler aussi facilement qu'un château de cartes me démoralisait. Repartir en France, je n'en avais plus la force!

Mon avocate, maître Venturelli, m'avait prévenue que j'aurais à me battre pour être acceptée au pays. Selon elle, mon dossier avait peu de chances de succès parce que nous venions de France, un pays où la vie n'était pas difficile.

Quand l'assistante sociale m'annonça qu'elle avait réussi à obtenir un rendez-vous avec une psychologue d'un hôpital de Montréal, j'étais soulagée, car je sentais que j'avais besoin d'aide.

C'était la première fois que je rencontrais une psychologue. D'emblée, je me sentis à l'aise avec cette dame, car elle m'inspirait confiance. Petit à petit, je racontai ma vie, tant mes peines et mes déceptions que mes peurs et mes souffrances passées et actuelles. Elle m'écoutait et je me sentais comprise. Au fur et à mesure des rencontres, avec madame Perron la psychologue, je reprenais contact avec mon énergie en prenant conscience des forces que j'avais trop longtemps laissé réduire par mes parents ou par mon premier mari. Je me débarrassais des peurs que je traînais depuis l'Algérie pour mieux affronter les obstacles sur lesquels j'avais un certain pouvoir.

Graduellement, je retrouvai ma confiance en moi et, par le fait même, en ceux qui soutenaient mes démarches, c'est-à-dire mon assistante sociale, mon avocate et les intervenantes du centre. Je pouvais aussi compter sur un appui supplémentaire, celui de madame Perron la psychologue qui s'engagea à fournir un rapport favorable au juge qui analyserait ma demande. Elle me disait: «Je suis déterminée à t'aider.»

Vivre le moment présent était devenu mon leitmotiv quotidien et mon principe de survie. Je le partageais avec mes aînées afin qu'elles aussi diminuent leur anxiété et profitent des joies qui se présentaient.

Il arrivait encore aux garçons d'évoquer les méchants barbus qui vivaient dans leur pays et qui avaient voulu les tuer. Ils reparlaient alors de leur peur. Je les écoutais attentivement pour leur permettre d'exorciser leurs émotions négatives. Ils ne voulaient surtout pas retourner dans les centres et les hôtels de France, notamment l'hôtel *Caca* dont le nom, à lui seul, déclenchait un fou rire généralisé. Ils voulaient rester ici pour toujours et devenir Canadiens.

Un courrier recommandé nous annonça que l'audience devant le juge pour notre demande d'immigration aurait lieu le 10 octobre. Mon sommeil commençait à peine à se régulariser!

Le jour même, j'en informai les enfants. Les grandes s'attendaient à cette convocation et en réalisaient toute l'importance; les jumeaux, quant à eux, réagissaient sans trop comprendre ce qui se passait.

« Pourquoi le juge veut-il nous voir pour nous poser des questions? demanda Elias, toujours le premier à prendre la parole.

— Mon chéri, il veut simplement savoir pourquoi nous avons besoin de rester au Canada.

— Nous n'avons pas besoin de lui expliquer, car nous sommes déjà des Canadiens. C'est chez nous ici! argumenta Elias sur un ton convaincu.

— Nous ne rencontrerons ce monsieur qu'une seule fois. Nous devrons le convaincre que nous devons rester ici parce que nous y sommes en paix et qu'on se sent chez nous.

— S'il ne veut pas que nous restions, maman, est-ce qu'on retournera à l'hôtel en France ou en Algérie chez papa? »

Sa voix chevrotante me fit peine à entendre.

« Ne t'inquiète pas, mon chéri. Le juge acceptera. Mon ange gardien me l'a dit ce matin. »

***

Un soir, en me voyant triste et abattue, Mélissa suggéra l'idée d'une sortie dans la grande ville de Montréal. Je trouvai d'abord l'idée farfelue, mais après, je me suis dit que je n'avais rien à perdre à m'amuser comme les femmes québécoises! Advenant le cas où notre demande d'asile serait refusée, j'aurais au moins goûté, ne serait-ce qu'un soir, à la vie nocturne de la belle cité montréalaise.

Norah me proposa de garder ses frères pour me permettre cette petite aventure d'un soir à Montréal! Complices, Mélissa et moi avons revêtu nos plus belles robes et nous nous sommes maquillées avec soin. Nous n'avions pas été aussi jolies depuis longtemps. Je me sentais tout excitée, comme une adolescente qui part à l'aventure.

Avant de sortir, j'ai voulu vérifier une dernière fois mon maquillage. Je restai bouche bée devant l'image que me renvoyait le miroir. Cette femme-là m'était totalement inconnue. Je la trouvai jeune, jolie, pétillante de vie et séduisante! Je renvoyai un sourire à mon reflet tant je me sentais bien dans ma peau.

Une amie de Mélissa lui avait fait connaître une discothèque arabe. Toute la soirée, nous y avons dansé sur des rythmes et des chansons de mon ancien pays. Je scandais la musique en me déhanchant et en sautant sur place sans prendre le temps de m'asseoir. Les sons guidaient mes mouvements et je m'abandonnais à mes sensations. Mes soucis n'existaient plus. Jamais encore, je ne m'étais amusée à ce point. Au début, Mélissa avait paru étonnée de me voir danser de la sorte, mais bientôt, elle m'avait emboîté le pas pour synchroniser ses mouvements aux miens.

Peu après minuit, comme nous étions complètement épuisées, nous sommes sorties prendre l'air et marcher au hasard. Les rues étaient paisibles et animées à la fois. Quelques passants plus ou moins pressés, un couple d'amoureux, main dans la main, et un groupe d'adolescents bruyants. Je me retrouvais là, avec eux, au beau milieu de la nuit. Je me sentais bien, je me sentais en sécurité et surtout, je me sentais libre!

Alors que nous traversions un boulevard immensément large, je m'arrêtai en plein milieu pour observer les gratte-ciel, hauts à n'en plus finir avec leurs fenêtres illuminées qui se détachaient sur le fond noir du ciel... Quel bonheur d'être dehors au milieu de la nuit sans avoir peur de personne, sans avoir à obéir ou à rendre des comptes à un homme, un père, des frères, un mari qui me surveillent... Pouvoir être là sans que quelqu'un parle de déshonneur ou désapprouve mon geste!

Je me sentais libre, si libre que je décidai de le crier au monde entier!

«Regardez-moi! Je marche dans les rues de Montréal au milieu de la nuit et je porte une jolie robe!»

À Montréal, porter une robe n'était pas criminel, mais tout à fait simple et normal! Je me vois encore virevolter, tout heureuse, au milieu de la rue: c'était la première fois de ma vie que je me sentais à la fois belle et libre.

«Maman, ne reste pas au milieu de la rue. Tu risques de te faire frapper, dit alors Mélissa en me tirant le bras.

— Si je me faisais frapper, je pourrais mourir heureuse!

— Ne dis pas ça! Ne baisse jamais les bras, tout finira par s'arranger. As-tu remarqué que je te dis les paroles que tu m'as si souvent répétées? Ne lâche pas, nous avons besoin de toi!»

Je conserve un souvenir féerique de ce fameux soir dans les rues de Montréal. Une sortie toute simple avec ma fille m'avait fait goûter à la liberté à venir! Je ne m'étais pas trompée dans mon long parcours. Je touchais à ce but qui avait guidé mes pas pendant les dernières années: la liberté. C'est un privilège inestimable auquel les femmes de toutes les cultures devraient accéder.

Les femmes qui vivent dans les pays libres sont-elles conscientes de leur chance? Je ne crois pas, car il faut avoir été privé de liberté pour en estimer la juste valeur.

Pendant quelques heures, j'avais réussi à oublier mes préoccupations et à chasser tous mes démons. Cette nuit-là, je dormis profondément, sans me soucier du lendemain qui approchait, chargé de nuages!

CHAPITRE XIX

Ma seconde naissance

Après avoir fait la grasse matinée, je me réveillai légèrement abasourdie, mais la convocation du 10 octobre 2002 sur la table me remit les deux pieds sur terre instantanément. Je la relus encore une fois.

Un peu plus tard, mon avocate m'invita à la rencontrer avec Norah pour mettre à jour mon dossier.

Selon son expérience, elle évaluait nos chances de réussite entre trente et quarante pour cent, d'autant plus que le juge appelé à évaluer notre cause était réputé sévère et impitoyable. Depuis deux ans, aucune des affaires qu'elle lui avait présentées n'avait obtenu gain de cause. Je n'aurais même pas misé quelques dollars sur ma réussite!

Je m'attendais à ce qu'il me reproche de ne pas avoir demandé la protection de la France. Mon avocate elle-même jugeait mes raisons insuffisantes pour que le juge en tienne compte. Je ne pouvais pas concevoir que les épreuves que nous avions endurées ne soient pas considérées comme suffisamment graves pour nous accueillir au Canada!

Au point où nous en étions, seule ma bonne étoile, si j'en avais encore une, pouvait m'aider. Norah semblait aussi navrée que moi.

«Même si nos chances sont faibles, nous devons essayer et garder espoir, poursuivit notre avocate. Je voulais mettre cartes sur table afin de vous éviter d'avoir de faux espoirs. Peut-être qu'en voyant vos enfants, le juge se laissera attendrir... Espérons-le! Mais soyez sûres que je ne vous lâcherai pas!»

Justement, en pensant à mes enfants, ce fut plus fort que moi et je laissai une larme rouler le long de ma joue. Ils avaient pourtant droit au bonheur. Avant d'arriver ici, leur petit bout de vie n'avait été qu'un cauchemar!

Nous avons salué notre avocate en lui disant combien nous comptions sur elle pour défendre notre cause. Elle me promit de faire tout ce qui était en son pouvoir pour nous aider, car elle était touchée par notre histoire.

Encore trois jours avant cette fameuse audience! Je préparai les enfants au mieux de mon jugement afin qu'ils comprennent pourquoi nous passions devant ce monsieur qui pouvait décider de notre vie. Je ne voulais pas accorder trop d'importance à l'audience, car mes jeunes avaient fait tout leur possible lors de notre arrivée au Québec. Je persistais à croire que tout se passerait pour le mieux.

Ces derniers temps, je voyais souvent Carole. Elle m'écoutait et compatissait à ma détresse. Il nous arrivait même de pleurer en chœur.

«Si j'étais juge, Samia, je te donnerais mon accord sans conditions, car tu le mérites vraiment, m'encourageait-elle inlassablement. Je suis très optimiste et je sens que le juge te sera favorable.»

Cette Carole! Toujours là, et toujours avec les bons mots pour me remettre d'aplomb!

Ces trois jours n'en finissaient plus de passer...

La veille, je demandai conseil à maître Venturelli au sujet de la tenue vestimentaire à porter devant le juge.

«Je n'ai qu'un conseil à te donner, Samia. Sois toi-même! Porte des vêtements dans lesquels tu te sentiras à l'aise. Je veux que tu gardes espoir. Bien que le juge soit un homme sévère, il est très humain. Comme on ne peut rester insensible à ta situation, cela peut jouer en ta faveur. Essaie de passer une bonne nuit et, à demain matin. »

Je fus incapable de fermer l'œil. Ma vie entière défilait en continu devant mes yeux. Je me revoyais toute jeune avec mes parents, mes frères, ma sœur, et puis jeune femme, avec Abdel et Hussein. Je passai en revue les multiples tribulations qui avaient suivi notre départ d'Algérie dans l'espoir d'améliorer nos conditions de vie. J'en profitai pour faire le bilan de toute la période qui avait précédé notre arrivée en sol canadien.

J'avais pris la bonne décision. Notre terre d'accueil était l'endroit que nous cherchions depuis longtemps.

Je repensai à tous ces gens merveilleux qui nous avaient secourus et sans trop savoir pourquoi, je me sentis apaisée et je parvins finalement à m'endormir.

***

Je fus la première à me lever et j'en profitai pour préparer un excellent petit-déjeuner. Seuls les garçons y firent honneur, car aucune de nous n'était capable d'avaler une seule bouchée.

Caroline avait accepté de nous accompagner ainsi que mon amie Sonia dont j'avais fait la connaissance au centre et qui viendrait nous rejoindre vers midi. J'avais besoin de quelqu'un au cas où les choses tourneraient mal. À l'heure du départ, toutes les intervenantes et la directrice du centre sortirent pour nous souhaiter bonne chance. France avait les larmes aux yeux. Ma nouvelle famille me soutenait!

« Très bientôt, tu seras canadienne, tu verras! »

Nous nous dirigeâmes vers le local d'audience, en silence et la peur au ventre, comme si nous nous préparions à une condamnation certaine!

L'avocate m'accueillit en me demandant comment je me sentais.

«Je ne sais pas, mais je suis déterminée à sortir mes enfants de cet engrenage dans lequel je les ai entraînés.

— Ne t'inquiète pas, nous allons gagner», m'encouragea Norah.

Notre avocate en profita pour faire ses recommandations d'usage:

«Gardez votre calme et parlez avec votre cœur! Le juge s'adressera certainement aux petits qui réussiront à l'attendrir. Tes enfants sont si touchants, Samia.

— Je ferai mon possible pour le convaincre! C'est tellement important pour moi. Je veux gagner notre liberté! Je veux vivre en paix et toujours demeurer ici avec mes enfants!

— Alors, répétez au juge ce que vous venez de me dire!»

Mon avocate m'encouragea en souriant. Elle me désigna du doigt le juge qui approchait.

«Le voilà justement en compagnie de son assistante qui est reconnue aussi rigide que lui.»

Curieusement, l'homme m'apparut plutôt sympathique alors que la dame dégageait une impression de froideur et de sévérité. Mais je décidai d'attendre pour porter un jugement et de laisser la chance au coureur.

Je me retournai vers mes filles, car nous devions nous serrer les coudes pour nous redonner du courage.

«Demeurons calmes et tout ira bien! Le juge et son assistante me semblent des personnes honnêtes et rigoureuses dans leur travail. À nous de leur prouver combien il nous est essentiel de vivre ici.»

Sous la surveillance de Caroline, les garçons s'amusaient à courir dans le corridor sans se soucier le moins du monde de ce qui se passait. Tant mieux pour eux!

L'avocate nous fit signe d'entrer alors que les

garçons devaient rester dans la salle d'attente avec Carole. Elle les appellerait au besoin.

Le juge trônait au bout de la grande table placée au centre de l'immense salle d'audience. De cet homme grand, à l'allure fière, se dégageait une autorité naturelle qui m'impressionna. Cependant, son regard malicieux, caché sous des lunettes rondes, ainsi que son nœud papillon, le rendirent plus sympathique à mes yeux.

À sa gauche était assise son assistante : maquillage discret, coiffure traditionnelle, vêtements sobres de coupe classique et de couleur sombre, bref, aucune note de fantaisie! Mon avocate m'avait prévenue que l'assistante me poserait plus de questions que le juge. Elle était là pour trouver la faille, quand elle existait.

Pendant un bref instant, je crus deviner dans son regard qu'elle se préparait à me piéger. Je me méfiais et je m'attendais au pire de sa part. Était-ce une impression ou la réalité? J'étais incapable de me fier à mon jugement tellement j'étais tendue.

Mon avocate s'installa à l'autre extrémité de la table et je me retrouvai entre mes deux filles. J'étais prête à subir l'assaut de forces qui échappaient à mon contrôle. J'avais l'impression d'être l'accusée qui assistait à son procès, celle qu'on accuserait des pires crimes.

***

Imperturbable, d'une voix calme et grave, le juge prit la parole. Il s'identifia en nous invitant à faire de même. Sûre d'elle, mon avocate déclina son nom et sa profession; à tour de rôle, nous fîmes de même, mes filles et moi. J'étais crispée sur ma chaise et j'eus des sueurs froides quand le juge se tourna lentement vers moi.

«Madame Rafik, je connais déjà votre histoire, mais j'aimerais l'entendre de votre propre bouche. Prenez tout le temps dont vous aurez besoin; nous vous écoutons.»

Je devais raconter ma vie à un homme que je ne connaissais pas et qui avait plein pouvoir sur moi et les miens, un étranger à qui je devais faire confiance. Que pensait-il des femmes, en général? Aimait-il les enfants? J'éloignai ces pensées qui pouvaient gruger mon sang-froid, déjà fragile.

J'inspirai profondément. Comme, à plusieurs reprises durant les jours qui avaient précédé l'audience, j'avais retracé le parcours de ma vie de façon à pouvoir expliquer les raisons de ma demande d'asile au Québec. Je pouvais réussir. Telle une plongeuse à son premier saut, le cœur serré, je m'élançai du tremplin. Je commençai l'histoire de ma vie.

Je décrivis avec émotion le caractère de chacun de mes parents, l'autorité absolue de mon père et mes souffrances de petite fille musulmane rejetée dans ma famille d'origine. Je décrivis mon mariage forcé, les mauvais traitements que me faisait subir mon mari. Je revécus l'enlèvement de mon fils et je n'ai pu m'empêcher d'avoir les larmes aux yeux. Je parlai de mon désir de divorcer et de la fureur de mes parents qui étaient allés jusqu'à me séquestrer avec mes filles pour me faire changer d'avis.

Même si mes paroles coulaient d'abondance, reparler de mes malheurs m'avait donné soif. Je vidai le contenu du verre d'eau qu'on avait eu l'obligeance de placer devant moi. Les yeux du juge et de son assistante pesaient sur moi, mais leur expression était indéchiffrable; mon avocate m'encouragea d'un sourire, ce qui me fit le plus grand bien.

J'abordai mon deuxième mariage avec un militaire en faisant ressortir les humiliations et les menaces que cette situation nous avait fait subir. Je décrivis l'inté-grisme fanatique et le climat de terreur qui sévissaient en Algérie pour mieux expliquer notre fuite en France. Je racontai ensuite la suite de nos mésaventures et ma décision d'émigrer.

Tout au long de mon récit, j'avais laissé parler mon cœur. Je n'avais rien omis. J'avais décrit les humilia-tions, les oppressions, les menaces qui nous condam-naient à vivre dans un climat constant de terreur. Le juge avait pu entendre notre souffrance, mais aussi notre joie d'être arrivés jusqu'ici.

Je me tus et pendant un bref instant, j'entendis le silence qui régnait dans la pièce. Je me sentais extrême-ment lasse, vidée de toute émotion. Le juge poursuivit:

«Je vous remercie, Madame Rafik. Maintenant, nous avons quelques questions d'éclaircissement.»

Je joignis les mains pour me redonner courage.

«Vous dites que vos parents étaient sévères! Vous permettaient-ils d'avoir des amies?

— Je n'ai jamais pu inviter une seule amie à la maison. Je pouvais avoir des amies à l'école, mais, à la fin de la journée, je revenais seule à la maison. D'ailleurs, on m'interdisait d'aller chez qui que ce soit.»

L'assistante se racla la gorge. Elle s'apprêtait à me poser une question. Mes mains étaient aussi froides que des glaçons.

«Pourquoi ne pas avoir demandé le divorce avant de quitter l'Algérie? Cela vous aurait permis de franchir la douane plus facilement.»

L'assistante m'avait posé sa question d'une voix glaciale et elle attendait la réponse en me regardant fixement.

«Mais je ne pouvais pas demander le divorce. Une femme n'a pas le droit de le faire en Algérie!

— Pourtant, je connais des femmes algériennes qui

ont demandé le divorce et qui l'ont obtenu, répliqua-t-elle sur un ton cinglant.

— J'aimerais bien connaître ces femmes dont vous parlez, car c'est impossible. En Algérie, aucune femme ne peut demander le divorce si son mari refuse de le faire. Par contre, l'homme peut décider s'il veut ou non divorcer, sans avoir besoin de l'avis de sa femme. Excusez-moi, mais je ne suis pas du tout de votre avis, dis-je d'une voix où menaçait la colère.

— J'abonde dans le sens de ma cliente, s'empressa de dire mon avocate pour calmer le débat. Mon mari est algérien et je connais le peu de pouvoir qu'ont les femmes là-bas. Une femme algérienne ne peut divorcer sans le consentement de son époux. »

Les questions se succédèrent pendant des heures. Je croyais qu'elles ne finiraient jamais. J'avais l'impression de courir un marathon. Je devais demeurer attentive pour bien exprimer ma pensée. Chaque mot pouvait être sujet à interprétation et se retourner contre moi. Avant chacune de mes réponses, je pensais à mes enfants qui dépendaient de ma performance et leur image m'aidait à augmenter ma concentration. Je ne voulais pas risquer de faire la moindre erreur!

À midi, la séance fut levée pour nous permettre d'aller manger. J'avais la gorge sèche d'avoir tant parlé et j'étais épuisée. Mon avocate était incapable de cerner les réactions du juge, son expression demeurant indé-chiffrable, mais elle conservait l'espoir. Comme elle avait été touchée, une fois de plus, par mon histoire, elle croyait qu'il pouvait en avoir été de même pour le juge. Je me sentis encouragée.

À peine étions-nous sorties de la salle que les garçons se précipitèrent à notre rencontre.

« Maman, est-ce que le monsieur nous donne le droit de rester au Canada? demanda Ryan, toujours aussi curieux.

— Rien n'est décidé, car nous devons continuer après le repas.

— Je veux lui parler, moi aussi. Je vais lui demander d'être gentil et de nous laisser devenir canadiens. J'aime mon professeur et je veux rester avec mes amis. Je vais lui dire que je veux rester toujours ici! dit-il, sûr de lui.

— Je sais, mon grand. Mais tu dois attendre que le juge décide de te parler. »

Il respira bruyamment pour manifester son impatience.

Entre-temps, Sonia s'était jointe à Caroline. Elle avait prétexté le décès d'une personne chère pour que son patron lui permette d'être présente à mes côtés. Sentir mes amies près de moi en ce moment décisif me comblait et me rassurait à la fois.

J'étais incapable de manger quoi que ce soit tant j'étais nerveuse, mais j'ai dû boire plusieurs verres de jus pour étancher ma soif. J'eus un moment de faiblesse en pensant à l'échec possible de nos démarches et les larmes me sont montées aux yeux. Grâce à mes amies qui me serrèrent dans leurs bras, je retrouvai le calme dont j'avais encore besoin.

J'avais hâte d'en finir, mais je redoutais les questions du juge. Heureusement, la fin de l'heure du repas mit fin à mes émotions contradictoires.

L'audience reprenait. J'embrassai chacun de mes enfants ainsi que mes amies avant de pénétrer dans cette salle qui me donnait la chair de poule. Dieu merci, la présence de mon avocate m'apportait un certain réconfort.

Le juge demanda de lui amener les enfants. Ils entrèrent suivis de Caroline qui se plaça légèrement en retrait. Elle me fit discrètement le signe de la victoire, ce qui eut pour effet de ranimer mon courage.

Les enfants semblaient impressionnés par ce fameux

monsieur dont je leur avais vanté l'importance. Sans vraiment comprendre tout ce qui se passait, je crois qu'ils réalisaient la gravité du moment.

Le juge demanda à chacun de dire son nom et son âge. À tour de rôle, les jumeaux se sont présentés, mais Zach n'en fit rien, car il ignorait à quoi rimait cette mise en scène; il se contenta de regarder le juge en souriant et en faisant de petites grimaces.

Ryan s'approcha spontanément du juge pour toucher sa cravate. Il en profita pour prendre mon fils dans ses bras. Une petite cloche sonna dans ma tête: il aimait les enfants, ouf!

«Viens donc, mon garçon. J'ai une question pour toi. Peux-tu me dire ce qui s'est passé avec le méchant barbu, en Algérie?

— Oui, monsieur. C'était un monsieur sale et méchant. Il avait mis son couteau sur ma gorge. Ensuite, il a dit qu'il voulait m'égorger comme un petit mouton.

— Ah oui? Et que s'est-il passé ensuite? reprit le juge, intéressé.

— Après, Elias est venu me sauver, car c'est lui le plus fort. Mon frère est comme Superman!» dit-il en regardant Elias.

En entendant les louanges de son frère, Elias se redressa en bombant la poitrine de fierté. Il prit la parole. Après tout, n'était-ce pas lui le héros de l'histoire?

«Monsieur, c'est moi qui l'ai sauvé! J'ai donné un coup de pied au barbu puis j'ai couru chercher mon père pour qu'il vienne nous aider et tuer le méchant barbu.

— Et qu'est-il arrivé?

— Mon père est venu. Il avait apporté une bombe qu'il a lancée sur le barbu. Après, il en a lancé une autre puis encore une autre. Sept bombes en tout pour tuer le méchant! Mon père est très fort. C'est un militaire et il a des armes et des bombes.»

Voilà qu'Elias fabulait et inventait sa propre vérité. J'avais voulu intervenir au milieu du récit de mon fils, mais le juge m'avait fait signe de me taire. En entendant sa version de plus en plus déformée, je me mis à pleurer. Pourtant, je savais qu'en agissant ainsi, Elias ne cherchait qu'à m'appuyer. Si attendrissant avec ses histoires à dormir debout! Peut-être croyait-il qu'on jouait à un nouveau jeu? Mais comment réagirait le juge devant ces mensonges? Devinerait-il qu'Élias ne cherchait qu'à le convaincre de nous accorder la faveur de rester dans ce pays?

Tout comme moi, mes filles sanglotaient, entraînant à leur tour maître Venturelli et Caroline.

Afin de ramener le calme dans la salle d'audience, le juge demanda à Caroline de sortir avec les enfants. Au moment de franchir la porte, Ryan revint sur ses pas. Il semblait à l'aise avec le juge, peut-être avait-il senti, chez ce haut personnage, la fibre paternelle qui lui manquait tant.

«Je veux rester au Canada pour toujours, plaida-t-il à son tour, avec mes frères, mes sœurs et ma maman! S'il vous plaît, monsieur, laissez-nous vivre ici.»

Après avoir jeté un bref coup d'œil dans ma direction, il rejoignit ses frères à l'extérieur de la salle. Pendant un court instant, le juge sembla déstabilisé devant la spontanéité de Ryan. Mais la partie n'était pas encore gagnée.

Le juge poursuivit ses questions auxquelles je répondais le plus calmement possible. L'assistante prit le relais. Elle me demanda, sur un ton accusateur, les raisons pour lesquelles je n'avais pas demandé la protection de la France et pourquoi j'avais préféré risquer ma vie et celle de mes enfants en traversant l'Atlantique avec de faux papiers.

Elle ne comprenait donc pas la situation dans laquelle j'aurais eu à vivre si j'étais restée en France? En demandant la protection là-bas, mes garçons risquaient d'être rapatriés auprès de leur père et ma famille aurait été brisée à jamais. Toutes les déclarations que j'avais faites depuis le matin n'avaient donc servi à rien? Je me sentais totalement incomprise. J'avais en face de moi deux personnes insensibles, fonctionnant avec des lois à la place du cœur. Notre sort leur importait peu.

Mon état de fatigue m'avait rendue vulnérable. Je perdis le contrôle de mes émotions et j'exprimai à haute voix et du fond du cœur tout ce que je pensais, comme si je n'avais plus rien à perdre. Je répétai que tout ce que je leur avais raconté n'était malheureusement que notre triste vérité. En réponse à ce que j'avais enduré, je comptais maintenant sur un peu de compassion de leur part afin d'avoir le droit de vivre en paix et en sécurité avec toute ma famille. Je les suppliais de tenir compte de mes souffrances et surtout de celles de mes enfants. Telle une louve voulant protéger ses petits, je criais mon désarroi et demandais leur protection. Si le juge ne voulait pas le faire pour moi, qu'il le fasse pour mes enfants.

Le juge interrompit la séance pendant une trentaine de minutes pour me donner le temps de me reprendre en mains.

J'avais la gorge sèche et le cœur tout retourné après avoir laissé jaillir ce flot d'émotions. Je ne regrettais rien, car je n'avais rien prémédité, mais je me sentais totalement lessivée.

Lentement, nous avons rejoint les garçons dans la pièce adjacente. J'étais à la fois triste et impuissante devant la procédure.

Encore une fois, les plus jeunes s'informèrent de la décision du juge. Encore une fois, je leur répondis qu'il était trop tôt.

Caroline, toujours empathique, me demanda si je tenais le coup.

«Il le faut bien! Si la décision du juge s'avère négative, je pourrai me dire que j'ai tout essayé. S'il refuse, ce
sera parce qu'il est insensible ou parce que j'aurai
surévalué mes souffrances. Peut-être que d'autres immigrants méritent plus que moi le privilège de vivre ici!»

Sentant mon découragement, Caroline me serra
dans ses bras.

«S'il y en a une qui mérite ce droit, c'est bien toi,
Samia!»

Cette chère Caroline, qui a toujours été là au bon
moment! Pendant notre échange, Sonia s'était retirée
dans le coin de la pièce. Je vis qu'elle pleurait. Elle
aussi avait déjà connu cette étape décisive, il y a de cela
quelques années.

Mes filles s'approchèrent affectueusement de moi.

«Peu importe ce qu'il adviendra, je suis fière de
toi, dit Mélissa. J'admire ton courage et ta force. Il n'y
a qu'une maman comme toi et je suis fière d'être ta
fille!»

Norah me regardait en souriant pour appuyer les
propos de sa sœur. Puis, ce fut au tour de mon avocate.

«Samia, je suis plutôt optimiste! Je crois que le juge
n'est pas totalement insensible à votre cas.»

Même si j'étais contente d'entendre ces paroles, je
voulais garder les deux pieds sur terre et ne pas me
faire de faux espoirs.

À trois heures quarante-cinq, je m'en souviens
comme si c'était hier, on nous invita à revenir dans la
salle d'audience. Le juge nous pria de nous asseoir.

«Madame, je vous donne deux minutes pour
défendre votre cause et me convaincre. Je vous écoute!»

Tout était sur le point de se décider. Mes filles
avaient les yeux rivés sur moi! Elles avaient confiance
en moi et mes garçons n'espéraient qu'une réponse
positive. Je pris une grande respiration et, sûre de
moi, je commençai ma plaidoirie.

« Monsieur le juge, tout ce que je vous ai raconté depuis ce matin n'est malheureusement que la stricte vérité. Si j'étais placée à nouveau devant les mêmes choix, je referais les mêmes gestes et je reprendrais le même chemin, car je suis convaincue que c'était la meilleure solution pour nous délivrer, mes enfants et moi. »

Le juge se retourna vers Mélissa.

« Et toi, Mélissa, qu'as-tu à me dire?

— Moi, monsieur, je vous demande de comprendre ce que nous avons fait et de croire maman parce que tout ce qu'elle a dit est vrai! »

Puis, elle éclata en sanglots.

« À ton tour, Norah, je t'écoute.

— Moi... – des larmes coulaient lentement le long de ses joues – je dis que... d'habitude, on demande à Dieu d'avoir pitié de nous, mais aujourd'hui, c'est à vous que je le demande. C'est vous qui détenez nos vies entre vos mains. Je ne vous demande pas d'avoir pitié de ma mère, de ma sœur ou de moi, mais plutôt de mes trois petits frères. Ils sont si jeunes et, déjà, ils ont tant souffert! »

Voilà que nous étions toutes en pleurs, y compris mon avocate!

***

Le juge me regarda et attendit quelques instants avant de prendre la parole.

« Madame, une grande partie de votre histoire m'apparaît véridique, mais certains aspects me laissent sceptique. Cependant, je suis sûr que votre vie a été difficile et que vous avez beaucoup souffert. »

Pendant un long moment, il resta silencieux. Sur un ton solennel, il nous fit part de sa décision.

« En tenant compte de cette souffrance, je vous donne le droit de rester chez nous. Bienvenue au

Québec, madame! Bienvenue à vous et bienvenue à vos enfants!»

Je n'en croyais pas mes oreilles! Mes filles sautaient de bonheur. Je me tournai vers mon avocate qui pleurait de joie.

Sans réfléchir, je m'élançai au cou du juge pour l'embrasser et mes filles firent de même. Puis ce fut au tour de son assistante que je voyais maintenant d'un tout autre œil. Ce que je pouvais les aimer, ces deux personnes qui venaient de changer nos vies!

Je remerciai mon avocate, cette femme admirable qui m'avait accompagnée avec sensibilité. Je pleurais encore, mais, de toute ma vie, c'était la première fois que je versais autant de larmes de joie. Avant de quitter la salle, je remerciai le juge encore une fois et lui dis, sur un ton taquin:

«Monsieur le juge, n'oubliez pas d'essuyer les traces de rouge à lèvres sur vos joues, car vous pourriez avoir des problèmes en revenant à la maison.

— Je reconnais bien là la femme algérienne qui refait surface», répondit-il, le sourire aux lèvres.

Tous se mirent à rire.

***

Nous retrouvâmes les autres membres du groupe pour leur annoncer la nouvelle. Ce fut immédiat! Caroline et Sonia devinèrent immédiatement que nous avions gagné notre cause.

«Je le savais, Samia! s'exclama Caroline. Le juge se devait d'accepter une bonne personne comme toi! Bienvenue à toi et à tes enfants! Six futurs Canadiens, le pays ne s'en portera que mieux!»

En entendant nos rires et nos exclamations, personne ne pouvait ignorer notre joie. Les gens qui attendaient leur tour se mirent à nous féliciter allègrement.

Nous leur avons souhaité la meilleure des chances et les avons encouragés à garder espoir. Je repérai quelques visages déçus qui se faisaient toutefois discrets. Je compatissais à leur sort, mais rien ne pouvait ternir mon bonheur.

Le 10 octobre fut le jour de ma seconde naissance et il restera gravé dans ma mémoire à tout jamais!

L'avocate m'informa des dernières démarches avant l'obtention des papiers officiels, mais, à vrai dire, j'avais plutôt hâte de quitter cet endroit pour rentrer chez nous avec les enfants.

Maintenant, je pouvais dire *rentrer chez nous, je suis chez moi, c'est mon pays...* Douces expressions qui me font chaud au cœur, car je n'ai plus rien à envier à quiconque. Je n'ai plus à craindre d'être expulsée de ce pays que j'adore! Que c'est bon de se sentir chez soi!

Toutes les intervenantes du centre étaient venues nous souhaiter la bienvenue et, en arrivant sur le palier, un immense panneau était suspendu à notre porte. Je reconnus l'écriture de France : *Bienvenue au Canada! Je suis très heureuse de vous compter parmi nous!* Quel accueil émouvant!

***

Quelque temps après, nous avons emménagé dans un appartement bien à nous. Graduellement, un jour à la fois, les enfants oublièrent les moments difficiles.

Mes cinq enfants sont toujours contents d'être canadiens. Ils se sont fait des amis et les trois plus jeunes, parlent avec l'accent québécois.

Je souhaite que toutes les femmes opprimées à travers le monde puissent un jour se sentir libérées et connaître le même bonheur que le mien, aujourd'hui.

Je crois sincèrement que tous mes malheurs passés sont en train de se transformer en autant de bonheurs.

Et si c'était cela, le prix à payer? Oui, j'ai beaucoup souffert, mais je profite maintenant de chaque instant de paix qui m'est offert. Je suis une femme libre, j'en prends pleinement conscience et j'en suis digne.

Avant, je croyais tout avoir alors que je n'avais rien; aujourd'hui, je n'ai rien, mais, au bout du compte, j'ai tout, car j'ai ma liberté.

J'ai perdu tout ce que je possédais pour obtenir tout ce que je n'avais jamais eu.

Aujourd'hui, je connais une existence paisible avec ma famille dans un humble appartement d'un quartier défavorisé à l'ouest de la ville de Montréal, mais pour rien au monde je ne retournerais dans mon château en Algérie...

TABLE DES MATIÈRES